U0602792

隽永華章

古诗鉴赏 用策有道

赵永华 / 著

吉林文史出版社

图书在版编目（CIP）数据

隽永华章：古诗鉴赏 用策有道 / 赵永华著. — 长春：吉林文史出版社，2020.12
ISBN 978-7-5472-7566-5

Ⅰ.①隽… Ⅱ.①赵… Ⅲ.①古典诗歌—中国—高中—教学参考资料 Ⅳ.①G634.303

中国版本图书馆CIP数据核字（2020）第241473号

隽永华章：古诗鉴赏 用策有道
JUANYONG HUAZHANG：GUSHI JIANSHANG YONGCE YOUDAO

著 作 者：赵永华
责任编辑：程　明
封面设计：言之凿
出版发行：吉林文史出版社有限责任公司
电　话：0431-81629369
地　址：长春市福祉大路5788号
邮　编：130117
网　址：www.jlws.com.cn
印　刷：北京政采印刷服务有限公司
开　本：185mm×260mm　1/16
印　张：16.75　　　　字　数：302千字
印　次：2022年6月第1版　2022年6月第1次印刷
书　号：ISBN 978-7-5472-7566-5
定　价：45.00元

生活不只是眼前的苟且，还有诗和远方 I

品流年、醉笙歌、念倾城；
饮风尘、嚼艰辛、慰平生。
吟一曲顿挫抑扬，望一眼海角天涯，书一阕隽永华章；
润每日心素如简，悟千年家国情怀，放如歌青春梦想。

德国哲学家马丁·布伯说，教育的目的并非是告知后人存在什么或必会存在什么，而是晓谕他们如何让精神充盈人生，如何与"你"相遇。

在新高考背景下，开始一次新课标"学习任务群"视角下的古诗阅读与鉴赏。

慢慢走，欣赏啊！

中国是诗的王国，古诗浩如烟海，优秀诗人灿若繁星。

诗词千般变，风雅百代存。中华古诗文化，源于卜祀祈祝，萌于民谣俚曲，兴于颂讽咏志。战国以来，"楚之骚，汉之赋，六代之骈语，唐之诗，宋之词，元之曲，皆所谓一代之文学"。中华诗词，她给我们每个人的最原始记忆烙下了一个非常深刻的、共通的文化载体和文化基因。中华诗词辉煌千年，九州同济流传万古。在实现中华民族伟大复兴中国梦的征程中，助力新一代国民树立文化自信，既是新时代语文教育的应有之义，也是立德树人的必然要求。

能初步理解、鉴赏、评价古典诗歌应成为高中学生必备的语文素养。教育部新发行的《普通高中课程方案和语文学科课程标准（2017年版）》共设计了18个学习任务群。其中，中华优秀传统文化教育的内容贯穿必修、选择性必修和选修各个部分。新统编语文教材精选反映中华优秀传统文化的经典名篇，其中古代诗词曲背诵推荐篇目40首，从古风、民歌、绝句、律诗到词曲，均有呈现。古典诗歌代表着中学语文高品位的文学趣味，高中学生应有意识地在积累、感悟和运用中提高自己的欣赏品位和审美情趣，提升对中华民族优秀传统文化的认同感、自豪感，以便更好地继承和弘扬中华优秀传统文化。

然而，由于社会环境、人文环境、语言环境的变迁，造成高中学生鉴赏古诗有一定的困难。古诗阅读与鉴赏自从进入高考考查范围以后，一直成为高中学生难以迈过的坎。为了摆脱高中学生对古诗阅读与鉴赏基本靠"蒙、猜、背、套"的怪圈，深圳赵永华名师工作室自2014年以来，在"互联网+"环境下致力于古诗阅读与鉴赏教学新探索。古诗阅读与鉴赏教无定法，用策有道。我们在诗教路上，树立"以学生深度学习和素养发展为本"的教育理念，秉承"学生立场、诗性智慧、案例表达"的诗教主张，以学定教、因学评教、学皈依教，为学生学习古诗设计教学，以《主题或单元学习历程方案》（简称《学历案》）为依托，实施"三课型"（学课、教课、习课）、"四策略"（学习前置，问题驱动；自主探究，合作互动；平等对话，成长涌动；混合学习，网络移动）、"五环节"（自主性的"学"、特色化的"展"、针对性的"教"、科学化的"练"、个性化的"悟"）为路径和支架的"双线混融345"智慧课堂，做到"先学后教的自主化""课堂对话的常态化""学生合作的小组化""教师角色的导师化""学习体悟的多元化"，充分保障学生自主学习和合作探究的权利，让学生喜欢并沉浸于古诗学习中，真正成为古诗学习的主人，提升学生课堂语文学习力，发展高中学生语文学科核心素养。

"化人以语，育人以文。"我们践行古诗阅读与鉴赏的"三步法"：第一步，读懂——品读"诗家语"，跨越文字障碍，做到能读懂；第二步，悟透——展开联想、想象，整体融会贯通，做到会鉴赏；第三步，答对——审清题干，深入解读，分点答题，做到精表达。遵循"'泡'开古诗诗性语言，当文言读；'品'出古诗深层意蕴，融会贯通；'抠'对古诗鉴赏考点，踩点答题"的古诗阅读与鉴赏之道，以求突破高中学生"读不懂、想不到""说不清、道不明""答不准、写不全"的瓶颈，达成修身成仁的诗教目标。

不忘初心，且歌且行，始终追逐在诗意的远方，浅吟低唱。2020年1月课程《古诗鉴赏 用策有道》（含课程纲要、学生学习用书、教师参考用书）经深圳市罗湖区教育科学研究院评审验收，遴选为罗湖区中小学"品质课程"。课例在"2019年全国优质教育科研成果展评"中荣获优质课一等奖。

本书编撰过程中借鉴和吸收了许多诗界专家和诗教前辈的研究成果，恕难——道谢，身为后学，不胜感激。言辞有尽，敬谢无穷。更因临书仓促，水平有限，祈恕不恭。纰缪不当之处，敬祈方家批评指正。

诸永美

2020年2月于深圳梧桐山麓罗湖莲塘

目录

上篇　古典诗歌常识

中篇　古诗阅读鉴赏

下篇　古诗鉴赏学历案

目
录

古典诗歌常识　上篇

积累：
解读古典诗歌基本常识

识记——"记"古诗常识，识"诗家语"

中国是诗的国度，唐诗宋词元曲源远流长，是贯穿中华民族优秀文化的核心文化元素。古典诗歌至今仍鲜活于现代人的口中笔下，是"活的经典"。

"不学诗，无以言。"学习古诗，是国人成长的必须。古诗也是深深烙印在国人内心世界的文化"积淀"的核心，是国人"文化修养"的基本成分。学习古诗，让高中学生通过对古诗之美的感悟，进一步产生对中华民族的深刻认同，有利于坚定文化自信、增强文化自觉。

因此，新高中语文学习必须坚守中华文化立场，突出掌握读懂古诗的基本知识，理解古诗的主旨，鉴赏古诗的写法，切实感受古诗的思想价值和艺术魅力，发展想象力和审美能力，提高对古诗的感受力和创造力。

让我们一起来阅读欣赏中国古典诗歌吧。

第一章　古诗发展流变及其特征

　　当代著名的文史大家启功先生曾云：唐以前的诗是长出来的，唐诗是嚷出来的，宋诗是讲出来的，宋以后的诗是仿出来的。

　　中国古典诗歌文体特点鲜明，表现为规范的格律化、情感的意象化、强烈的抒情性、语言的精美性和表现手法的多样性等几方面特征。

第一节　古诗的发展概述

一、什么是古诗

　　古诗，是指用文言文和传统格律创作的诗。广义的古诗，包括诗、词、歌、赋、曲等各种古代韵文；狭义的古诗，仅包括古体诗和近体诗。

　　"诗言其志，歌咏其声。"古人有"在心为志，发言为诗"之说；又有以合乐为"歌"，不合乐为"诗"之说。随着时间的演变，诗、歌、乐等各自成为一种独立的形式。

　　中国古诗，起源于上古的社会生活，因劳动生产、两性相恋、原始宗教等而产生。诗与歌统称诗歌，诗歌是文学体裁形式中吟唱文体的总称，诗与歌是相近的文体，但二者却有着不同的内在区别。

　　诗的情境是品出来的。诗包括汉魏六朝前后的古体诗和唐代及以后的格律诗；诗即"思"，重在传达一种精神境界。诗以语言传达情思，适合于吟，侧重于视觉欣赏；讲究意境优美和语言高雅，强调形象思维，意象单一，贵典雅、含蓄、凝练。

歌的情境是听出来的。歌包括诗经、乐府、歌行体，以及民歌、山歌、情歌等。歌传情达意，歌既可像诗一样供阅读欣赏，也可填入曲调加以演唱。歌适合于唱和朗诵，侧重于听觉享受；歌词则讲究感情的连贯和意义的完整，侧重比兴达意，意象较多，重于修辞；歌不避俗浅，要求清新明朗、朗朗上口。

二、古诗的发展演变

中国诗歌的发展史大致是：歌而诗，诗而词，词而曲。古诗从先秦的萌生与成熟，到秦汉、魏晋南北朝、隋唐五代、两宋的拓展与发展，直到辽金、元、明、清分化与深化，再进入近代的综合与融会。

先秦诗歌的发展经历了一个从口头到书面、从民间到宫廷、从集体歌唱到诗人创作的漫长过程。《诗经》《楚辞》是中国古诗现实主义和浪漫主义的两大源头。

诗歌在汉代又出现了一种新的形式，即汉乐府民歌，这是中国古诗的第二大发展。到了汉代，出现了为配合音乐而歌唱的诗即"乐府诗"。汉末魏晋时期，文学进入自觉时代。魏晋南北朝时期，是五言诗发展的全盛时期，南北朝的诗歌形式，上承汉魏，下启唐宋，在民间歌辞的基础上，逐步形成各种诗体，成为一个重要的诗体过渡时期。

隋朝诗歌是从南北朝诗歌向唐诗过渡的阶段。在诗歌声律上，较南北朝末期更趋成熟，进一步格律化，预示着律诗的走向定型和唐诗繁荣兴盛的美好前程。

唐代，是我国诗歌发展的全盛时期，是古诗的黄金时代。大唐璀璨的星空里，唐诗是那颗最耀眼的星。唐诗代表着中国古典诗歌的最高成就。《全唐诗》录了二千余位诗人的四万多首诗，足见唐诗之浩瀚。

词在宋代发展到了鼎盛时期，成为一代文学的主要标志，赢得了与唐诗并称"一代之文学"的地位，唐诗、宋词，堪称中国文学的双璧。

到了元代，杂剧和散曲盛行。散曲是元代的流行歌曲，杂剧是元代的歌剧，元后期其创作中心南移与温州南戏融合，到元末成为传奇，明清时发展出昆剧和粤剧。

明代诗歌是在拟古与反拟古的反反复复中前行的，没有十分杰出的作品和诗人出现。明代诗歌成就不高，流派却多。

清朝诗歌发展到近代，伴随着政治改良的要求，又出现了"诗界革命"，从此中国古诗再无高峰。五四新文化运动合上了中国数千年古典文学的大门，同时打开了现代文学的崭新天地。

古典诗歌，曲曲折折，绵绵三千年，构成她全部生命史的许多重大段落，成为中国古代先民精神追求、情感生活、生存方式在文化领域的符号体系和信息储存。中国古诗积淀着、升华着中华民族的精神追求、审美心理、民族品格和实践智慧。

第二节　古诗的分门别类

一、按音律分类

古典诗歌可分为古体诗、近体诗、词和曲四类。

（一）古体诗

古体诗也称"古诗""古风"，是相对于格律诗（近体诗或今体诗）而言的一种古典诗体。古体诗篇无定句，句无定字，自由换韵，不讲平仄，不讲对仗。古体诗和近体诗是唐代形成的概念，一直沿用至今。

1. 古诗

先秦时期产生较早的古诗有三言、四言、五言、六言、七言、杂言等，四言如《诗经》、五言如《古诗十九首》、六言如《离骚》。

2. 楚辞体

楚辞体是战国中晚期产生于南方长江流域楚地，是由楚国诗人吸收南方民歌的精华，融合上古神话传说，创造出的一种新体诗。其特点是运用楚地方言、声韵，具有浓厚的楚地色彩。楚辞以《离骚》为代表作，因此又称"骚体"。

3. 乐府

乐府本是汉武帝时掌管音乐的官署名称，后变成诗体的名称。汉、魏、南北朝乐府官署采集和创作的乐歌，简称为乐府。魏晋和唐代及其以后诗人拟乐府写的诗歌虽不入乐，也成为乐府和拟乐府。一般来说，乐府诗的标题中最后一字常为"歌""行""引""曲""吟"等，如《敕勒歌》《长歌行》和《秦妇吟》都是汉乐府民歌。乐府诗以五言为主，奠定了中国古诗以五言、七言为主的基础。

4. 歌行体

歌行体是乐府诗的一种变体。汉魏以后的乐府诗，题名为"歌""行"的颇多，都是"歌曲"的意思。形式采用五言、七言、杂言的古体，富于变化。初唐诗人写乐府诗，除沿用汉魏六朝乐府旧题外，另立新题，虽辞为乐府，已不限于声律，故称新乐府。张若虚《春江花月夜》就是歌行体的代表作。至李白、杜甫而大有发展，如李白《将进酒》、杜甫《兵车行》、白居易《长恨歌》《琵琶行》等都是歌行体。

（二）近体诗

近体诗，又称今体诗，或者格律诗，是相对于古体而言的，指的就是在时间上距离唐人最为接近的格律诗。因为格律诗是唐代兴起的，唐人称之为近体诗或今体诗；近体诗是隋唐出现的新诗体，有绝句、律诗两种。近体诗篇有定句，句有定字，韵有定位，字有定声，联有定对。近体诗按其体裁可分为律诗和绝句。

（三）词

词产生于隋代，起源于民间，兴于唐，繁衍于五代，大盛于两宋。词是唐代晚期所兴起的一种合乐可歌、句式长短不齐的新诗体，敦煌曲子词是现存最早的民间词。

词又称为诗余、长短句、曲子、曲子词、乐府、琴趣等，是配合宴乐乐曲而填写的歌诗。词在形式上"调有定格，句有定数，字有定声"。词和诗都属于韵文，但诗只供吟咏，词则入乐而歌唱。宋词婉约、豪放两种风格流派的存在，呈现双峰竞秀、百花齐放的气象。

（四）曲

元曲又称为词余、乐府。元曲是元杂剧和散曲的统称。杂剧就是戏剧，一般有四折戏加一个楔子组成，一折相当于现代戏剧的一幕；楔子相当于序。

元曲一般指散曲。兴起于金，盛于元，是由"词"蜕化出来的一种歌曲，体式与词相近，是词的另一体，较为自由。散曲是元代最活跃的新诗体，之所以称为"散"，是与元杂剧的整套剧曲相对而言的。散曲分为小令（单曲）、套数（套曲）两种形式。每首散曲都有曲牌，每一套数都以第一首曲的曲牌作为全套的曲牌名，全套须同一宫调。各自曲牌在字数、句数、平仄和用韵等方面都有规定。用语不避俚俗，句中可有衬字，无宾白科介，只供清唱。

二、按表达方式分类

古诗可分为叙事诗、抒情诗、哲理诗。

1. 叙事诗

有较完整的故事情节，如：《陌上桑》《木兰诗》；有的还有典型的人物形象和典型的环境，如：《孔雀东南飞》。

2. 抒情诗

主要是借景抒情、即事抒怀（即咏怀诗）和托物言志（即咏物诗），如：李白《春夜洛城闻笛》、辛弃疾《菩萨蛮·书江西造口壁》、于谦《石灰吟》。

3. 喻理诗

通俗自然，善用比喻说理，耐人寻味，富于理趣。可寓理于形象之中，如白居易《赋得古原草送别》、朱熹《观书有感》，可议论说理，如苏轼《题西林壁》，可寓理于抒情之中，如王勃《送杜少府之任蜀州》、苏轼《水调歌头》。

三、按题材内容分类

古诗可分为即景抒情诗、咏史怀古诗、爱情闺怨诗、羁旅行役诗、山水田园诗、托物言志诗、即事抒怀诗、边塞征战诗、赠友送别诗，等等。

（一）芳树无人花自落——即景抒情诗

即景抒情，寓情于景，借助客观景物的描写来抒发主观感情。如：诗人喜——建功立业保家卫国山水很美丽；诗人怒——朝廷腐败穷兵黩武百姓生活苦；诗人哀——国破家亡壮志难酬仕途多险阻；诗人愁——青春易逝羁旅寂寞思念亲和友。

1. 意象特征

"一切景语皆情语"，自然风光、农村景物、田园山水等自然现象，在古代诗家眼中，却有血有肉、有情有意。

2. 情感特征

常常借景抒情、融情于景，或表达美好志向，或抒发闲适情调，或体现不愿与世俗同流合污的品质，或抒发对人生世事的感慨，或表达对所写景物的喜爱之情以及对祖国大好河山的热爱等。

3. 技巧特征

留意诗人观察景物的立足点和描写景物的角度，如远近、高低、俯仰、正侧、明暗等的变化；把握和分析诗人描写景物的方法，如绘形、绘色、绘声；理解评析描写景物常用的技巧，如乐景哀景、明暗对比、虚实相生、视听结合、抑扬互衬、动静结合、粗笔勾勒和工笔描绘相结合，或用象征、对比、烘托、衬托、比兴、比喻、拟人等；体悟密不可分的情与景的关系，如触景生情、缘情布景、寓情于景、情景交融、情景相衬等艺术手法。

（二）古今多少兴亡事——咏史怀古诗

咏史怀古，以历史事件、历史人物、历史陈迹为题材，借登高望远、咏叹史实、怀念古迹来感慨兴衰、寄托哀思、托古讽今等。诗题常有古迹、古人名，或在古迹、古人前冠以"咏"，或在古迹、古人后加"怀古""咏怀"等文字。

1. 意象特征

常见意象有投笔、长城、明月、楼兰、柳营、请缨、羌笛、乌衣巷、吴钩等，多为前代都城、重大事件故地及其特定的历史朝代等。

2. 情感特征

临古迹、思古人、叹古事，因现实的原因或借古讽今、或因古抒怀、或感慨今昔、或寄托缅怀之情，常常抒发昔盛今衰、忧国伤时的感慨，表达建功立业的渴望、保家卫国的决心、报国无门的悲伤、山河沦丧的痛苦、年华消逝和壮志难酬的悲叹，揭露统治者穷兵黩武、理想不为人知的愁苦心情等。

3. 技巧特征

借古讽今、因古抒怀、以景衬情、古今对比、侧面烘托、虚实结合、用典、双关等。或描写眼前衰败、荒凉的景象，与历史上的繁华兴盛形成鲜明的对比；或化用典故，借典故寄托自己的感伤或对国事的讽喻；或衬托手法，临古迹而抒怀，以悲景衬悲情。

（三）一寸相思一寸灰——爱情闺怨诗

以女子为主要描写对象，以抒写女子的悲怨愁情为主要内容；或以女子的身份表达诗人内心的感叹、哀怨等情感，呈现出一种婉约缠绵、幽怨感伤之美，悠长含蓄、意蕴无尽之味。诗题多有"怨""宫""闺""怀""思""别""忆""妇叹""闺怨"等字眼或直接用"无题"，如《春宫怨》《秋闺思》等。

1. 意象特征

常见意象：眉锁、翠楼、碧纱、白发、秋风、夜雨、寒月、寒衣、残梦、泪如雨、春风杨柳、雁声月明、红妆对镜、喜鹊报枝、雨燕双飞、临笺泪长等。言愁类意象：月、梦、泪、雁、寒蝉、更漏、笛声等。行为类意象：织布、捣衣、缝衣、登高、凭栏等。室内用具类意象：灯、烛、帘、被、团扇、床枕、帷幕、帏、镜等。庭院建筑类意象：高楼、宫殿、玉阶、窗等。

2. 情感特征

一是表现妇女对出征在外的丈夫的思念，表达对战争的厌恶或鼓励丈夫建功立业的情怀；二是表达独守空闺的女子对出门在外的丈夫的思念和牵挂，表达闺中女子的离情别绪，忧愁伤感，盼夫早归、渴望团聚的哀伤之情；三是表现宫中女子的寂寞哀怨、无聊冷清，对自由被禁锢、遭人冷落的处境的怨恨以及孤苦幽寂的命运之悲，抒发王朝盛衰之感，控诉封建社会嫔妃制度的罪恶；四是对光阴不再的感伤、对青春易逝的哀怨、对情梦难圆的遗憾与怅惘，表达对自由和幸福生活的向往；五是表现夫妻之间相濡以沫的深厚感情或阴阳两隔的悼亡之痛；等等。

3. 技巧特征

多以女性心态为描写对象，表现出浓重的感伤色调、细腻的心理描写、恰切的比兴寄托、由浅入深的艺术风格。比兴技巧：先从自然之物写起，然后用比喻、象征等手法引出所要表达的事情或情感，物的描写起烘托感情、渲染气氛的作用。衬托技巧：寒月孤灯、冷衾泪枕、月落星稀、凄风苦雨、漏声雁影等凄凉之景往往衬托主人公的孤寂与幽怨；青青杨柳、双飞斜燕、浩荡春风等充满活力生机之景更能反衬闺中思妇的悲伤与幽怨。还有抑扬结合，借梦抒情，借景抒情，触景生情，借物抒情等。

（四）何人不起故园情——羁旅行役诗

即"怀人思乡诗"，又称记行诗、行旅诗。诗人因长期客居在外，滞留他乡或漂泊异地，甚或长年征战戍守边疆等，对所见所闻有所感，借此抒发对家乡、亲人的无尽思念和人生感叹、漂泊愁苦。诗题多含有"客舍""登高""望月""忆""寄""行""思"等词语及元宵、中秋、重阳、除夕等节日名。

1. 意象特征

常见意象有月亮、秋风、秋霜、衰草、梧桐、猿啼、沙鸥、杜鹃、孤雁、叶落、鸿雁、浮云、寒山、孤烟、宿鸟、日暮、西楼、高楼、小楼、危楼、危栏等。

2. 情感特征

天涯漂泊羁旅愁：叙写客居他乡的艰难，抒发漂泊无定的孤苦。望尽天涯怀人愁：感念亲情之深，表达对亲人的思念和对故土的眷念。羁旅他乡幽怨情：或表达对温馨家庭的渴盼以及对安定幸福生活的向往；或表达人生感叹，流露年华易逝的苦闷；或表达客居他乡、人生彷徨，充满文人失意之感；或抒发独居他乡，怀才不遇、报国无门的孤独寂寞、幽怨愤慨之情。另外，描述旅途的艰辛，常蕴含朋友珍重、鼓励、劝勉之意。

3. 技巧特征

羁旅行役诗大多具有感时生情，以景显情，用典含情三个特点。感时生情，如中秋望月、重阳登高、伤春悲秋、日暮思归等；以景显情，如望月伤心，见花落泪，听雨思亲，多少景物都被染上诗人的感情色彩；用典含情，把典故浓缩化为诗句，借以抒怀言志或影射时事。常见表现手法有情景交融、渲染烘托、联想想象、虚实结合、乐景写哀、侧面落笔。

（五）煮酒把盏话桑麻——山水田园诗

以描写美丽清新的自然景色、歌咏闲适恬淡的田园生活为题材的古诗。山水田园诗分为山水诗与田园诗。诗人以山水田园为审美对象，把细腻的笔触投向静谧的山林、悠闲的田野，创造出一种田园牧歌式的生活。

1. 意象特征

常见意象多为山水草木、鸟语花香、田园风光、农家生活等。人物形象有渔夫、樵夫、农夫、隐士、牧人、浣女等，常见的景物有空山、明月、溪水、山石、松林、芦花、清泉、茅屋、柴门、桑麻、菊花、炊烟、莲蓬、渔舟、南亩、五柳、渔鹤、白鹭、白鸟、鸡犬、蓑衣、燕子、黄鹂等。

2. 情感特征

或借以表达对现实的不满，表达厌恶官场、远离浊世之情及对宁静平和的田园生活的向往；或描写美丽的自然风光，表达对壮丽山河的热爱；或表现归耕隐居之乐，多抒发质朴、清新、恬淡、闲适、物我两忘之情；或表现不同流俗的清高，追求隐逸，表达超脱避世之情；或厌倦官场，憎恶黑暗，寄托对现实的不满和对怀才不遇的苦闷。

3. 技巧特征

山水田园诗以描写自然风光、农村景物以及安逸恬淡的隐居生活见长，诗境隽永优美，风格恬静淡雅，语言清丽洗练。常用抒情方法有：借景抒情，融情于景，以乐景写哀情。写景的表现手法有：白描与工笔，观察角度高低、俯仰的变化与远近高低的顺序，光、影、色彩的渲染，视觉、听觉、嗅觉、触觉的运用，虚实结合，动静结合，以及比喻、拟人、夸张、对比等修辞手法的运用。

（六）一草一木总关情——托物言志诗

又称"咏物诗"，诗人不直接表露自己的思想感情，而是采用比喻、象征、兴寄等手法，把自己的某种理想和人格融于某种具体事物（意象），即借所咏之物表达自己的情操志趣。或托物显示自己的高洁品质，抒发怀才不遇的伤感。诗题常以所咏之物为题，或以"咏（题、赠、赞）+物象"的格式为题，或以"某物吟"为题等。

1. 意象特征

松、竹、梅（高洁），菊花（隐逸、高洁、脱俗），莲花（出淤泥而不染、高洁），兰花（高洁、君子之德），杨柳（离情别恨、摇摆不定、春天的美好），雁（思乡怀亲、羁旅伤感），蝉（悲凉、高洁），杜鹃（哀怨、凄恻、思归）等。

2. 情感特征

忧国忧民、感时伤世、愤世嫉俗、针砭时弊、冷嘲热讽。常寄寓诗人爱好、愿望、理想、旨趣、节操、襟怀、抱负等，多发其志士之悲、君国之忧，或写命途多舛的伤感与怀才不遇的感受，或抒发年华易逝与理想破灭的哀愁等。

3. 技巧特征

思想上往往是托物言志。由物到人，由实到虚，写出精神品格。赏析时要重点把握写的什么物，有什么特征，寄托什么志。描写方法主要是正面描写（绘形绘色）与侧面烘托；修辞手法主要是比喻、象征、拟人和对比；抒情方法主要是托物言志、托物喻理、托物讽世、寄情于物、借物喻人，或象征、比兴、联想和想象等。

（七）念天地之悠悠——即事抒怀诗

即事感怀，诗人就某件事发表自己的议论，抒发自己的感慨，其特点即"以诗叙事"。而"诗"在简，贵在省字约文，意在言外；"事"在细，妙在交代清楚，具体生动。这就要求合理选择"叙述者"，善于选点，寓褒贬悲欢于叙事之中。古人常以"即事"为题写诗，如怀亲、送友、思乡、赠人、人生感悟、闲情逸趣等。

1. 意象特征

风雨、阴晴、夕阳、落花、流水、闲居、衰鬓等。

2. 情感特征

常因一事而发，抒写心中感慨。忧国忧民、反映离乱、渴望建功立业、仕途失意、闺中怀人、讴歌河山、伤春悲秋、沧海桑田、怀才不遇、洁身自好、豁达人生。

3. 技巧特征

直抒胸臆、借景抒情、虚实结合、对比衬托。鉴赏这类诗歌，首先，据"事"探"情"。根据"事"的属性，探究"情"的类别，"事"喜则"情"喜，"事"悲则"情"悲。其次，按"点"索"技"。如果所选的"点"与"点"之间有对比度，那就用了衬托、铺垫或者对比等技巧；如果叙述中穿插了评论，那就是述评结合，虚实相生。最后，平中见奇。即事抒怀诗，貌似平淡无奇，但诗人情感往往藏在某一个平凡的字眼里，细加体会就会发现静水流深。

（八）古来征战几人回——边塞征战诗

边塞诗，以边疆地区军民生活和自然风光为题材。多描写边塞山川景物、风土人情和塞外风光，在创作风格上多以雄浑豪放、奔腾峻伟见长。标题往往有"行""军""征""塞""戍"等；也有用乐府旧题的，如《凉州词》《少年行》《关山月》《从军行》等。

1. 意象特征

自然景观：黄沙、白云、冰川、雪山、秋月、大漠、孤城、边关、雨雪、风沙等；地理区域：塞外、漠北、雁门关、玉门关、黄河、阴山、楼兰、蓟北等；异域风物：羌笛、胡笳、琵琶、金鼓、旌旗、烽火、战马等；人物：戍卒、将帅、胡人、单于等；用典：投笔、长城、楼兰等；乐曲：《梅花落》《折杨柳》《关山月》《行路难》《阳关三叠》《渭城曲》等。

2. 情感特征

出征远戍的豪迈，建立功业的豪情，保家卫国的决心，山河沦丧的痛苦，奋勇杀敌的英雄气概，久居边关的乡愁，塞外生活的艰辛，连年征战的惨烈，报国无门的怨愤，归家无望的哀痛，凄苦哀怨的厌战情绪，凄厉沉痛的反战思考，征人思乡、闺妇盼归的两地情愁，讴歌雄奇瑰丽、奇异独特的边塞风光，对和平安宁的边疆生活、和睦友好的民族关系的向往等。

3. 技巧特征

表现手法有：直抒胸臆、借景抒情、乐景哀情、对比衬托、动静结合、虚实相生等。修辞技巧有：夸张、对比、互文、用典等。人物塑造有：常用侧面烘托、动作描写、肖像描写、细节描写等手法。意境营造有：常用景物烘托、虚实结合等手法。

（九）多情自古伤离别——赠友送别诗

古人特别看重离别，有君臣官场赠别、市井朋友相别、亲人情人送别等。离别之际往往设酒饯别，古道相送，折柳赠别，夕阳挥手，以表达依依不舍之情。诗题多出现"送""别""赠""酬"等文字，大多缠绵凄切，充满感伤情调。

1. 意象特征

"柳""酒""月""水"四大意象。送别诗常用意象之植物有杨柳、浮萍、孤篷，动物有杜鹃、鸿雁，送别场所有南浦、长亭、古道、客舍、阳关、灞桥，送别环境有酒肆、孤舟、流水、夕阳、日暮、月夜、清晨、寒蝉、春草等。

2. 情感特征

基本主题有依依不舍的留恋，情深意长的勉励，坦陈心志的告白，别后情境的想象、担忧以及对友人的思念和人生的感慨。其中包含依恋与不舍——低沉哀婉，伤感惆怅及安慰与祝愿——旷达刚健，乐观向上。

3. 技巧特征

直抒胸臆、借景抒情、寓情于景、情景交融、虚实相生、对比衬托、以物喻人、心理刻画、想象与联想。或直抒依依不舍的离情、情深意长的感恩、孤寂惆怅的悲伤；或借诗一吐心中积愤、表明高风亮节的志向、传达真挚坦诚的勉励；或借助想象来表达自己对朋友的留恋和关怀；或写眼中物有伤离之意来烘托人的伤离之深；或以乐景衬哀情，等等。鉴赏时还应留意所写之景的色调对直接表达诗人感情的作用。

第三节　古诗的格律常识

格律诗的"格"，就是格式。格律诗是有固定格式的。其一，字数固定。每句五个字为五言诗，每句七个字为七言诗。其二，句数固定。按句数多少，可分为律诗和绝句两类。每首八句是律诗，每首四句是绝句，超过八句是排律或长律，排律的句数是不限的，但它的句数必须是双数，且除首尾二联外各联都要对仗。

格律诗的"律"，就是声律和韵律。格律诗要遵守发音规则，讲究声律和韵律美。格律诗两句组成一联，每联的上句叫"出句"，下句叫"对句"。律诗分四联，一、二句称首联，三、四句称颔联，五、六句称颈联，七、八句称尾联；绝句一、二句称首联，三、四句称尾联。根据古人常说的"起、承、转、合"的顿挫语气，律诗有"起联、承联、转联、合联"，绝句有"起句、承句、转句、合句"。

古典诗词按照格律和声韵，可做如下分类：

（1）古体诗（古风）：五言古体诗、七言古体诗、乐府诗。

（2）近体诗（格律诗）：五言绝句、七言绝句，五言律诗、七言律诗，五言排律、七言排律。

（3）词：平韵格词、仄韵格词、平仄韵转换格词、平仄韵通叶格词、平仄韵错叶格词。

一、近体诗及其格律

格律诗要求"篇有定句，句有定字，字有定音，音分平仄"。格律诗的"格律"，除定句定字外，要具备格律的"三大要素"：押韵、平仄、对仗。

（一）押韵

押韵，也叫压韵、叶韵，就是把相同韵部的字放在规定的位置上，凡是同韵部的字都可以押韵。同一韵部的字为同韵字，较常用的是"平水韵"。唐以前的人按口语押韵，唐以后的人按韵书《切韵》《唐韵》《广韵》《集韵》《平水韵》《词林正韵》等押韵。所谓韵，大致相当于现代汉语拼音中的韵母。韵母由韵头（介音）、韵腹（主要元音）、韵尾三部分组成，而韵一般指韵母或韵母中主要元音及韵尾和声调相同的字，是不包括韵头的。如东（dōng）、公（gōng）、龙（lóng）红（hóng）等字的韵母都是ong，这些字就押韵了。凡同韵部的字，须具备下列三个条件之一：

一是韵母相同，例如"陈"（chén）和"申"（shēn）；

二是韵母的主要元音相同，例如家（jiā）和茶（chá）；

三是韵母的主要元音和韵尾（如果有韵尾）相同，例如江（jiāng）和光（guāng）。

不论绝句还是律诗都要押韵，且有较严格的规定：首句可押可不押，下句必押平声韵；五绝、五律的首句以不押韵者为多，而七绝、七律的首句则以押韵者为多；首句押韵可借邻韵；偶句押韵，只押平声韵，一韵到底，中间不能换韵。排律即使句子再长，也不能换韵、不许换邻韵的字。

七言律诗《蜀相》，其格律属于首句入韵仄起式。押"下平十二侵"韵（平水韵），韵脚为：寻、森、音、心、襟。

七言绝句《书湖阴先生壁》中"苔"（tái）、"栽"（zāi）和"来"（lái）押韵，韵母都是ai。

（二）平仄

古人四声歌诀：平声平道莫低昂，上声高呼用力强，去声分明哀远道，入声短促急收藏。

平，是指古汉语四声中的上平声和下平声；仄，指古汉语四声中的上声、去声和入声。平仄基于古代汉语的四个声调：平声、上声、去声、入声。字句要论平仄是格律诗的基本要求，没有平仄限制的诗不能称作近体诗或格律诗。

近体诗平仄的规则和讲究主要有三方面：

1. 要平仄相间，以求诗句声调的抑扬顿挫

若以"平平"和"仄仄"为单位，那么平仄相间无非两种形式："平平—仄仄"和"仄仄—平平"。这样只构成四个字，而近体诗是五言或七言，要构成五言的诗句，就要在其后面或中间再加上一个字，这就形成四种形式：

A. 平平平仄仄，仄仄仄平平。（核心句式）

B. 仄仄平平仄，平平仄仄平。（核心句式）

C. 仄仄仄平平，平平仄仄平。（注意其与B的关系）

D. 平平仄仄平，仄仄仄平平。（注意其与A的关系）

以上四个基本句式中，A、B句是最重要的核心句式，C、D句是A、B句的两种变式。总的来说，"五律平仄"的四种基本类型，不过是A、B、C、D这四个句式错综变化的产物；或者说，知道A、B两种句型，律诗的基本类型就已囊括。

（1）五律的四种基本类型：

①首句仄起仄收式，最常见（唐·杜甫《春夜喜雨》）

仄仄平平仄，平平仄仄平。（B）

平平平仄仄，仄仄仄平平。（A）

仄仄平平仄，平平仄仄平。（B）

平平平仄仄，仄仄仄平平。（A）

②首句仄起平收式（唐·王维《终南山》）

仄仄仄平平，平平仄仄平。（C）

平平平仄仄，仄仄仄平平。（A）

仄仄平平仄，平平仄仄平。（B）

平平平仄仄，仄仄仄平平。（A）

③首句平起仄收式（唐·王维《山居秋暝》）

平平平仄仄，仄仄仄平平。（A）

仄仄平平仄，平平仄仄平。（B）

平平平仄仄，仄仄仄平平。（A）

仄仄平平仄，平平仄仄平。（B）

④首句平起平收式（唐·李商隐《晚晴》）

平平仄仄平，仄仄仄平平。（D）

仄仄平平仄，平平仄仄平。（B）

平平平仄仄，仄仄仄平平。（A）

仄仄平平仄，平平仄仄平。（B）

（2）七律的四种基本类型：

①首句平起平收式，最常见（唐·李商隐《隋宫》）

（平平）仄仄仄平平，（仄仄）平平仄仄平。（C）

（仄仄）平平平仄仄，（平平）仄仄仄平平。（A）

（平平）仄仄平平仄，（仄仄）平平仄仄平。（B）

（仄仄）平平平仄仄，（平平）仄仄仄平平。（A）

②首句平起仄收式（唐·刘禹锡《酬乐天扬州初逢席上见赠》）

（平平）仄仄平平仄，（仄仄）平平仄仄平。（B）

（仄仄）平平平仄仄，（平平）仄仄仄平平。（A）

（平平）仄仄平平仄，（仄仄）平平仄仄平。（B）

（仄仄）平平平仄仄，（平平）仄仄仄平平。（A）

③首句仄起平收式（南宋·陆游《书愤》）

（仄仄）平平仄仄平，（平平）仄仄仄平平。（D）

（平平）仄仄平平仄，（仄仄）平平仄仄平。（B）

（仄仄）平平平仄仄，（平平）仄仄仄平平。（A）

（平平）仄仄平平仄，（仄仄）平平仄仄平。（B）

④首句仄起仄收式（唐·杜甫《闻官军收河南河北》）

（仄仄）平平平仄仄，（平平）仄仄仄平平。（A）

（平平）仄仄平平仄，（仄仄）平平仄仄平。（B）

（仄仄）平平平仄仄，（平平）仄仄仄平平。（A）

（平平）仄仄平平仄，（仄仄）平平仄仄平。（B）

2. 以"粘""对"循环的原理组接诗句

格律诗的句式构成规则是：对句相对，邻句相粘。所谓"粘"，就是后一联的出句第二字必须和前一联对句第二字平仄一致。也就是说，前一联对句是乙（平平仄仄平），后一联出句必须是丙（平平平仄仄）；前一联对句是丁（仄仄仄平平），后一联出句必须是甲（仄仄平平仄）。所谓"对"，就是每一联出句和对句的平仄应是对立的，即甲对乙、丙对丁。但是如果首句入韵，出句和对句的平仄不可能完全相反

（丁对乙、或乙对丁），但出句的第二字和对句的第二字平仄必须是相对的。上面所举的四种基本形式，都是符合粘与对的规则的。若不合"粘"的规则叫"失粘"，不合"对"的规则叫"失对"。失粘会造成句式重复，而失对会造成违律。

3. 格律诗平仄的避忌以及相关变通的方法

（1）避孤平。在格律诗的平仄中，"孤平"乃诗家大忌。孤平，就是两仄夹一平，指律诗句中除了尾字就只有一个平声字。如"仄平仄仄平"。孤平的句子读起来很拗口，不过犯孤平指的是平脚的句子，也就是押韵的句子。避免平声收脚的句子里除了尾字韵脚外只出现一个平声字的现象，叫避孤平。不过仄声收脚的句子即使出现孤平现象也无需避防。七言诗第三字就不能用仄声字而是必须用平声字，如将"仄仄平平仄仄平"句式改为"仄仄仄平仄仄平"句式。同理，在五言诗的"平平仄仄平"句式里，也不能写成"仄平仄仄平"，这也犯"孤平"。如果因为创作的需要，七言的第三字，五言的第一字必须用仄声字，就必须在七言的第五字或五言的第三字想办法补救。每句诗要有两个平声字相连，这样就不会出现孤平。

（2）一三五不论，二四六分明。这是对七言律诗讲的。一般来说，五言第二字、七言第二字第四字是要分明的，而五言第四字、七言第六字只在上面的特殊格式中和拗句才不分明。五言第一字、七言第一字第三字一般可以不论，但不能造成孤平，五言第三字、七言第五字不论只在拗句中使用。所以，五言律诗的第三个字、七言律诗的第五个字还是要论的，不能随意改变。

（3）拗救。该用平用了仄，或该用仄用了平。凡不依平仄标准格式的句子，叫作拗句。只有在"二四六分明"而不分明时，"一三五不论"而不论了的字才算真正的"拗"字。出现了拗句，前面一字拗，后面还必须有救。所谓"救"，就是补偿，救过来以后就不算毛病了。

野桃含笑竹篱短，溪柳自摇沙水清。（北宋·苏轼《新城道中》）

七言诗的第三字拗，第五字救。本应是"平平仄仄平平仄，仄仄平平仄仄平"，但是对句中第三字用了仄声字"自"，则第五字就必须改用平声字"沙"，就成了"仄仄仄平平仄平"，起到了自救的作用。此句中第一字本应是仄声而用了一个平声字"溪"，因其位置不重要，所以第五字必须进行自救。

（三）对仗

所谓"对仗"，《声律启蒙》中有"云对雨，雪对风，晚照对晴空。来鸿对去雁，宿鸟对鸣虫"，讲的就是声律中的对仗。

1. 格律诗对仗标准

四要：一要字数相等，二要词性相合，三要内容相关，四要平仄相对。

二忌：一忌"合掌"，上下联意思不能雷同；二忌"同字"，上下联不能同字。

（1）语法结构相近或相同相为对仗。主语对主语，谓语对谓语，宾语对宾语，补语对补语，定语对定语，状语对状语。

绵水细不见，峨江清可怜。（北宋·苏轼《初发嘉州》）

"不见"是动词，"可怜"是形容词，都充当句子的补语，对仗。

（2）语法结构不同的语句而词性同类的相为对仗。名词对名词，代词对代词，动词对动词，形容词对形容词，副词对副词，虚词对虚词。在这类对仗中一定有不同句子成分相对，相对的词（词组）的性质要求相当严格，只能同性词相对。

清晨入古寺，初日照高林。（唐·常建《题破山寺后禅院》）

时间名词"清晨"是出句的状语与对句的主语"初日"相对，词性相同。

上述要求，再加上下联平仄相对、节奏相当、字数相等、内容相关等要求，构成对仗，缺一不可。律诗中对仗位置，在颔颈两联，即第三、四句和五、六句分别对仗。绝句不要求对仗，对亦可，排律除首尾两联外，其余各联全部要对仗。

2. 格律诗对仗常见类型

（1）工对：要求句式结构完全一致，相对位置上不仅词类相同，且须用同一门类的词语为对，如名词中天文、地理、时令、器物、服饰等同一范畴的词。

两个黄鹂鸣翠柳，一行白鹭上青天。窗含西岭千秋雪，门泊东吴万里船。（唐·杜甫《绝句》）

诗中的"两个"对"一行"（数量结构对数量结构），"黄鹂"对"白鹭"（禽类名词相对）、"翠"对"青"（颜色名词相对）、"千"对"万"（数词相对）都是同类词为对，对仗非常工整。

（2）宽对：相对"工对"而言，一般只要句型相同、词性相同，即可构成一种不很工整的对仗。

客心洗流水，馀响入霜钟。（唐·李白《听蜀僧濬弹琴》）

"客心"对"馀响"，前者偏正结构，后者动宾结构，结构不对。

（3）串对：俗称"流水对"，两句只言一种意思，且互为因果的对偶。

即从巴峡穿巫峡，便下襄阳向洛阳。（唐·杜甫《闻官军收河南河北》）

出句与对句在意义上和语法结构上不是对立的，而是有上下相承的关系，从四川的巴峡到达巫峡，然后才能再从襄阳到达洛阳，先后次序不能倒置。这两句使用的词语构成对仗，有如流水，又叫"流水对"。

（4）自对：又叫"边对"，为当句对，指上下联中分别自成对仗，又在全联中相互两两对仗。

山重水复疑无路，柳暗花明又一村。（南宋·陆游《游西山村》）

"山重"与"水复"自对，"柳暗"与"花明"自对，而上下两联"山重水复"

和"柳暗花明"又组合成对。

二、词的格律

词，由歌曲发展而来，是合乐可歌的长短句。本来是按一定乐谱演奏的歌词，是文学与音乐的结合。宋代以后，乐谱逐渐失传，只留下歌词。因此，词必有词牌，可有词题，调有定格，句有定数，字有定声，上景下情，讲究过片。

（一）词的分类

词在结构上多数是分段的，一段在音乐上叫"一阕"。词一般都分两段（上下阕），少有不分段或分两阕以上的。有的只分成一段，叫作单调；分成两段，叫作双音或双调；分成三段或四段，称三叠或四叠。

1. 按长短规模分

词大致可分小令（58字以内），如《渔歌子》《忆江南》《如梦令》等；中调（59～90字），如《江城子》《青玉案》《临江仙》等；长调（91字以上（最长的词达240字），如《水龙吟》《雨霖铃》《望海潮》等。

2. 按节奏拍节分

常见有令、引、近、慢四种。"令"即一般字数较少的小令，如《十六字令》《调笑令》《唐多令》等。"引"来源于大型乐曲的前奏，即引子，一般每片六拍。"近"一般属中调，如《好事近》《祝英台近》《剑器近》等。"慢"即慢曲、慢调，一般多为长调，每片八拍，节奏舒缓。

3. 按变调分类

有些词调有变格，变格也有各种不同方式，主要有：犯调、转调、摊破、减字、偷声等。词牌"摊破""减字""偷声"等，都是关于字句增减的术语。

4. 按词牌来源划分

（1）本来是乐曲的名称。如"卜算子""蝶恋花""西江月"等，都是来自民间现成的曲调的词牌。

（2）摘取一首词中的几个字作为词牌。如："如梦令"，摘自于词《忆仙姿》中"如梦，如梦，残月落花烟重"；"忆江南"本名《望江南》，摘自于白居易词"能不忆江南"；"忆秦娥"，摘自于词"箫声咽，秦娥梦断秦楼月"。

（3）词牌，同时也是词题。如"踏歌词"咏的是舞蹈，"渔歌子"咏的是打鱼，"浪淘沙"咏的是大浪淘沙，"更漏子"咏的是夜。这些词牌名本身就蕴含了所要咏怀的事物，不需要另拟题目。

（二）词调、词牌、词题和词谱

每首词都有一个表示音乐性的词调，是写词时所依据的乐谱。各个词调都是"调有定格，句有定数，字有定声"，并且各不相同。每首词都有一个曲调名称，叫"词牌"。它规定着这首词的句数、字数和平仄声韵。词牌既与词的声情无关，又与词的内容无关，仅仅是词的句式、平仄和用韵。比如，《浣溪沙》双调六句四十二字，上阕三句三平韵，一韵到底。下阕三句二平韵，首句第一、第五字可平可仄，其余五句第一、第三字可平可仄。下阕首句不须押韵，两句过片，一般要求对仗。

词题和词牌有着严格区别，词题是词的主要内容的集中体现。如陆游《卜算子·咏梅》，"卜算子"是词牌名，"咏梅"是词题。词人在填词之前，一定得选择与自己表情达意相一致的曲调（即词牌）。当各种词牌的字句式、平仄、韵律格式等大致定型后汇编成词谱。填词要严格按照词谱规定的句数、字数、平仄和用韵来写。

（三）词的用韵

词的用韵，一般参照清代戈载所编《词林正韵》。词的押韵虽比诗宽，但词的押韵比较复杂，不像诗那样有固定的押韵位置。词是一个词牌一个押韵位置，一种押韵方式。词的用韵大致有三种情况：

1. 一韵到底

或者都是用平声韵，如《水调歌头》等；或者上、去声韵，如《渔家傲》等；或者都用入声韵，如《念奴娇》等。

2. 同捕平仄互押

这里指舒声十四部中，同一韵部的平声和上声互押。

3. 平仄换韵

"通押"和"互押"都是在同一韵部之内，换韵则是改变韵部。何处换韵是固定的，如《菩萨蛮》上下阕都是两仄韵，然后换两平韵。

（四）词的平仄

每一词调的字句声韵平仄，有其不同的规定，因为词是歌词，字句多少、平仄、韵味等，是根据不同乐谱的要求而定的。词的句子基本是律句，平仄要求很严格。词中的五字句和七字句，用的基本是五言律诗和七言律诗的平仄格式。三字句、四字句，大多也是从律句中截取的一段。词的平仄，每句都要按照词谱的要求来填写。

《卜算子·咏梅》

南宋·陆游

驿外断桥边，寂寞开无主。（仄）仄仄平平，（仄）仄平平仄。

已是黄昏独自愁，更著风和雨。（仄）仄平平仄仄平，（仄）仄平平仄。

无意苦争春，一任群芳妒。（仄）仄仄平平，（仄）仄平平仄。

零落成泥碾作尘，只有香如故。（仄）仄平平仄仄平，（仄）仄平平仄。

《卜算子》，押仄韵词牌，双调，44字，上下阕均四句，两阕各两仄韵，两结亦可酌增衬字，化五言句为六言句，于第三字豆。上去通押。也有一体单押入声韵。

（五）词的对仗

词也讲对仗，但词的对仗和近体诗对仗有所不同。词是长短句，本不宜用对仗。词的平仄由词谱确定，所以词的对仗是自由的。词的对仗与诗的对仗有如下区别。

1. 可用可不用

填词，没有非要对仗的规定。即使同一位诗人在同一个词牌中，有时对仗，有时不用。

（1）永昼端居，寸阴虚度。（北宋·苏轼《水龙吟·小沟东接长江》）

——对仗

（2）清静无为，坐忘遗照。（北宋·苏轼《水龙吟·古来云海茫茫》）

——不对仗

2. 位置不固定

律诗的对仗，标准位置是在中间两联。词的对仗却没有固定位置，可前可后，但词谱里规定要对仗的地方必须对仗。

（1）纤云弄巧，飞星传恨。（北宋·秦观《鹊桥仙》）——对仗在词之首。

（2）青云路稳，白首心期。（南宋·赵彦端《芰荷香》）——对仗在词之尾。

（3）无可奈何花落去，似曾相识燕归来。（北宋·晏殊《浣溪沙》）——下阕首二句应对仗。

3. 不限平仄相对

与律诗中的对仗不同，词的对仗实际上只要求字数相同、文字相对、平仄符合词谱规定就行了。有时是平对平、仄对仄，当然，词的对仗也有律句式的。

（1）花影乱，莺声碎。（北宋·秦观《千秋岁》）

（2）三十功名尘与土，八千里路云和月。（南宋·岳飞《满江红》）

4. 允许同字相对

诗的对仗要避免重字，词则不避重字甚至两个均带韵脚的句子也可对仗。

（1）人有悲欢离合，月有阴晴圆缺（北宋·苏轼《水调歌头》）

（2）春到三分，秋到三分（南宋·吴文英《一剪梅》）

5. 字数可多可少

律诗和绝句只有五言、七言之分，而词除了极少数如《生查子》《浣溪沙》《玉楼春》等句式整齐外，则从一字句到十一字句不等。词的每句字数不拘多少均可对仗。

三字对：左牵黄，右擎苍。（北宋·苏轼《江城子·密州出猎》）

五字对：月上柳梢头，人约黄昏后。（北宋·欧阳修《生查子·元夕》）

七字对：舞低杨柳楼心月，歌尽桃花扇底风。（北宋·晏几道《鹧鸪天·彩袖殷勤捧玉钟》）

八字对：谢家子弟，衣冠磊落；相如门户，车骑雍容。（南宋·辛弃疾《沁园春·灵山齐庵赋，时筑偃湖未成》）

第二章　读古诗先明"诗家语"

　　诗歌是一种语言艺术。南宋诗论家严羽《沧浪诗话·诗辩》中说"诗有别材"，其实，诗也有"别语"。诗歌语言与其他文学样式的语言相比，更具抒情性、含蓄性、精炼性、跳跃性。中国古典诗歌具有规范的格律化、情感的意象化、强烈的抒情性、语言的精美性、表现手法的多样性等五大特征。

　　欲解千家诗，先懂"诗家语"。语言是理解诗歌思想内容的"敲门砖"，"诗家语"概念的提出，使得古诗在整体表达上，体现出了它独特之诗性和音乐性。中国古典诗歌多是短小的抒情诗，要借助非常简省的语言外壳来表达丰富的思想内涵，熟悉掌握了诗歌语言的组织规律，就能迅速进入诗歌的意境，洞悉诗人的感情。可见，理解古诗语言，是读懂古诗的前提；鉴赏古诗语言，又是古诗解读的升华。

　　古诗鉴赏的依据首先就是语言，古诗鉴赏的基础就是要了解古诗语言的特征，懂得古诗对语言的艺术处理，所以读诗就要先懂得"诗家语"。只有从"诗家语"的角度去品读涵咏，才能准确理解诗句，从而领略到诗的意境，获得审美享受。

第一节　"诗家语"的提出

　　写诗填词要用"诗家语"。

　　诗家语，是北宋政治家、文学家王安石最早提出来的。所谓"诗家语"，即为"诗性语言"，乃诗人用含蓄、形象、跳跃、夸张、凝练、音乐性的语言表达自己主观情志之诗语，有其特有的一套修辞手法、句式格律、语法构造。

什么是"诗家语"呢?

宋人魏庆之《诗人玉屑》卷六载: "王仲至召试馆中,试罢,作一绝题云:'古木森森白玉堂,长年来此试文章。日斜奏罢长杨赋,闲拂尘埃看画墙。'荆公见之,甚叹爱,为改作'奏赋长杨罢',且云:'诗家语,如此乃健。'"

王荆公将王仲的诗句"日斜奏罢长杨赋",改为"日斜奏赋长杨罢"。《长杨赋》本为西汉辞赋家扬雄的名作,王仲借此自喻,表现出他应试完毕后自得与自信的心情。从形式上看,没有改变一个字,只将"赋"与"罢"做了一下换位处理;按照文理上看,原诗句"日斜奏罢长杨赋"应该说更顺畅一些。但细细推敲,"日斜奏赋长杨罢"确实比"日斜奏罢长杨赋"更为顿挫有力。同样七个字,语法都没毛病,字的位置不同,效果便大不一样。

为什么说王安石修改后的诗句比原来的诗句好,而且还成了"诗家语"呢?

与原来诗句相比,修改后的诗句至少有三处变化:

1. 语序发生了变化

只是将一个"罢"字向前稍微移动,未增减一字,便打破了平常的用语习惯,将动补结构"奏罢",变为动宾结构"奏赋",动作感不仅强烈,而且突出了"奏"的对象"赋",进而强调的这非一般之赋,而是借扬雄《长杨赋》指代自己应试的好文章。不仅如此,更使语言在精练的同时,又丰富了结构上的变化。

2. 词性发生了变化

"赋"由名词变成了动词,"奏"由动词变成了形容词。诗句谓语由原来的"动补结构"("奏罢"——动+补)变成了"偏正结构"("奏赋"——形+动)。

3. 音韵上发生了变化

"赋"与"罢"虽均是去声,诗句中用哪个字做句尾,于格律无碍,但"赋"字是"合口呼",发声较为沉闷,而"罢"字为"开口呼",声音响亮而高昂,恰与诗人自得与自信的精神面貌相吻合。

总之,一字之调整,的确能显示出诗坛巨擘王荆公的"老辣"手段,这不得不令人佩服。所以说,王安石将王仲诗中的"日斜奏罢长杨赋"改为"日斜奏赋长杨罢",且将其改定后的诗句界定为"诗家语",并说"如此乃健"(这样才好)。

这些变化,打破了原诗句那种平淡无奇的散文结构,变成了奇特生动的"诗家语"。从修辞学上讲,原诗"日斜奏罢长杨赋"平铺直叙,过于直露,是散文的修辞方法。由之可知,王安石关于"诗家语"命题的提出,为中国古典诗歌奇特而特殊的组合结构提供了一种"理论依据",突出了古诗语言艺术表现上的"独特魅力"。

王安石的"诗家语",是指古典诗歌创作时的"独特用语"。通常情况下,创作中国的旧体诗,由于受到韵律与体制的限制,还有"诗味"的要求,是不能像写散文那样的。所以，中国古典诗歌一定要凝练、含蓄，委婉、曲折，要使用"诗家语"。如果不懂得、不熟悉"诗家语"，也就难以读懂鉴赏，更无从创作古典诗歌。

一言以蔽之，"诗家语"是相对于散文的语言而言的，是对古诗语言特征的高度概括。"诗家语"的出现就是这样一种诗性语言的表达形式。如果说，王安石提出"诗家语"是立足于写诗，主张不要用散文的语言来写诗；那么，时至今日要阅读和鉴赏古诗，就要懂得古代"诗家语"。

第二节 "诗家语"的特征

要读懂悟透古诗，首先就得明白"诗家语"。所谓"诗家语"，就是诗人所说的话，诗人所用的语言，即非语言化、陌生化和风格化的特殊的言说方式，是一种"诗性语言"。"日斜奏赋长杨罢"是"诗家语"，而"日斜奏罢长杨赋"则不是"诗家语"。"诗家语"，与散文语言相比，有三个不同之处——常常是"无言"的，常常是不讲"理"的，常常是不合"法"的。

一、"诗家语"的暗示性：常常是"无言"的

古诗简约而不失丰富，含蓄而不失形象，轻灵而不失厚重。这些特质使得古诗的语言具有了暗示性，而暗示性是借助古诗语言的词性、意象、诗题、注释等来传达其极耐寻味的内容和情感的。中国诗常以"此时无声胜有声"的无穷妙境来展现其无穷魅力，这就是"诗家语"的暗示性。

1. "诗家语"至言无言——诗出侧面，诗在诗外，诗在笔墨之外

古诗要求精练，可以省去的话就不必说，叙述可以有跳动。不管使用哪种风格的语言，只要能把诗意恰到好处地表现出来，便是好的语言，就是"诗家语"。在人物复杂的感情面前，任何语言都显得苍白无力。也许"无言是最好的诗"，有时只好"诗出侧面"，常常以"不说出"来代替"说不出"。

寂寂花时闭院门，美人相并立琼轩。含情欲说宫中事，鹦鹉前头不敢言。（唐·朱庆馀《宫词·寂寂花时闭院门》）

这首构思独特的宫怨诗中"鹦鹉前头不敢言"一句说，鹦鹉面前，谁也不敢吐露

自己的苦闷。宫女赏春本是乐事，然而久已失宠，感怀无限，心中郁闷，极愿互吐，却恐鹦鹉饶舌，竟不敢言。诗句无须再言，怨深怨重，裸露无遗。

2.＂诗家语＂在于含蓄——言近旨远，意在言外；深涵多隐，含而不露

＂言有尽而意无穷＂，具有含蓄美的诗歌，不仅凝练，而且生动、传神，更富有艺术魅力。诗中有很多更深刻的＂言外之意＂，需要读者通过字面意思去品读其内在深层意蕴，领略诗歌中的＂无言之美＂，从＂易尽＂里望见＂无垠＂。

林花谢了春红，太匆匆。无奈朝来寒雨晚来风。胭脂泪，留人醉，几时重，自是人生长恨水长东。（五代南唐·李煜《相见欢·林花谢了春红》）

诗作于李煜被囚汴京期间，作者以春去匆匆，狼藉残红托出伤春惜花之情。＂太匆匆＂不仅写林花凋谢之速，更糅合了人生苦短、来日无多的喟叹，包蕴了诗人对生命流程的理性思考。从而间接地表达了作者心中的无限悲苦，将人生失意的无限怅恨寄寓在对暮春残景的描绘中，形成委婉深远的含蓄美。

3.＂诗家语＂意在象外——立足意象、融入意境，领略＂无言之美＂

古诗＂无言之美＂体现了诗味，展示了＂诗家语＂的魅力，言不尽意之处正如绘画中的留白。＂无言＂不是不说话，而是注重含蓄不露，使感情有所寄托，＂无言之美＂的艺术境界往往是通过意象烘托及意境创设来达到的。

南陵水面漫悠悠，风紧云轻欲变秋。正是客心孤迥处，谁家红袖凭江楼？（唐·杜牧《南陵道中》）

杜牧《南陵道中》又题＂寄远＂。＂谁家红袖凭江楼？＂凭楼而望的红袖女子，究竟是怀着闲适的心情览眺江上景色，还是在望穿秋水地历数江上归舟呢？＂红袖凭江楼＂的形象内涵不确定，恰恰为联想的丰富、诗味的隽永创造了有利的条件。正值客心孤寂之时，流目江上，忽见红袖凭楼而联想到家人也在盼望自己归来，于是羁旅的孤寂似乎一时冲淡了不少，而更增思家之情。当然，这种不确定仍然离不开＂南陵水面漫悠悠，风紧云轻欲变秋＂这样一个特定的情景。因此，尽管不同的读者会有不同的联想体味，但总的方向大体是相近的。这正是艺术的丰富与杂乱、含蓄与晦涩的一个重要区别。

二、＂诗家语＂的悖理性：常常是不讲＂理＂的

所谓悖理性，就是＂诗家语＂不符合客观事理、物理，而只符合主观之情理。只遵循诗人情感逻辑的轨迹滑行，因而时时逸出生活逻辑和理性逻辑，说出许多不合情理的话。也就是说＂诗家语＂不受逻辑和语法的约束，常常有悖于常规常理，最不科学、最不规范，却最具艺术表现力和艺术创造力的语言，常达到＂无理而通，无理而趣，无理而妙＂的效果。

1. 合于"情理"，以"反常"为亮点，营造俘获人心的共鸣效应，情痴而致"妙"

上邪！我欲与君相知，长命无绝衰。山无陵，江水为竭，冬雷震震，夏雨雪，天地合，乃敢与君绝！（汉乐府《上邪》）

汉代乐府民歌《上邪》模拟一位心直口快的北方姑娘的口吻，向其倾心相爱的男子表述爱情。诗中写了五种无法实现的自然变异："山无陵，江水为竭，冬雷震震，夏雨雪，天地合"，有了这五件事，"乃敢与君绝"。正是因为悖于常理，才使末句包含的实际语意与字面显示的语意正好相反，有力地体现了主人公"与君相知，长命无绝衰"的愿望，表达了女主人公对爱情的执着、坚定、永不变心的坚贞性格。正是由于"无理""不通"，致使千载之下这位姑娘的神情声口仍能鲜活地从诗句中传达出来。

2. 合于"艺理"，用通感、拟人、夸张等手法，营造"反常"，以虚映实而见"妙"

眼见客愁愁不醒，无赖春色到江亭。即遣花开深造次，便教莺语太丁宁。（唐·杜甫《绝句漫兴》其一）

诗中首句"客"字，便寄寓了诗人客居他乡、寄人篱下的处境。杜甫虽然寓居成都草堂，得以暂时的安定，但国难未除，故园难归的愁绪缠绕心头，可春色偏偏不晓人情，在诗人的眼前让花儿开放，令鸟儿啼鸣。按常理说，春色喜人，花开悦人，莺啼逗人，可诗人借助拟人手法，说春色"无赖"、花开"造次"、鸟语"太丁宁"，这看似"无理"，却加倍地反衬出内心深处无所不在的国仇家恨，真实地再现了诗人的内心世界，实为"合道"之辞。

3. 情痴而景虚的诗作，其"反常"之处，所合之"道"则既有"情理"也有"艺理"

小径红稀，芳郊绿遍，高台树色阴阴见。春风不解禁杨花，濛濛乱扑行人面。（北宋·晏殊《踏莎行》）

这首词描写的是暮春初夏景象，"杨花扑面"让行人感觉十分不爽。因此词人责怪春风，说它不懂得约束飞舞的杨花，任凭其随风飘舞，迷蒙纷乱地打在行人脸上。这种怪责显得荒谬而"无理"，词人嗔怒杨花不解人意，含蓄地道出心中的春愁与离思。语句"无理"，实则有情，拟人手法的运用，符合艺术法则，诗作由此有了委婉深致之味。

三、"诗家语"的阻拒性：常常是不合"法"的

"诗家语"的不合"法"，就是说"诗家语"往往是不遵循古汉语语法的。中国古诗多半是短小的抒情诗，一首诗里面的词语数量并不多，要借助非常简省的语言来表达丰富的思想感情，还要符合音韵的需要，非对语言做出变形不可。古诗对语言的

变形，在语法上主要表现为：改变词性、颠倒词序、省略句子成分等。

（一）知晓"活用"，理解词性

把握词性的改变，体会诗人所炼之"意"。

诗人为了炼字、炼意的需要，常常临时改变古诗词中某些词语的词性，主要包括名词、形容词、数词用作一般动词，名词用作状语，使动用法和意动用法等。阅读鉴赏古诗，讲究"咬文嚼字"，咬出字外之义，嚼出文外之义。当诗句用汉语语法解释不通时，应考虑词类活用，往往能化腐朽为神奇，增强古诗的表现力、感染力。

中军置酒饮归客，胡琴琵琶与羌笛。（唐·岑参《白雪歌送武判官归京》）

"胡琴""琵琶""羌笛"都是乐器，系名词。在此特殊的前后语境中活用为动词，意为弹奏着胡琴与琵琶、吹起了羌笛，勾勒出边塞军营送别归京使臣的热烈场面。

千里黄云白日曛，北风吹雁雪纷纷。（唐·高适《别董大》）

"曛"，日落时的余光，名词活用作形容词，昏暗的意思。千里黄云遮天蔽日，天气阴沉，北风送走雁群又吹来纷扬大雪。诗人在这荒寒的冬日送别琴师董大，境界阔远，气势磅礴，鼓舞人心。

谈笑间，樯橹灰飞烟灭。（北宋·苏轼《念奴娇·赤壁怀古》）

"灰"与"烟"名词活用直接作状语，意为"像灰一样"与"像烟一样"。描写三国赤壁之战，极言周瑜儒雅淡定，感伤自己功业无成。

岱宗夫如何？齐鲁青未了。（唐·杜甫《望岳》）

句中的"青"指"青翠的山色"，形容词活用作名词。在齐鲁大地上，那青翠的山色没有尽头。诗人没有从海拔角度极写泰山之高，而是从自己的体验——在齐鲁两国的国境外还能望见远远横亘在那里的泰山，以距离之远来烘托出泰山之高。

下马饮君酒，问君何所之。（唐·王维《送别》）

"下马饮君酒"的"饮"字应活用作使动用法，君准备行走，邀君下马喝酒。若不这样理解，就会觉得矛盾，怎么下马喝君的酒，而君去归卧南山陲？

祖席依寒草，行车起暮尘。（唐·王维《送孙二》）

"行车"指"远行的车"，"行"本是动词，因修饰"车"活用作形容词。饯别的宴席依着枯草，远行的马车扬起了傍晚的尘土。言简意赅，对仗工整。

犹瞻太白雪，喜遇武功夫。（唐·杜甫《喜达行在所三首》其三）

"犹"是副词，"喜"是动词，都在状语位置。"喜"修饰动词"遇"，又处在状语位置，活用为副词。到这里才能复见汉家天日，庆幸能见到太白、武功山。对仗工整，写出重见天日的喜悦。

楼船夜雪瓜洲渡，铁马秋风大散关。（陆游《书愤》）

"楼船""夜雪""瓜洲渡"和"铁马""秋风""大散关"六个名词，均活用为动词，并分别组成两个名词谓语句，再现了开阔、壮盛的战场画卷。（英勇的宋军）乘着楼船，冒着夜雪，在瓜洲渡击退金兵，（大将亲率南宋勇士）骑着配有铁甲的战马，迎着强劲的秋风，一举收复了大散关。

安得广厦千万间，大庇天下寒士俱欢颜。（唐·杜甫《茅屋为秋风所破歌》）

诗句中"大"本是形容词，但在这里用来修饰动词"庇"（庇护），作用就如同副词，表现阔大境界和忧国忧民的情感。

江晚正愁余，山深闻鹧鸪。（南宋·辛弃疾《菩萨蛮·书江西造口壁》）

"愁"，使（我）发愁，动词使动用法。黄昏日落，暮色苍茫，正在满怀愁绪的时候，却传来了山中一声声鹧鸪的啼叫。鹧鸪声声，呼唤作者莫忘南归之怀抱，勾起其志业未就之忠愤，一怀愁苦。

（二）注意"省略"，补足成分

注意诗词中的省略，用想象和联想去填补语法成分。

古诗由于字数的限制，诗人常常会省略很多关键的信息。虽在散文句法中，大量的省略会造成成分残缺，语意不通；但古诗中的省略，却是古诗的一个有机部分，是古诗形象、意境的延续与衍生。

清新庾开府，俊逸鲍参军。（唐·杜甫《春日忆李白》）

根据诗意补出省略的主语、谓语和宾语，诗句为"（李白的诗）清新（像）庾开府（的诗），（李白的诗）俊逸（像）鲍参军（的诗）"。一经补充，诗意豁然贯通。杜甫把李白与南北朝诗人庾信、鲍照比较，突出李白诗歌清新与俊逸的特点，表达了诗人对李白的赞美之情。

古诗因省略而造成的思路跳跃给阅读鉴赏造成了一定的障碍。不过，诗人所省略的关键信息，又是可以通过仔细地分析找出来的。跟文言文一样，古诗往往省略主语、谓语、宾语及关联词等。

昨夜雨疏风骤，浓睡不消残酒。试问卷帘人，却道海棠依旧。知否，知否？应是绿肥红瘦。（南宋·李清照《如梦令·昨夜雨疏风骤》）

省略主语，须补足行为主体（人称要素），清晰人物活动。这首小令有人物，有场景，还有对白，写出了伤春的闺中人复杂的神气和口吻。

昨夜雨疏风骤，（女主人"我"）浓睡不消残酒。（早晨）（"我"）试问卷帘人（今天景色如何），（侍女）却道"海棠依旧"。（"我"）（纠正说）知否？知否？应是绿肥红瘦。

鸡声茅店月，人迹板桥霜。（唐·温庭筠《商山早行》）

省略谓语，在名词后面的谓语动词往往省略，补充谓语动词有助于更快速地理解诗歌内容。动词补充时要视上下诗句内容而定。如"风""雨""日""月"后面常常省略"吹""下""晒""落"等动词。

（闻）鸡声（出）茅店（见）月，（踏）板桥（见）秋霜（印）人迹。诗句省略了谓语动词"闻""出""见"和"踏""见""印"。因为闻鸡而起走出茅店方见残月，月光之下方见人迹。画面组接既简练又含蓄，突出了早行的特点，刻画了旅人凌晨赶路的凄冷感受和寂寞心情。

愿君多采撷，此物最相思。（唐·王维《红豆》）

省略"采撷"的宾语"此物"（红豆）。愿君多采撷（红豆），此物最相思。

海日生残夜，江春入旧年。（唐·王湾《次北固山下》）

省略了介词"于"。海日生（于）残夜，江春入（于）旧年。

山河破碎风飘絮，身世浮沉雨打萍。（南宋·文天祥《过零丁洋》）

省略比喻词"似""如"。山河破碎（似）风飘絮，身世浮沉（如）雨打萍。

（三）识别"倒装"，还原语序

还原颠倒的语序，把握诗人的真实意图与情感侧重点。

古典诗歌，倒装是一类常见的越规现象。古人吟诗作赋，往往受到许多限制，或平仄、或押韵、或节奏、或对仗、或渲染、或强调等要求，反而成全了倒装。

1. 古诗倒装的原因

（1）出于押韵、平仄和对仗等声律方面的要求

①出于押韵需要而倒装。

锄禾日当午，汗滴禾下土。谁知盘中餐，粒粒皆辛苦。（唐·李绅《悯农》）

"午""土"和末句的"苦"字在平水韵106韵中，属于上声韵中的七虞韵。如果按照顺序写的话，"日当午锄禾"的尾字"禾"字属于下平声韵中的五歌韵字，与"土"和"苦"明显不押韵。

②出于平仄需要而倒装。

白日依山尽，黄河入海流。欲穷千里目，更上一层楼。（唐·王之涣《登鹳雀楼》）

"欲穷千里目"正常语序即"欲目穷（于）千里"。"目"属仄声字，和"更上一层楼"中的平声字"上"字对不起来了，因而颠倒顺序以保证声韵和谐。

③出于对仗需要而倒装。

有情芍药含春泪，无力蔷薇卧晓枝。（北宋·秦观《春日》）

第一是拆开了"蔷薇枝"一词，第二是将"晓卧"倒装为"卧晓"。其中的原因主要是为了满足格律诗对仗的需要。

（2）出于强调的需要

香稻啄余鹦鹉粒，碧梧栖老凤凰枝。（唐·杜甫《秋兴八首》其八）

初读此句，会感到疑惑不解——香稻怎么会去啄鹦鹉，梧桐又怎么会栖息在凤凰

身上呢？这种施事者与受事者的位置对换，又暗藏了什么玄机呢？下面不妨简析诗句的语法结构。

上联：主语——鹦鹉谓语——啄宾语——（余）（香稻）粒。

下联：主语——凤凰谓语——栖宾语——（老）（碧梧）枝。

正常语序应为："鹦鹉啄余香稻粒，凤凰栖老碧梧枝。"此句诗是把汉语正常语序的主语（鹦鹉）调到宾语修饰成分的位置上，做宾语的定语，同时又把宾语的定语（香稻）调到主语的位置上做主语用。

杜甫作此诗是为了回忆长安的景物，主要强调长安城里景物的美好，说那里的香稻不是一般的稻，是鹦鹉啄余的稻；那里的碧梧不是一般的梧桐，是凤凰栖老的梧桐。所以，诗句便是"香稻——鹦鹉啄余粒，碧梧——凤凰栖老枝"，把阅读重点吸引到香稻与碧梧上。同时，此诗侧重的是香稻、碧梧，而所谓"鹦鹉啄余""凤凰栖老"都是虚的，只是用来说明"香稻""碧梧"的不同寻常而已。

（3）为追求"新意"，化平淡为神奇

诗词中特殊词序的出现，声律的要求和修辞的需要往往是兼而有之的。

青海长云暗雪山，孤城遥望玉门关。（唐·王昌龄《从军行》）

诗人一反常理，将定语"孤城"前置于句首，除了为符合七绝的平仄格式外，目的还在于突出和强调玉门关所处孤立突兀的地势。"孤城遥望玉门关"应为"遥望孤城玉门关"，突出戍边将士艰苦落寞的军旅生活以及由此产生的无限思乡之情。

（4）为句式错落变化，产生参差之美

古典诗歌的语序倒装现象并非诗人有意难为后人，而是古诗语言形式的规范使然，尤其是律诗。凡是可用反复、对偶、排比、回环等整句形式，却故意加以变形，用参差的形式，避免语言呆板、单调，而使之生动、活泼、多样。

旧时茅店社林边，路转溪头忽见。（南宋·辛弃疾《西江月·夜行黄沙道中》）

"路转溪头"是立足点，"社林边"是"旧时茅店"所见之地，可以排序为"路转溪头，忽见社林边旧时茅店"。这里的倒装不仅遵循了音律的限定，而且还真切地表达了夜行途中恰遇天雨、忽然发现旧时茅店的惊喜之情。

2. 古诗倒装的语法现象

诗句倒装是"诗家语"中最为突出的语法现象。古诗常突破常规，或改变句子成分的位置，或改变词语的搭配习惯，从而形成有别于散文的特有的语法体系。阅读鉴赏古诗，如果遇到按字面语序读不通，就应考虑是否倒装。

晴川历历汉阳树，芳草萋萋鹦鹉洲。（唐·崔颢《黄鹤楼》）

主谓倒装。"汉阳树"和"鹦鹉洲"置于"历历""萋萋"之后，看起来像是宾语，实际上却是被陈述的对象。若按常规词序表达，读起来则会有别扭之感，既不能与首联之"楼"、颔联之"悠"、尾联之"愁"押韵，不易形成223的节奏，节奏感也不强；再者，"晴川历历""芳草萋萋"的视觉意象也得不到突出强调，很难引出尾联之渺渺茫茫的乡愁。

香雾云鬟湿，清辉玉臂寒。（唐·杜甫《月夜》）

宾语前置。即"香雾湿云鬟，清辉寒玉臂"。"湿"和"寒"都是使动用法，"云鬟""玉臂"本是它们所支配的对象，结果被放在前面，似乎成了主语。诗人想象远在鄜州的妻子也正好在闺中望月，那散发着幽香的蒙蒙雾气仿佛沾湿了她的头发，清朗的月光也使得她洁白的双臂感到寒意，进一步表现"忆长安"。

客心洗流水，余响入霜钟。（唐·李白《听蜀僧浚弹琴》）

主宾倒装。句意实为：流水洗客心，霜钟有余响。听了蜀僧的弹琴，心灵好像被流水洗过一般，畅快愉悦；音乐终止以后，余音久久不绝，和着薄暮时分寺庙的钟声响天外。

羌笛何须怨杨柳，春风不度玉门关。（唐·王之涣《凉州词》）

状语倒装。首句为"何须羌笛怨杨柳"的倒装。"羌笛"用如动词，意为吹奏羌笛。为了协调韵律，诗人将状语"何须"置于谓语之后。

青海长云暗雪山，孤城遥望玉门关。（唐·王昌龄《从军行》）

定语前置。"孤城"即指玉门关，为"玉门关"的同位性定语，现却被挪在动词"遥望"之前，很容易使人在诗意的理解上出现偏差，误以为站在另一座孤城上遥望玉门，其实应理解为"遥望孤城玉门关"。

我欲因之梦吴越，一夜飞渡镜湖月。（唐·李白《梦游天姥吟留别》）

定语后置。偏正短语"月夜"本为句首的时间状语，现被分拆为二，定语"月"远离中心语而居于句末，仿佛成了宾语的中心部分，但诗人"飞渡"的只能是"镜湖"而非"月"。诗中"月"活用作状语，即"一月夜飞渡镜湖"。

明月别枝惊鹊，清风半夜鸣蝉。（南宋·辛弃疾《夜行黄沙道中》）

联句意为：月明惊鹊飞别枝，半夜清风送蝉鸣。顺装后意义虽更明了，但太露、太直、太浅，淡化了诗意。诗人将"月明"写成"明月"，将"惊鹊别枝"这个兼语词组写成了主谓颠倒的"别枝惊鹊"，不将表时间的状语写于句首，而将"明月"与"清风"相对，"惊鹊"与"鸣蝉"相对，对仗严谨工稳。总之，倒装后不仅韵律和谐、美感强烈，而且内涵加深、容量扩大、意境开阔。

（四）留意"空白"，合理补白

多留意古诗因跳跃而出现的"空白"，适当补白。

"凡诗文妙处，全在于空"（袁枚《随园诗话》）。古典诗歌，因虚见实，由实悟虚，留出适当的空白，不着一字，尽得风流。古诗鉴赏可根据诗歌的意境，补充诗

上篇 古典诗歌常识

人有意留下的空白，还原诗歌的场景，从而更好地"入情悟境"，缩短与古诗的时空距离和心理距离，更好地理解诗意并进行深层阅读，获得更高的审美享受。

1. 结构留白

"短幅中藏无数曲折"，即在整幅"画面"或情节中留出空白。

君自故乡来，应知故乡事。来日绮窗前，寒梅著花未？（唐·王维《杂诗三首》其二）

以"寒梅著花未"设问，问得真挚，问出了境界。男主人公向来自故乡的客人询问"故乡事"，却只问"寒梅"是否已经开花。故乡在诗人的心目中已具化成那窗前的"寒梅"。夫妇分居异地，自然无法互相吐露别情；而"寒梅著花"似乎是一个暗示某种特殊含义的时间，可能是夫妇临别叮咛的归期，也可能是彼此心中共同萦怀的往事。而这只有男女主人公双方知道，读者只能依靠自己的经历去填充，这便是结构"留白"的妙用。

2. 意蕴留白

凡事留白三分，意蕴悠长。汉语的最高境界，在于语留三分，意味深长，耐人寻味。

小楼一夜听春雨，深巷明朝卖杏花。（南宋·陆游《临安春雨初霁》）

谁"听春雨"？为什么"一夜听"？"明朝卖杏花"是实景还是虚景？

其实，"春雨"正是说绵绵春雨如愁人的思绪。"一夜"暗示了诗人陆游一夜未曾入睡，国事家愁，伴着这雨声而涌上眉间心头。"小楼一夜听春雨"，原来是春天的脚步随着雨声来到深巷，进入小楼，给住在西湖边客栈里听候皇帝召见、百无聊赖的诗人带来一个不眠之夜。随即诗人设想明天早晨该能听到深巷传来的卖花声了，含蓄地表达自己的郁闷与惆怅。读者通过设问和想象，才能把握古诗的意蕴。

3. 修辞留白

即通过双关、比喻、暗示、借代、反讽等形成语义上的空白。

心愿嫁郎郎不归，不及江潮不失期。踏尽白莲根无藕，打破蜘蛛网费丝。（元·倪瓒《竹枝词》）

写事物，留寓意——婚期快要到了，然而情郎还没回来，这位少女带有迷惘埋怨的心情，做了三个比喻。说丈夫该回来不回来，不如江潮那样如期；说踏尽白莲池也寻不到藕（"偶"的谐音），说打破蜘蛛网费了丝（"枉费了思"），这后一句是歇后语。

4. 结语留白

诗句结语，余韵不绝。留白，使读者能够思接千载，视通万里，从而获得多重审美的发现。

庭院深深深几许，杨柳堆烟，帘幕无重数。玉勒雕鞍游冶处，楼高不见章台路。

雨横风狂三月暮，门掩黄昏，无计留春住。泪眼问花花不语，乱红飞过秋千去。
（北宋·欧阳修《蝶恋花》）

词的结句，为何因花而有泪？花儿又是因何竟不语，不但不语，且又乱落？乱红飞过秋千又是如何？层层设悬、层层留白，读者每到一个层面都能赢得"路转溪桥忽见"的发现，或"柳暗花明又一村"的心灵体验，感受到的是曲径通幽之美。

5. 意象留白

写物象，留意象。古诗意象的组合，借助了汉语语法意合的特点，词语与词语之间、意象与意象之间可以直接拼合，甚至可以省略起连接作用的词语。

桃李春风一杯酒，江湖夜雨十年灯。（北宋·黄庭坚《寄黄几复》）

上句追忆京城相聚之乐，下句抒写别后相思之深。诗人不用"想当年我们两人相会"之类的一般说法，却拈出核心意象"一杯酒"，暗示故人相见，或谈心，或论文，总是要饮酒的，从而再现了两人相会的情景。下句又选用"江湖""夜雨""十年灯"三个意象，抒写出两人离别和别后思念之殷。"江湖"一词，能使人想到流转和飘泊；"夜雨"，能引起怀人之情；在"江湖"而听"夜雨"，就更增加萧索之感。"夜雨"之时，需要点灯，所以接着选了"灯"字。而"十年灯"，则是诗人的独创，用以和"江湖夜雨"相联缀，就能激发读者的一连串想象：两个朋友，各自飘泊江湖，每逢夜雨，独对孤灯，互相思念，深宵不寐。而这般情景，已延续了十年之久！

6. 虚实留白

以实带虚，以虚扩实，达到了既充盈又灵空的艺术境界。

松下问童子，言师采药去。只在此山中，云深不知处。（唐·贾岛《寻隐者不遇》

寓问于答，余味无穷。明明是三番问答，至少要六句才能完成对话，诗人采用答话句蕴问话的方法，精简为20个字，留下大量的空白，让读者根据生活的逻辑、经验的积累去补充完善。譬如：

贾岛松下问童子：请问小师傅，你师傅在家吗？（满怀希望）

童子答：师傅采药去了。（略有失望）

贾岛又问：你师傅他老人家去哪里采药了呢？

童子答：只在此山中。（一线希望）

贾岛再问：能不能劳驾你（带我）去找找他？

童子答：云深不知处。（无可奈何）

7. 悬念留白

就是写情节，留悬念。

打起黄莺儿，莫教枝上啼。啼时惊妾梦，不得过辽西。（唐·金昌绪《春怨》）

金昌绪写了一个春天早晨少妇做梦的情节。在花红柳绿的和风煦日里，黄莺经不住春天的诱惑，在枝上呼朋引伴、宛转啼唱，却被少妇赶走。这里留下了一连串问号：闺中为什么做到辽西的梦？她有什么亲人在辽西？此人为什么离乡背井，远去辽西？诗题目"春怨"，女主人公到底怨的是什么？难道怨的只是黄莺，只怨莺啼惊破了她的晓梦吗？这种留白也就留下了悬念，留下了多维思索和多元解答的空间，这将给读者的探索和想象留有余地。

　　总之，"诗家语"，常常是无言的，常常是不合理的，常常是不合法的。与非诗语言的区别在于诗句更唯美、深邃、凝练，含蓄委婉，可读性强；抒情寓理上特别重视突出形象性、意象性、音乐性等。"诗家语"具有含蓄性、跳跃性、凝练性，其主要特征是不受逻辑和语法限制，却是最具有表现力的语言，有时妙到只能意会无法言传的地步，这才是最美的"诗家语"。

古诗阅读鉴赏

中篇

读懂：
初步掌握"古代诗家语"

阅读——"泡"开诗性语言，当散文读

古诗阅读与鉴赏"三步走"，一是能读懂，二是会鉴赏，三是精表达。

能读懂——感知、感触，读解诗句，明白古诗表层意思。也就是说能译读出诗歌大意：时间、地点、景物、人物、事情（起因、经过、结果）等。懂得"古代诗家语"，懂得古诗对语言的变形，学会把古代诗家语"泡"开来。

阅读与鉴赏古诗一直是高中语文的难点，其中"读不懂"更是鉴赏古诗最大的障碍。当然，读不懂古诗的原因很多，诸如古文功底不够扎实、古代文化常识缺乏、古诗积淀不够、人生阅历不足，等等。其实读不懂古诗一个最直接的原因就是对古诗的语言特点不够了解。

古诗作为一种特殊的文学体裁，有着自己特有的语言，即"诗家语"。古诗的语言是最凝练的，也富于跳跃性，由于还要讲究韵律，古诗的语言往往会打破语法规则。因为古诗在语言上有其特殊性，所以古诗的解读首先就要在文句上读懂它。而读不懂"诗家语"，关键在于不懂古诗语言的变形，最主要的还是语法方面的难点。

读懂是鉴赏评价和准确表述的基础。古诗阅读与鉴赏，要有意识地把读懂古诗放在首位。特殊的语言结构是古诗创作的必须，只有真正掌握了这种语言结构，把凝练、含蓄、跳跃、变形的诗句"泡"开，找到读懂古诗的钥匙，古诗阅读与鉴赏才能更得心应手。

第一章　品鉴古诗读懂先，赏诗宜从懂诗始

阅读与鉴赏古诗，首先要懂得"诗家语"。怎样才能读懂"诗家语"呢？

要读懂"诗家语"，就得把古诗当作文言文来对待；要读懂"诗家语"，还要懂得古诗对语言的变形，这是古诗阅读与鉴赏的基础。

"诗家语"作为一种特殊的言说方式，使得古诗在整体表达上，体现出了它独特之诗性和音乐性——含蓄婉转、用语形象、字句凝练、语言跳跃、艺术夸张和声律协美等。因此要反复涵咏，熟读吟诵，咀嚼品味，把古诗"泡"开来，调动自己原有的知识经验和生活积累，展开合理的联想和想象，再造出诗歌的情景，才能真正深切感受古诗的意境和深入理解其意蕴。

可见，要真正读懂古诗，多读多悟才是关键。只有掌握了"诗家语"的种种特性才有助于读懂古诗。因此，要欣赏古诗，得先读懂"诗家语"。

第一节　抓语言特征，读懂"诗家语"

古典诗歌是语言的艺术，要读懂一首古诗，首先要了解古诗语言的特征，即要懂得"诗家语"。只要抓住了古诗语言组织的规律，就能迅速进入诗歌的语境。因此从古诗语言特征入手破解"诗家语"，才能攻破读懂古诗的难关。

一、比兴语

比兴是古典诗歌的常用技巧。"比者，以彼物比此物也"，"兴者，先言他物

以引起所咏之词也"。（宋·朱熹）通俗地讲，"比"就是比喻，"兴"就是起兴，"比"与"兴"常常连用。比兴语，即富有比喻象征意味的古诗意象系统。读懂古诗第一关即破解"比兴语"，才能品味到古诗含蓄蕴藉的韵味。

缺月挂疏桐，漏断人初静。谁见幽人独往来，缥缈孤鸿影。惊起却回头，有恨无人省。拣尽寒枝不肯栖，寂寞沙洲冷。（北宋·苏轼《卜算子·咏雁》）

意象"孤鸿""幽人"分别出自《易经》中的《渐卦》和《履卦》。词中两个文化意象互喻，象征义有爱情失落、自我失意、政治挫折和放弃仕进等多种意象，可谓"寓意高远"。可词中冷寒的，不止是沙洲和梧桐枝；比兴语，透射出苏轼在遭遇政治极大打击后渴望归隐、得以避祸的心态。

二、省略语

古诗讲究言简意赅，辞约义丰。而读不懂"诗家语"一个重要原因是古诗词中往往存在成分省略，省略语使得诗意呈现出跳跃性特征。阅读与鉴赏古诗，只有将省略部分补充完整，才能准确地理解诗意，进而把握诗歌意境。

雨横风狂三月暮，门掩黄昏，无计留春住。（北宋·欧阳修《蝶恋花》）

雨横风狂，催送残春，风雨无情，留春不住。"门掩"和"黄昏"之间省去了联系词，可以理解为黄昏时分将门掩上，或将黄昏掩于门外；还可以理解为在此黄昏时分，将春光掩于门外；或许三方面的意思都有。黄昏时分，完全可以想象得出少妇有这个关门的动作，也正是这个动作表现了她的寂寞、失望和惆怅。

三、倒装语

由于格律的要求，古诗常对语序做适当调换，词语错综颠倒，甚至出现倒装句。另外，诗句的组接顺序，不一定遵循时间的先后顺序、事物的前因后果、情感的次第演进等方面的逻辑规律，多突破常规。鉴赏古诗，须理顺语序，准确地把握诗人的表意重点，理解诗句的丰富含意，从而读懂全诗。

将军金甲夜不脱，半夜军行戈相拨，风头如刀面如割。（唐·岑参《走马川行奉送封大夫出师西征》）

环境是夜间，将军身着铠甲夜里也不脱，半夜行军戈矛彼此相碰撞。"将军金甲夜不脱"语序倒装，应为：将军夜不脱金甲。以夜不脱甲突出将军重任在肩，以身作则。"半夜军行戈相拨"语序倒装，应为：半夜行军戈相拨。写半夜行军，从"戈相拨"的细节可以想见夜晚一片漆黑和大军衔枚疾走、军容整肃严明的情景。

四、活用语

古典诗歌中词性改变的活用词，往往可状难状之景，可达难达之情，甚至可营造出一种意境，能够化腐朽为神奇，增强古诗的表现力、感染力。这些词常常为一句诗或一首诗中的关键词，甚或为"诗眼"。

泉声咽危石，日色冷青松。（唐·王维《过香积寺》）

诗人拜访香积寺，山中的流泉由于岩石的阻拦，发出低吟，仿佛呜咽之声。照在青松上的日色，由于山林幽暗，似乎显得阴冷。诗中的"咽"和"冷"，均是使动用法。这两字绘声绘色，精练传神地显示出山中幽静孤寂的景象。

五、用典语

用典，是指在诗中援引古语、古事，借以表达诗人的思想感情。用典包括典事和典句两种。典事即用事，是借用历史故事来表达诗人的思想感情，包括对现实生活中某些问题的立场和态度、个人的意绪和愿望等，属于借古抒怀。典句即用句，指化用前人诗句，旨在加深古诗中的意境，使人联想而寻意于言外。

横槊题诗，登楼作赋，万事空中雪。（南宋·文天祥《酹江月·和友驿中言别》）

曹操横槊题诗，王粲登楼作赋，古来万事都成了空中雪花一般消失无踪。横槊赋诗：苏轼《前赤壁赋》中说曹操"酾酒临江，横槊赋诗，固一世之雄也"。登楼作赋：指王粲滞留荆州时作《登楼赋》，寄托乡关之思和离乱之感。前一典是壮辞，表现了曹操英勇豪迈的气概；后一典是悲语，吐露了王粲雄图难展的苦闷。文天祥联而用之，以典自况，充分抒发了自己为挽救国家屡起屡踬历尽艰辛的无限感慨。

六、关键语

知晓"诗家语"，读懂"诗人意"。阅读古诗应逐字逐词地品读，最重要的就是抓住古诗中直接表现诗人审美心理、思想情感的关键词和表达观点态度的关键句，迅速定位感情基调，结合全篇，从而全面深刻地理解古诗的思想内容。

丞相祠堂何处寻，锦官城外柏森森。映阶碧草自春色，隔叶黄鹂空好音。（唐·杜甫《蜀相》）

关键词"自""空"。三、四句，阶前的春草十分碧绿悦目，藏身在森森柏叶之中的黄鹂的歌唱十分好听悦耳。但是一加上"自""空"二字，就将这草色莺声一齐抹倒，此时的诗人对眼前美景视而不见、听而不闻，心里正在怀念诸葛亮而"无心问津"；同时，春草"自"碧，黄鹂"空"啼，景色幽美却无人问津，足见其凄清。所以，"空"与"自"，既写出了诗人对诸葛亮的敬仰之情景，又写出了景色的凄清，是很有表现力的关键词。

七、修辞语

修辞作为语言的一种属性，是使古诗语言表达产生凝练美、简远美、含蓄美的重要手段。"诗家语"修辞鉴赏要辨识和判断修辞手法，掌握和了解各种修辞手法的特点，分析和评价其对塑造形象、表现感情和体现主旨的作用。

水是眼波横，山是眉峰聚。欲问行人去那边？眉眼盈盈处。（北宋·王观《卜算子·送鲍浩然之浙东》）

作者从"眼如秋水""眉如春山"的比喻中翻出新意，反过来用"眼波""眉峰"比喻山水，造语新奇，对仗工整，巧妙形象地描绘出眼前这幅诗情画意的山水清景。其中，"眼波横"是热泪盈眶，表现出作者极力克制自己的感情，不愿让友人因为自己的低落而增添伤感，做到出以淡语，含而不露。"眉峰聚"是愁眉紧锁，用来描绘送别所见自然山水，折射作者惜别深情，情感动人。而"眉眼盈盈处"一语双关，含而不露。既指友人所去浙东的秀丽山水，又描绘了送别时脉脉含情的神态，表现出对友人的深情。

第二节　欲解千家诗，先懂"诗家语"

"饥者歌其食，劳者歌其事。"古诗记录的是诗人的心灵。"诗家语"概念的提出，使中国古典诗歌语言有了不同于散文语言的充分理由。一般语言一旦成为"诗家语"，其性质就可能发生变化，意义后退，意味走出，交际功能下降，抒情功能上升，成了具有音乐性、诗性、随意性的灵感语言，也就是诗人"精致的讲话"。为此，欲解千家诗，须深入诗心，读懂"诗家语"。

诗圣杜甫《古柏行》描写成都武侯祠的古柏："霜皮溜雨四十围，黛色参天二千尺。"很明显此处诗人妙用夸张手法刻画古柏又高又大，故有"四十围""二千尺"之语。而北宋科学家沈括计算出四十围"乃径八尺"，而古柏高达"二千尺"，故而在《梦溪笔谈》中质疑杜甫笔下的古柏"无乃太细长乎"？沈括以精确的科学计算来解诗，拘泥于生活的真实，使古诗解读陷入误区。

由此看来，不懂"诗家语"难解诗真味。阅读与鉴赏古诗，准确理解"诗家语"，是鉴赏古诗的第一步。也就是说，读懂"诗家语"，对于古诗主题的准确把握和思想感情的透彻理解就容易得多。这就要求读解"诗家语"尽量做到：

一、不用世俗直白语，读解诗家婉曲语

"诗家语"，既不同于散文用语，更不同于日常用语，其独具的含蓄性、跳跃性，需要我们去"泡"、去"品"、去"悟"。古诗婉曲语最鲜明的特点就是隐而能达、意在言外。用平和的话语曲折婉转表达，感染对方，让其容易接受，最终达到"意在言外，使人思而得之"的效果。每当面对不便直说、不忍直说或说话内容有一定刺激性时，婉言曲达的方式可以呈现最佳的表达效果。一旦用世俗的语言解诗，就可能忽略了诗人的用心。

昨日山有信，只今耕种时。遥传杜陵叟，怪我还山迟。独向潭上酌，无上林下棋。东溪忆汝处，闲卧对鸬鹚。（唐·岑参《还高冠潭口留别舍弟》）

用世俗语看，这首诗有诸多说不通。既然是留别舍弟，为什么要提到"杜陵叟"？为什么又是喝酒，又是下棋，又是独对鸬鹚？……若用"诗家语"读解，就会发现这首诗绕了许多弯：不说写信人怪他迟迟不回来，而借杜陵叟的口来怪他；隔得相当远的杜陵叟都怪他迟迟不回来，那么同村的人和家里的人怪他，自然尽在不言中了。"东溪忆汝处"，是讲"想念你"，而"潭上酌""林下棋""对鸬鹚"全是因为想你——杜陵叟先是想到无人可以在林中下棋，是想你；无人做伴，只好独向潭上酌，也是想你；连独饮的兴趣都没有，只好对鸬鹚躺着，更是想你。这样一层进一层推进，就把情感表达得充分而含蓄，作别舍弟的理由就很充分了。诗中跳跃发展的故事，需要用想象将其接通，不理解这点，就读不通诗。

二、不因史家褒贬意，错解诗家寄托语

咏史诗以古人古事为题材，或抒写对古人的缅怀赞颂之情，或抒发昔盛今衰的感慨。但读诗不同于读史，史书常对人的功过是非做出较为公正客观的评价，而古诗则不关注评论的合理与否，重视的是诗人主体情感的抒发，传统史家的"褒贬"手法完全无法适用于古代诗家。

折戟沉沙铁未消，自将磨洗认前朝。东风不与周郎便，铜雀春深锁二乔。（唐·杜牧《赤壁》）

诗的后两句，倘若当年东风不帮助周瑜火烧赤壁的话，那么铜雀台就会深深地锁住东吴二乔了。据此，有人质疑，赤壁之战关乎东吴存亡，而杜牧只怕捉了二乔，显得不知轻重。显然，质疑者把诗当史来读了。就读史来说，国家存亡，人民命运，自然远远比二乔重要。有经邦济世之才，通晓政治军事的诗人杜牧咏赤壁，并未直言战

争的结局，而是用"铜雀春深锁二乔"来说明赤壁一战关系到国家的存亡。其实，对赤壁之战的主将周瑜来说，一旦二乔被掳，周瑜就国破家亡了。因此，只用史学的眼光评读古诗，就可能会矫揉造作。

三、不用牵强附会意，破坏诗家意境语

有些古诗表面上是写景物，实际上是咏时事。但也有的就是赞美风光的美好、河山的壮丽，并不是咏时事；如果一味地向单纯的写景诗中去追求寄托，就会穿凿附会，引起主题理解上的混乱。

月落乌啼霜满天，江枫渔火对愁眠。姑苏城外寒山寺，夜半钟声到客船。（唐·张继《枫桥夜泊》）

"江枫渔火对愁眠"中"江枫"，有人顾及苏州寒山寺外没有长江，就附会为"水边的枫叶"。而事实上，诗句中省略定语"江"和"枫"的中心语"桥"，"江枫"实指寒山寺外的两座桥，即江桥与枫桥。而"江枫渔火"实指两桥下的渔火，与"火红的枫叶"无关，更与"长江"无关。"姑苏城外"透出寒山寺的位置，"夜半钟声"一句则极富有话题性，曾激起后世历朝文人的畅想。张继《枫桥夜泊》的确写尽了寒山寺并带出不同意境和美感。自唐以来，说《枫桥夜泊》是咏叹寒山寺的"教科书"，实不为过。

四、不用后世派生义，违背诗家原生义

当一首古诗面对古今中外不同阶层、不同文化背景、不同审美角度和审美趣味的读者时，就表现出了最大限度的非限制性和灵活性。由于中国古诗是用形象来表现情意的，读者可以用自己的生活经验和感受赋予形象以新的意义，这是读者的再创造。但是，这种再创造不能取代古诗的原意。一般而言，读者的阅读鉴赏越接近诗作原创，对古诗旨趣的把握就会越准确。

问世间，情为何物，直教生死相许？（元·元好问《摸鱼儿·雁丘词》）

这首咏物词开篇指出了爱情那神奇的力量。16岁的元好问为雁殉情而死的事所感动，感叹双雁的一往情深，为之赋诗寄托自己对殉情大雁的哀思，于是便有了这首《摸鱼儿·雁丘词》。但是有多少人知道，元好问并不是在写人类的伟大爱情，而是塑造了忠于爱情、生死相许的大雁的艺术形象，谱写了一曲凄婉缠绵、感人至深的爱情悲歌！

《摸鱼儿·雁丘词》的小序说明了写作起缘：乙丑岁赴试并州，道逢捕雁者云："今旦获一雁，杀之矣。其脱网者悲鸣不能去，竟自投于地而死。"予因买得之，葬之汾水之上，垒石为识，号曰"雁丘"。同行者多为赋诗，予亦有《雁丘词》。旧所作无宫商，今改定之。

第二章　读懂"诗家语"，方明"诗人意"

知语序明跳跃，晓含蓄懂生活，读诗先懂"诗家语"。

中国古典文学研究家周汝昌先生在《宋词鉴赏辞典》序言中说："永远不要忘记，我国诗词是中华民族的汉字文学的高级形式，它们的一切特点特色，都必须溯源于汉语文的极大的特点特色。忘记了这一要点，诗词的很多的艺术欣赏问题都将无法理解，也无从谈起。"

读懂古诗的难关是"诗家语"。诵读古诗时，经常会遇到一些文字障碍，只要你把古诗当作文言文来读，跨越文字障碍，知晓"活用"，理解词性；识别"倒装"，还原语序；注意"省略"，补足成分；留意"空白"，合理补白；读懂"诗家语"的变形、无法与无理。这样，就能更轻松地读懂古诗。

总之，只有读懂"诗家语"，披文入情，才能更好地走进诗人的内心世界，准确把握古诗的思想情感。

第一节　强化文言意识，读懂"诗家语"

要读懂"诗家语"，首先就得把古诗当作文言文来对待。

中国古诗，是诗体的文言，具有古汉语语法现象。阅读鉴赏古诗，尤其要注意古诗语言的"变形"，把古诗当成文言文理解，不妨试着"译读"古诗。"译读"首先就是解决语言上的障碍问题，其次才是解决文学上的陌生感问题。

因此，有了扎实的文言文功底，才能顺畅地疏通古诗的表层意义，进而为下一步鉴赏古诗奠定良好的基础。

一、读懂古诗，应当了解古代文言语法

要读懂古诗，就要将古诗看作文言文，首先要学会运用语法结构来分析诗句，通过译读来明其大意。

（一）掌握一个"标准语法"

所谓"标准语法"，就不存在前置、后置或成分省略，主、谓、宾、定、状、补俱全的语法模式。如：主语____、谓语____、宾语～～～、定语（　　）、状语［　　］补语〈　　〉。

如图1所示：

图1　主、谓、宾、定、状、补的语法图

（二）掌握四个语法原则

（1）主语中心词一般为名词或代词。

（2）谓语中心词一般为动词或形容词。其后若接宾语，则一定是动词，因为实词中只有动词才能接宾语。

（3）宾语中心词一般为名词或代词。

（4）句子一般应有谓语。

（三）语法结构分析

古诗句是一种整齐、凝练、节奏感较强的语言。绝大部分诗句是由若干短语构成的，组合方式多种多样，下面就古诗句试着做简单的语法分析：

1.（晓）色［未］开（山）意远，（春）容［犹］淡（月）华昏。（唐·李建勋《游栖霞寺》）

主谓式语法结构：定+主+状+谓+定+主+谓。

2.［滩头］鹭占（清）波立，［原上］人侵（落）照耕。（唐·韦庄《题盘豆驿水馆后轩》）

连谓式语法结构：状+主+谓+定宾词组+谓。

3.（乱）花［渐欲］迷（人）眼，（浅）草［才能］没（马）蹄。（唐·白居易《钱塘湖春行》）

主谓宾式语法结构：定+主+状+谓+定+宾

4.［但］悲/不见九州同（南宋·陆游《示儿》）

动宾式语法结构：状+谓+宾

5.春江/秋月/冬冰雪（南宋·杨万里《读张文潜诗》）

并列式语法结构：定+主/定+主/定+主

6.（绿杨阴里）/白沙堤（唐·白居易《钱塘湖春行》）

偏正式语法结构：定+主（宾）

7.［为伊］消/〈得人憔悴〉（北宋·柳永《蝶恋花·伫倚危楼风细细》）

补充式语法结构：状+谓+补

二、要读懂古诗，须把古诗当作文言文来译读

读懂古诗，须通诗歌大意。首先，要按照现代汉语的习惯，分析语法结构，将单音节词变成双音节词。其次，整合句意，按照现代汉语的语序把每个译读过来的词进行调整，并将省略和留白的内容加以补充。最后，结合诗歌意境，散文化组织语言，尽量表达得流畅生动、富有诗意。

古诗译读三步法：

第一步：提取名词

首先，关注古诗中的名词。古诗中多个名词连用时，意象的组合会营造一定的意境。译读时要抓名词，尤其要注意那些具有特定意义的意象及多个意象叠加的现象。在文言文译读中凡是古今通用的名词和人名、地名、物名等专有名词，译读时可保留不译。故提取古诗中的名词，就相对排除了许多文字障碍。

众鸟高飞尽，孤云独去闲。相看两不厌，只有敬亭山。（唐·李白《独坐敬亭山》）

诗中名词（意象）有：众鸟、孤云、敬亭山。

译读：众鸟高飞无踪影，孤云独去自在悠闲；你看我，我看你；彼此之间两不相厌，只有（我和眼前的）敬亭山了。

这首诗通过"众鸟"越飞越远，"孤云"独自飘远的形象的描绘，传"独坐"之神，生动形象地刻画了鸟飞云去，诗人独坐敬亭山的情趣。正是诗人带着因怀才不遇而产生的孤独寂寞，到大自然怀抱中寻求安慰的生活写照。

第二步：译读关键词

与现代汉语不同的实词（通假字、古今异义、偏义复词和词类活用等）、虚词（以、其、而、之、乃、为、于、因、所……）和句式（特殊句式和固定句式），都是译读古诗的关键点。提取了名词，剩下的词语多是动词、形容词或虚词等，所以译读诗句要重点关注诗句中的动词、形容词等关键词。

片云天共远，永夜月同孤。（唐·杜甫《江汉》）

译读：看着远浮天边的片云和孤悬暗夜的明月，我仿佛与云共远、与月同孤。

诗句对仗工整，属宾语前置，正序应为：片云共天远，永夜同月孤。原句把"天""月"分别前置到谓语"共""同"前了。诗人像飘荡在远天的片云一样远客异乡，与明月一起，孤独地面对漫漫长夜。

第三步：整合翻译

古诗译读的标准——直译为主，意译为辅。让"字字落实——留、删、换，文从句顺——调、补、贯"的"两招六式"成为译读习惯，再遵循"信、达、雅"的原则，做到字字落实不走样——"信"，文从句顺无语病——"达"，生动形象有文采——"雅"，也就是除了加强对文言实词、虚词、句式以及古代历史文化常识的积累和理解外，还须把握古诗的一般规律及其特殊性，加强对古诗的理解，把古诗句译读成符合现代汉语表达习惯，转化为跌宕生姿、充满灵性的散文语句。

阅读古诗的第一要务就是"读古诗句，晓古诗意"。有了此前的两个步骤，译读古诗不仅要努力把握其以少量字词包孕着的丰富的含义，而且要努力去寻求其诗句之外包含的无尽的韵味。

三万里河东入海，五千仞岳上摩天。遗民泪尽胡尘里，南望王师又一年。（南宋·陆游《秋夜将晓出篱门迎凉有感之二》）

译读：三万里长的黄河奔腾向东流入大海，五千仞高的华山耸入云霄上摩青天。中原人民在胡人压迫下眼泪已流尽，他们盼望王师北伐盼了一年又一年。

先通读一遍，分析诗句语法结构，找出诗中名词"河东、海，岳上、天，遗民、泪、胡尘里，南、王师、年"，然后查找动词、形容词。其中"仞"和"摩"两个字较难理解。"仞"字，从"三万里"对仗"五千仞"可知是一个度量单位。古代八尺为一仞。"摩"即接触，诗中"摩天"，形容山非常高。

"遗民"指陆游。北宋经历"靖康之难"后陆游就成了北宋的遗民。从"泪尽胡尘里"与"南望"可知陆游当时身处北方，即胡人统治的地方。"王师"是指"仁义"之师，特指南宋的军队。诗中"泪尽"和"又"两个词很重要。其中"泪尽"足见陆游悲伤欲绝，泪都流干了。而"又"字，既表现了沦陷区人民苦难深重，对南宋朝廷的彻底失望。还隐含了陆游当时无奈失望的心情，不过陆游并没绝望。这又是何等的煎熬？这种煎熬的处境刚好回应诗题中"秋夜将晓出篱门"。

全诗以"望"字为眼，表现了诗人希望、失望，千回百转的心情。诗境雄伟、严肃、苍凉、悲愤，读之令人奋起。

第二节 "泡"开"诗家语"当散文读

读诗先明"诗家语",怎样才算"读懂"？

说到底,就是将古代诗家语"泡"开来读,明白作品"是什么",理解古诗诗句表层意思,能译读出时间、地点、人物、事情、景物等,并做到诗意散文化表达。

著名文艺评论家、北京大学谢冕教授提出了"泡、找、进、猜、补"五字法鉴赏古诗,其中"泡"是最关键一步。他曾在《重新创造艺术的天地》一文中指出:"为了克服欣赏上的困难,要做的一件事,就是要把诗中所提供的东西'泡'出来。就是说,要把诗人由繁复的生活现象加以高度精炼的东西,还原到它原来的状态中去。要把浓缩了的东西'泡'开,这是诗歌欣赏中必经的一道'工序'(对于别的文体,这不是必须的,因为它们通过详尽的文字尽可以把内容讲清楚)。"

古诗语言高度凝练,意象错综,情感丰富——像茶叶一样,不"泡"是无法品的。在"泡"的过程中,须把古诗当作文言文来对待,解读重要字词,补充省略与留白,调整还原语序。把凝练含蓄跳跃变形的诗句"泡"开,变成优美的散文。

一、读懂"诗家语"四步法

初读古诗一般读不太懂,读懂"诗家语"不妨按步骤分解转化,学会译读古诗。

步骤一：解读字词

标注名词(重点是古诗"意象"),查找动词或形容词；落实文言词类活用,猜想关键词的语境义；把古诗当作文言文来读。

步骤二：补充省略

填补古诗中省略的主语、宾语、状语、过渡语和留白等。

步骤三：调整语序

还原主谓倒装、状语后置、宾语前置、定语移位等。

步骤四：译读诗句

猜想关键词的语境义,形成句义或画面；前后连缀,解读为意思完整通顺的语句或古诗画面。联想与想象,扩充内容,将诗的语言变成散文的语言。一般包含时、地、景、物、人、事（起因、经过、结果）等六要素。将古典诗歌改写成白话文时，原诗所描述之人、事、物、时空背景都不宜忽略，叙述者的口吻、人称也不应改动，有时要增加局部描写以补足情境。

总之，了解古诗语言规律，把古诗当成文言文来读，跨越文字障碍；读出古诗大意，明白古诗中时、地、人、事、物、景等要素；从而把凝练、含蓄、跳跃、变形的诗句"泡"开，"泡"成散文、故事，变成诗人的日记、随笔等。

二、译读古诗，学以致用

解读"诗家语"是古诗阅读与鉴赏的关键。只有读懂"诗家语"，才能准确理解诗意，不致曲解原作。究竟该怎么读？读到什么程度效果最佳？

读，就要读出韵味。先要读准字音，读懂词义，再要读准节奏，读出语气，最后，还要读出意蕴。

读，就要读出意味。只有读到了位，才能读懂文本；只有读出了画面，才能读透古诗蕴含的意境。

读，就要读出情味。找准古诗的动情点，加以体味辨别，与诗人的情感共鸣，碰撞出思想的火花。

读，就要读出品味。品读语言，把握形象，体会情感，玩味技巧，获得古诗独特的艺术审美感受。

读，就要读出余味。用译读解说内容，用描述再现意境，用吟诵沟通情感，用情智赏析古典诗歌。

总之，读懂诗歌始鉴赏。读懂古诗，就要读其诗，度其意；析其诗，解其意；诵其诗，味其情。真正读懂古诗，方法不是根本，多读多悟才是关键。

下面就以译读古诗为例，尝试读懂古代"诗家语"。

【例1】旅舍残春宿雨晴，恍然心地忆咸京。树头蜂抱花须落，池面鱼吹柳絮行。禅伏诗魔归净域，酒冲愁阵出奇兵。两梁免被尘埃污，拂拭朝簪待眼明。（唐·韩偓《残春旅舍》）

[注]①韩偓（约842—923）：字致尧，京兆万年（今陕西西安）人。这首诗是诗人流徙闽地时所作。②咸京：这里指唐都城长安。③梁：官帽上的横脊，古代以梁的多少区分官阶。④朝簪：朝廷官员的冠饰。

（一）标题

1. 解读字词

（1）标注名词：春、旅舍。（2）查找形容词"残"做定语。也就是用了一个"残"字来形容"春"，指的是春天将去，春花凋残。（3）词类活用："残春"，名词活用作状语"（在）残春（的时节）"。

2. 补充省略

按标准语法原则，语句一般要有谓语，此处省略动词"住"和主语"诗人"或诗人"我"。

3. 译读诗句

残春旅舍——（在）残春（的时节）（我）（住在）旅舍（里）。

（二）正文

第一句：旅舍残春宿雨晴

1. 解读字词

（1）标注名词：旅舍、春、雨。（2）查找形容词或动词：残、宿、晴。（3）词类活用：①宿雨：夜雨，经夜的雨水；指下了一夜宿雨，活用作动词。②晴：名词活用作动词，变晴，放晴。

2. 补充省略

（我）（于）残春（住）旅舍宿雨（早晨）晴。

3. 调整语序

残春旅舍宿雨晴。

4. 译读诗句

（我）在残春时节（住）在旅舍里，下了一宿的雨，（早晨）雨过天晴。

第二句：恍然心地忆咸京

1. 解读字词

（1）标注名词：心地、咸京。（2）查找状语或动词：恍然（忽然）、忆（回忆）。

2. 补充省略

省略"我"（主语）。

3. 译读诗句

（我）突然心里忆起了咸京。

第三句：树头蜂抱花须落

1. 解读字词

（1）标注名词：树头、蜂、花须。（2）查找动词：抱（抱着）、落（飘落）。

2. 补充省略

省略"我"（主语）和"看见"（谓语）。

3. 译读诗句

（我）（看见）树头上的蜜蜂抱着花须飘落。

第四句：池面鱼吹柳絮行

1. 解读字词

（1）标注名词：池面、鱼、柳絮。（2）查找动词：吹（吹着）、行（前行）。

2. 补充省略

省略"我"（主语）和"看见"（谓语）。

3. 译读诗句

（我）（看见）池里的鱼儿吹着柳絮前行。

第五句：禅伏诗魔归净域

1. 解读字词

（1）标注名词：禅、诗魔（佛家禅理认为作诗是文字"魔障"）、净域（亦称"净土"。佛语，指无浊无垢之地）。（2）查找动词，伏（降服）、归（回归）。（3）词类活用：伏，动词活用作使动用法，"使……降服"；归，动词活用作使动用法，"使……回归"。

2. 补充省略

省略主语"我"和介词"以"。

3. 译读诗句

（我）（用）禅使诗魔降服，使心回归净域。

第六句：酒冲愁阵出奇兵

1. 解读字词

（1）标注名词：酒、愁阵、奇兵（借酒浇愁，）。（2）查找动词：冲（冲击）、出。（3）词类活用：①阵：名词做状语，如重重敌阵。②奇兵：名词做状语，如同出奇兵（破阵）一样。

2. 补充省略

省略主语"我"和介词"以"。

3. 译读诗句

（我）（用）酒冲出（重重）愁阵，如同出奇兵（破阵）一样。

第七句：两梁免被尘埃污

1. 解读字词

（1）标注名词：两梁（冠名，冠帽名）、尘埃。（2）查找动词：污（污染）。

2. 补充省略

省略主语"两梁"的定语"我的"。

3. 译读诗句

（我的）冠帽免得被尘埃污染。

第八句：拂拭朝簪待眼明。

1. 解读字词

（1）标注名词：朝簪、眼（眼睛）。（2）查找形容词或动词：拂拭、待（等待）、明（明亮）。

2. 补充省略

省略主语"我"和定语"君王"。

3. 译读诗句

（我）拂拭朝簪等待（君王）眼睛明亮。

（三）译读诗意

在残春时节住在旅舍里，经历了宿雨后，雨过天晴，我突然心里忆起了咸京。看见树头蜜蜂抱着花须飘落，看见池面鱼儿吹着柳絮前行。我用禅降服诗魔使心回归净城，用酒冲出愁阵如同出奇兵。我的官帽免得被尘埃污染，拂拭朝簪等待（君王）眼睛明亮。

（四）小结

这首诗是诗人羁旅途中回忆长安景物和往事，表达对故国故都深刻的眷顾之情。全诗由"旅舍""残春"总起，写身居旅舍，温暖和煦之中，恍惚之间忆起京城长安来。颔联承"残春"，抒写诗人对皇都美好春光的回忆。颈联承"旅舍"，抒写记忆中的宫中往事，仕途和国运都历尽坎坷，唯有参禅能降伏这不安和躁动，使诗人的心灵进入非常清静的境界。尾联收束来照应全篇，结构严谨，脉络清楚，表达了诗人兢兢业业、力求尽职、无负朝冠的心情。

【例2】去岁今辰却到家，今年相望又天涯。一春心事闲无处，两鬓秋霜细有华。山接水，水明霞，满林残照见归鸦。几时收拾田园了，儿女团圆夜煮茶。（元·魏初《鹧鸪天·室人降日，以此奉寄》）

步骤一：解读字词

（1）华：头发花白。（2）魏初，字太初，号青崖。元代宏州顺圣（今张家口阳原东城）人。（3）室人降日：妻子生日。

步骤二：补充省略

去岁今辰（我）却到家，今年相望又（于）天涯。（由于）一春（想）心事闲无处，（所以）两鬓（染）秋霜细有华。山接水，水明霞，满林残照见归鸦。几时收拾田园了，（与）儿女团圆（于）夜煮茶。

步骤三：调整语序

（1）"今年相望又天涯。"应为：今年又（于）天涯相望。（2）"山接水，水明霞，满林残照见归鸦。"应为：山接水，水明霞，残照满林见归鸦。

步骤四：译读诗句

去年妻子生日的时候自己还在家里，现在却在天涯与之相望。整个春天思乡之情萦绕在心头，一天都没有断过，两颊衰鬓染秋霜（头发）已经有些花白。

山与水相连接，水面倒映着晚霞，残阳映照着树林，看到归巢的乌鸦。什么时候可以回家耕作田园，完工后晚上与儿女团聚，一起细细品茶。

小结：

这一首情真意切、明白而家常的小词写于妻子的生日。其中的人事景情由一条关涉"去年""今年""几时"的时间线索所绾结。其中，"相望又天涯"写出了漂泊之苦，"两鬓秋霜"写出了老迈之悲，"残照见归鸦"反衬出了思乡之苦，"儿女团圆"绘出思念亲人之苦。诗人白天亲自拾掇田园，晚上阖家围炉欢聚，勾勒出一幅其乐融融的秋夜阖家品茶图，把诗人思念妻子、思念家园的心情推向极致，给人极强的感染力。

深入领会"诗情画意理"

鉴赏——"品"出深层意蕴，融会贯通

古诗阅读与鉴赏"三步走"，一是能读懂，二是会鉴赏，三是精表达。

会鉴赏——悟透古诗深层意思。明了诗歌表现了什么意境（形象、意蕴），表达了什么情感（情绪、心境），反映了什么思想（态度、观点），做到将古诗深层意蕴"品"出来。

"不仅作家在创作，读者也在创作，他们是创作中的伙伴，而且往往读者比诗人更像诗人。"（易卜生语）鉴有方，赏有法，古诗鉴赏用策有道！

悟透就是要通过阅读古诗文本来读懂诗人心意，深入领会"诗情画意理"，体悟古诗写了什么意境（形象、氛围），表达了什么感情（情绪、心境），反映了什么思想（态度、观点）。

其实，"悟透古诗"就是全面理解、深刻领悟古诗的内容和技巧，而深入领会、揣摩、体悟和表达之于古诗鉴赏极其关键。因此，古诗鉴赏可以从古诗标题切入，品悟诗歌意象，玩味诗句中的关键词（诗眼），知人论世，将古诗深层意蕴"品"出来，深入理解古诗，读懂诗人的生命，走进诗人的心灵。

第一章　古诗章法鉴赏

　　叶圣陶先生在《语文教学二十二韵》中指出："作者思有路，遵路识斯真。"古人作诗，讲究章法的严谨和法度，注重诗意的分合和意脉的承接，最常见的章法是"起承转合"。解读古诗结构章法，遵"路"识"真"，也就握住了一把打开古诗鉴赏之门的钥匙。

　　古诗鉴赏须从古诗的结构章法入手，体悟诗人的运思技巧。从品读标题开始，抓住古诗的起承转合，注重表达的逻辑顺序，与诗人共呼吸，走进诗人的心灵世界，抠准诗人情感的凝结点，水到渠成地领悟诗人的思想情感。不过，解读古诗的结构章法，还要注意结构的常规与变格。

第一节　带着标题去读诗

　　题者，额也；目者，眼也。古诗题目多包含时间、地点、人物、事物、事件以及意境、诗情、类型等，提供鉴赏古诗的独特视角，有助于理解古诗的主题和诗人的思想感情。所以，有引导作用，能解开诗意的诗题，是古诗鉴赏重要的切入点。

一、古诗标题的作用

（一）诗题可查看写作缘起

　　标题定诗由。如"逢入京使""剑门道中遇微雨""江南逢李龟年""闻乐天授江州司马""夜上受降城闻笛"等，从古诗标题可以探寻到古诗情感的触发点而明确写作缘起。

十二三年就试期，五湖烟月奈相违。何如买取胡孙弄，一笑君王便著绯。（唐·罗隐《感弄猴人赐朱绂》）

标题"感弄猴人赐朱绂"，"弄猴人"是驯养猴子的杂技艺人。黄巢起义爆发，唐昭宗逃难，随驾的伎艺人只有一个耍猴的。这猴子驯养得很好，居然能跟皇帝随朝站班。唐昭宗很高兴，便赏赐耍猴人五品官职，身穿红袍，即"赐朱绂"，并给以"孙供奉"称号。唐昭宗亡国之祸临头，却不急于求人才谋国事，仍在赏猴戏图享乐，足见大唐皇帝荒唐昏聩。对诗人罗隐来说，这件事却是一种辛辣的讽刺。他寒窗十年，读书赴考，十试不中，依旧布衣。诗人用自己和孙供奉的不同遭遇做鲜明对比，以自我讽嘲的方式发感慨、泄愤懑，揭露抨击唐朝皇帝的昏庸荒诞。

（二）诗题可探寻感情倾向

古诗的标题直接表达作者的情感，可以用来推测作品的感情倾向。如"悯农诗"（悯）、"伤田家"（伤）、"春怨"（怨）、"书愤"（愤）、"哭晁卿衡"（哭）等。鉴赏古诗要找准凝聚着作者情感的那个字眼，察其词性成分、情感特征、涉及对象、主要内容等。

惆怅阶前红牡丹，晚来唯有两枝残。明朝风起应吹尽，夜惜衰红把火看。（唐·白居易《惜牡丹花》）

人们向来在花落之后才知惜花，白居易一反常情，却由鲜花盛开之时想到红衰香褪之日，以"把火"照花的新鲜立意表现了对牡丹的无限怜惜，寄寓了岁月流逝、青春难驻的深沉感慨。此番怜惜之意、伤春之感，从标题"惜牡丹花"中的"惜"字，可见一斑。

（三）诗题可审视主题意旨

标题不同大异其趣，从古诗的标题可以分析作者创作目的和意图。

洞房昨夜停红烛，待晓堂前拜舅姑。妆罢低声问夫婿，画眉深浅入时无？（唐·朱庆馀《近试上张水部》）

古人酬答赠和之作的诗题一般都是"诗歌内容+写给某人"的格式。由此可知，这是向达官贵人呈献诗文，以求引荐录用的"干禄"诗。"张水部"就是当时的水部员外郎张籍，称官职和用"上"是为了表示尊敬。这首诗还有个诗题"闺意"，正文写的就是新嫁娘，并没写"近试"应考的内容。看来用"闺意"暗示读者此诗写的是闺中新妇的心意，似乎更为贴切些。而作者以新妇自比，以新郎比张籍，以公婆比主考官，借以征求张籍的意见，看看是否投合主考官的心意。所以，有的选本采用"近试上张水部"诗题，更便于理解诗旨。

（四）诗题可确定题材类型

古诗题材往往是判断古诗大致情感倾向的最佳依据。审题时辨别古诗题材，熟练地把握情感与题材的规律，从而更有助于体悟古诗。

（1）诗题"乌衣巷""石头城""赤壁""竹里馆""黄鹤楼"等以亭、台、堂、馆名为题，大多是怀古诗，表达的感情常常是借古讽今、吊古伤今或登临览胜、即景抒怀。

（2）诗题"蝉""菊""早梅""孤雁""柳""石灰吟"等以动植物或事物名为题，一般都是咏物诗，多摹写物态、托物寄兴。诗题如有定语，则定语是诗歌立意的重点。

（3）诗题"山中寡妇""贫女""西施""王昭君"等以人物为题，若是下层人民，则多表达对其命运的同情；若是历史名人，多表达对其或景仰或同情或抒身世之感。这类诗作多为代言体，即诗人代人设词，假托他人的身份、口吻、心理、语气来创作构思，通过塑造人物形象来抒发情志。

（4）诗题"清明""社日""乞巧""九月九日忆山东兄弟""邯郸冬至夜思家"等以传统节令为题，多述说节日风俗，诗人处境，常传达出诗人思家念亲、羁旅漂泊、伶仃孤苦之感。

（五）诗题可推知主要内容

诗人常常会把诗歌叙述的时间、地点、人物、事件、缘起等内容在题目中向读者进行交代。赏析古诗抓住标题中交代的主要事件，便可比较容易地把握诗人所要表达的情感。诗题"过故人庄""早发白帝城""酬乐天扬州席上见赠"等，就对诗歌内容有明显的提示或概括作用。

越女新妆出镜心，自知明艳更沉吟。齐纨未足人间贵，一曲菱歌敌万金。（唐·张籍《酬朱庆馀》）

诗题为"酬朱庆馀"，要是不读标题，只知诗人将朱庆馀比作一位采菱姑娘，相貌既美，歌喉又好。由于朱庆馀的赠诗《闺意》（又题"近试上张水部"）用比体写成，所以张籍的答诗《酬朱庆馀》也是如此。诗人除暗示朱庆馀不必为这次考试担心以外，还肯定了他的德行和文章。

二、读诗题，知题材、明技巧和悟诗情

读诗必先读标题。通过对古诗标题揣摩玩味，分析推敲，将有助于提高古诗鉴赏的准确性。那么，如何借助古诗标题快速而准确地读懂悟透古诗呢？

（一）读诗题，猜题材

研究古诗标题，分析其包含的信息，可以大体把握古诗类别和题材内容，有助于

准确鉴赏古诗。

宜阳城下草萋萋，涧水东流复向西。芳树无人花自落，春山一路鸟空啼。（唐·李华《春行即兴》）

即兴，对眼前景物有感，顿生兴致而创作。由诗题可预知此为用借景抒情法，暗示了诗中透露的伤春、凄凉之情。这首写景诗，作者春天经由宜阳时，因对眼前景物有所感触，即兴抒发了国破山河在、花落鸟空啼的愁绪。

（二）读诗题，知大概

诗题往往点明诗的内容，定下感情基调。读标题是解读诗歌内容和形式的关键。读懂标题，把握古诗大意，是打开通向古诗主旨的第一条快速通道。

雨中禁火空斋冷，江上流莺独坐听。把酒看花想诸弟，杜陵寒食草青青。（唐·韦应物《寒食寄京师诸弟》）

诗题"寒食寄京师诸弟"包含了时令、地点、人物等因素，结合诗句中的"冷""独""空"等字眼，就不难体会到作者在寒食节思念京师诸弟时流露出的孤独、寂寞、凄凉之情。

（三）读诗题，品意象

作者常以意象命题，有的还在意象前直接加上表明作者思想情感的词语。品读选用意象为题的诗题，解读诗歌蕴含的情感就水到渠成。

人间四月芳菲尽，山寺桃花始盛开。长恨春归无觅处，不知转入此中来。（唐·白居易《大林寺桃花》）

诗题"大林寺桃花"，以意象"桃花"代替抽象的春光，白居易巧用对比、拟人把春光写得具体可感，形象美丽。春光还可以转来躲去，具有顽皮惹人的性格，再现了诗人的一片童心。诗歌意境深邃，富于情味，表达了作者对春的无限留恋、热爱。

（四）读诗题，明技巧

读懂诗题，有助于体会古诗的构思，赏析其艺术表现手法。古诗表现手法的选用往往最能显现诗人的艺术匠心，也最能体现诗歌创作构思的特色。

登登山路何时尽？决决溪流到处闻。风动叶声山犬吠，几家松火隔秋云。（唐·卢纶《山店》）

以"山店"为题，"山店"理应为重点写作对象，可一读诗句就不难发现作者构思新奇。行色匆匆是因为天色将晚而不见山店；写水写山是借大山的空旷、寂静反衬不见山店的焦急心情；"山犬"当然是山店中的犬，"松火"自然是山店中的火，作者从听觉和视觉方面巧妙地暗示了山店就在前面。间接写出了作者的心情由不见山店的焦急，到听到狗吠后充满希望，再到看见松火想到即将到店时的欣喜。实际上那行人尚未见到山店的屋宇茅舍，更没有下榻在山店，山店与行人之间还有一段距离。联系诗题"山店"，可知本诗的写作手法——侧面烘托。无论是对"山店"的描述，还是对自己心情的表达，都不是正面着墨。

（五）读诗题，懂主题

读诗题，把握古诗蕴含的思想情感。古诗情感虽融在诗句中，若对诗题视而不见，所把握的诗情可能既不具体，也不真切，甚至误读。

岁岁金河复玉关，朝朝马策与刀环。三春白雪归青冢，万里黄河绕黑山。（唐·柳中庸《征人怨》）

柳中庸《征人怨》，第一句怨年年岁岁频繁调动，第二句怨时时刻刻练兵备战，第三句怨气候酷寒，第四句怨景色的单调。这首边塞诗通篇无"怨"字，只是客观地记录征人岁岁朝朝征战的生活情况，描绘边地荒凉寒苦的景象。如果没有认真研读诗题的习惯，一般人很难明白诗中有怨情；如果没有"征人怨"诗题的强调，更无法理解征人深深的怨情寓于其中，句句有"怨情"。

（六）读诗题，品语言

古诗是音乐的艺术，更是语言的艺术。古诗的语言与其他文学样式的语言相比往往更具表现力和审美性。读诗题有助于品味古诗的语言特色。

冬前冬后几村庄，溪北溪南两履霜，树头树底孤山上。冷风来何处香？忽相逢缟袂绡裳。酒醒寒惊梦，笛凄春断肠，淡月昏黄。（元·乔吉《[双调]水仙子·寻梅》）

这首小令以跌宕的笔法写出了寻梅的意趣和梅花的风韵。如果不联系诗题"寻梅"，可能归纳出用语通俗、词语相对、句式工整的语言特点。结合诗题"寻梅"品味，不难发现语言运用上独特的妙处：紧扣"寻"字展开画面但又不用这个动词，三句处处寻，就是无"寻"字；通过"冬前冬后""溪北溪南""树头树底"等词语，突出了"寻"的急切心情。

（七）读诗题，做猜读

标题要读好，鉴赏用得着。别看几个字，诗句全笼罩。有无双关意，需要细推敲；可否做线索，联系全篇找。人事物景境，品鉴是法宝。

因此，带着对标题的疑问，做一番猜读，有助于准确读懂古诗。

故国飘零事已非，旧时王谢见应稀。月明汉水初无影，雪满梁园尚未归。柳絮池塘香入梦，梨花庭院冷侵衣。赵家姊妹多相忌，莫向昭阳殿里飞。（明·袁凯《白燕》）

1. 读诗题

以"白燕"为题，点明古诗中心意象"白燕"。

2. 做猜想

诗题"白燕"寓指什么？"白燕"所处的环境如何？如何塑造"白燕"的形象？诗人想借"白燕"表现什么？为什么要以"白燕"为题？

3. 解读诗

托物言志。诗人始终扣住诗题"白燕",极力描写了"白燕"之白,暗喻其内在品质的高洁。同时还为"白燕"提供了一个极富诗情画意的生存空间:柳絮池塘,梨花庭院。然后又郑重叮咛"白燕":赵氏姊妹多忌,千万不要飞进宫里去啊!这是一个惊魂未定、劫后余生的正直的知识分子面对血淋淋的现实发出的哀叹,也是对黑暗的封建专制制度无言的揭露与控诉,刚好道出了那个时代被耍弄、被踩躏的知识分子的共同心声。

诗人极尽体物之妙,全诗无一"燕"字,燕影却无处不在,对"白燕"的高洁形象进行了传神的描写。又以"白燕"自比,寄寓了诗人自己不与统治者合作,要保持自己高洁的品质。

第二节　起承转合赏古诗

章法指的是古典诗歌的结构谋篇。古人作诗,讲究章法结构,注重起承转合。因此,了解古诗章法,明了起承转合,对于鉴赏古诗的精义妙艺大有裨益。

一、古诗抒情言志的建构

中国古典诗歌抒情言志,总有发生、发展、高潮、完成四个阶段显示的抒情轨迹。而这条抒情轨迹呈现结构的规律,叫作"起、承、转、合"。

1. 发生(起句)

"发生"相当于"起",但"起"的概念更广。发生,指交代抒情对象的来历,是诗意的根据。一般写实,做典型环境的客观描写、事件缘起的客观铺叙。"起",历来就有"凤头"之说。"起"的方式很多,或以景起,或以事起,或直抒胸臆,或比兴寄托。基本分为两类:一是开门见山、直截了当;二是迂回入题、托物起兴。

"起"句作用:一是点题,交代人、时、地、事、环境;二是渲染气氛,烘托感情,奠定基调;三是统领全篇,设置线索,照应题目。

秦时明月汉时关,万里长征人未还。但使龙城飞将在,不教胡马度阴山。
(唐·王昌龄《出塞》)

作为唐人七绝压卷之作，平凡之中见妙处，妙就妙在起句"秦时明月汉时关"。起句客观地交代了全诗的抒情对象——长城。长城始于秦汉，因而明月照临关塞的景象在秦汉时已然如此。"明月"和"关"平凡普通，但增加了"秦""汉"两个时间性的限制词，自然形成了一种雄浑苍茫的独特意境。起句用互文手法将秦汉两个时代联为一体，抚今思昔；从抒情脉络上看，属平实的交代之句，与下句一起表达出古往今来人们向往和平的共同愿望。悲壮而不凄凉，慷慨而不浅露。

2. 发展（承句）

"发展"相当于"承"，但其意义与作用，远大于"承"。发展，是承接首句，对抒情对象做内涵意义的延伸。古诗"承"句有总接、分承，明顺、暗接等。"承"承接开头的话题，依古诗固有的景路、理路、情路，自然地按着顺序往下说。

"承"句作用：一是结构上起承上启下、缝合传递的作用；二是为下文铺垫和蓄势，体物写志。

隐隐飞桥隔野烟，石矶西畔问渔船。桃花尽日随流水，洞在清溪何处边。（唐·张旭《桃花溪》）

远远望去一座高桥仿佛凌驾在空中，我在这石矶西畔的岩石上寻问那打渔船。诗人在开头两句中直接描写自己想要寻找桃花源，一问一答，立马使得这首诗生动有趣。"石矶西畔问渔船"承接首句，继续抒写山谷深幽，迷离恍惚，隔烟朦胧，其境若仙。其实承句已超越了客观描写，既显章法的浑圆，又点出了抒情的缘起，问讯渔人，寻找桃源，悄悄向全诗的抒情高潮、诗意的终点过渡。

3. 高潮（转句）

"高潮"是全诗诗意焦点所在，从抒情脉络来说，是高潮阶段。"高潮"的位置相当于"转"。"转"句最为关键，诗人常在"转"句上做文章。"转"是指结构上的跌宕和作者思路上的转换——由事及理、由景及情、由物及人。"转"句，多表明诗意的转折变换，引起波澜。关注"转"句，能尽快明了作者思路，找到体察古诗主旨的重要线索。"转"在古诗结构中多指律诗的颈联、绝句中的第三句，词和曲中的"过片"而言。

"转"句作用：引导读者从中体认作品思路，品味作者的情感主旨。既是文本思路和作者情路转换最鲜明的语言标志，也是体察诗歌主旨的重要线索。

岭外音书断，经冬复历春。近乡情更怯，不敢问来人。（唐·宋之问《渡汉江》）

作者从贬居岭南渡江而归，离家愈近，思乡之情愈是强烈。但作者却宕开一笔，"转"句"近乡情更怯"上接"音书断"，下"关""不敢问来人"，形象地说明了作者一方面渴望得知家人"音书"的急切心理，另一方面又怕家人受自己牵连的消息得到证实，才"情更怯"和"不敢问来人"。"转"句把诗人强自抑制的急切愿望和由此造成的精神痛苦抒发得淋漓尽致。

4. 完成（合句）

"完成"是高潮以后的结局、解决。与"合"不近相同，"合"则是结句。所以，在结构上"合"句常呼应开篇，圆合首尾。从内容上说，"合"句是了解诗人感情、解读古诗主旨的最重要所在。古诗收束方式很多，但基本形式有两种：一是直笔明接，就是尾句直接抒情、言志、阐理；二是曲笔收束，就是用折射、暗示（暗喻）等方法表现出作者的感情、寄托、抱负或诗歌的主旨。

"合"句作用：一是照应上文或题目，首尾呼应，总结全诗，圆合篇章；二是卒章显志，深化或升华主题；三是言有尽而意无穷，使人回味无穷。

昨夜雨疏风骤，浓睡不消残酒。试问卷帘人，却道海棠依旧。知否？知否？应是绿肥红瘦。（南宋·李清照《如梦令》）

"知否，知否？应是绿肥红瘦"是"合"，以点醒做合。先对"海棠依旧"回答的反诘，再对"海棠依旧"回答"错误"的纠正，"肥""瘦"二字借来形容绿叶的繁茂与红花的稀少，点出春天已逐渐消失，寓意花与人同瘦，形象表达出词人对春天将逝的惋惜之情，全词"伤魂"的主题由此更加深化。

二、厘清古诗"起承转合"的章法

"起"要扣题，"承"要自然，"转"要新巧，"合"要点睛。"起承转合"是诗文写作中互为依存的有机结合体。无好"起"，则无好下文；不紧"承"，则显散乱；不"转"折，则显平淡；不整"合"，则无意境。因此，古诗鉴赏宜从"起承转合"入手，解读古诗结构章法，读懂古诗层次脉络。

（起）少小离家老大回，（承）乡音无改鬓毛衰。（转）儿童相见不相识，（合）笑问客从何处来。（唐·贺知章《回乡偶书》）

"少"是"起"，"离家"是"承"，"老大"是"转"，"回"是"合"：贺知章《回乡偶书》首句也讲"起承转合"。一二句尚属平平，三四句却似峰回路转，别有境界。试想，如果第三句不"转"，而来句"熟河陌路家门换"，继续"承"，那么那种"人生易老，世事沧桑"的感慨还能抒发出来吗？

古诗"起承转合"的结构方式，不但表现出诗人的思维进程和情感的发展与变化过程，而且使诗歌的结构严谨，波澜起伏，曲折有致。把握住"起承转合"，就把握住了古诗思维的脉络。

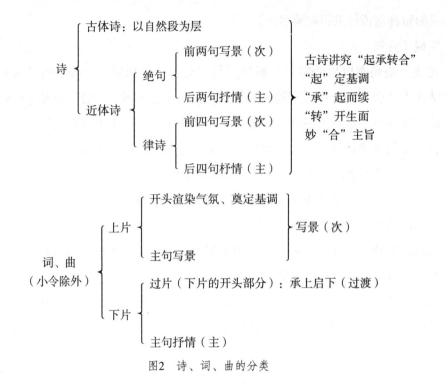

图2　诗、词、曲的分类

（一）律、绝的"起承转合"

"起"用于扣题；"承"对诗意申述；"转"用于拓展诗境；"合"收束全篇。古诗的基本章法"起、承、转、合"，是格律诗的谋篇布局之法。

风急天高猿啸哀，渚清沙白鸟飞回。无边落木萧萧下，不尽长江滚滚来。万里悲秋常作客，百年多病独登台。艰难苦恨繁霜鬓，潦倒新停浊酒杯。（唐·杜甫《登高》）

1. "起"定基调

首联以急风、高天、长啸的猿声，清渚、白沙、盘旋的飞鸟这六个秋天特有的意象，描绘出了一幅萧瑟肃杀的三峡秋景图，奠定了低沉的基调。

2. "承""起"而续

颔联"无边落木"承首联出句的"风急天高"，为仰视所见；"不尽长江"承首联对句"渚清沙白"，乃俯视所得；无边落木萧萧之声与不尽长江滚滚之势将秋意推向深广，境界更为阔大旷远，从而使后面抒发的老病孤愁之情也有了更有力的依托，忧国伤时的感慨更显沉郁。

3. "转"开生面

由颔联写景转而抒情，诗人站在高处远眺，看到眼前秋景，尽情抒发自己羁旅漂泊之苦，晚年抱病登台的孤独。诗人的羁旅愁与孤独感，就像落叶和江水一样，推排不尽，驱赶不绝，情与景交融相洽。诗写到此已给做客思乡的一般含义添上久客孤独的内容。增入悲秋苦病的情思，加进离乡万里、人在暮年的感叹，诗意就更见深刻了。

4. 妙"合"主旨

尾联在前句基础上直抒胸臆，从白发日多、病重断酒，归结到时世艰难是潦倒不堪的根源。诗人备尝艰难潦倒之苦，国难家愁使自己白发日增，再加上因病断酒，悲愁就更加难以排遣，一个艰难时世中老病孤愁的诗人形象跃然纸上。全诗起于"悲"而终于"悲"，悲景着笔，悲情落句。

通看七律《登高》，前半写景，后半抒情。在写法上各有错综之妙："起"联着重刻画眼前"风""天""猿""渚""沙""鸟"的形、声、色、态；"承"联着重渲染了夔州秋天悲凉的气氛；"转"联表现感情，从时空两方面着笔，由异乡飘泊写到多病残生；"尾"联又从白发日增，因病断饮而归结到时世艰难是潦倒不堪的根源。这样，杜甫忧国伤时的情怀便跃然纸上了。

（二）词、曲的"起承转合"

同律绝一样，词曲也遵循"起承转合"的章法。只是词曲的"起承转合"层次安排不能简单地按句（联）数划分。小令篇幅短小，中间无回旋之余地，故其起处须意在笔先，结处须意留言外。而上下两阕的词曲，上阕一般不将意思说尽，给下阕留有发展、申述的余地；下阕要对上阕加以扩展、延伸，开拓意境，深化主题。

因此，要深入读懂词曲，须抓住词曲的结构上十分重要的关键句——"起句""过片"和"结句"。其中尤以"过片"为要，"过片"承上启下，一般是下阕开头两句，前一句承接并总结上阕，后一句总领下阕。

春花秋月何时了，往事知多少。小楼昨夜又东风，故国不堪回首月明中。雕栏玉砌应犹在，只是朱颜改。问君能有几多愁，恰似一江春水向东流。（五代南唐·李煜《虞美人》）

上阕起承转合——首句起，第二句承，避而不答；第三句转，不接写往事，转写小楼；第四句承上句做结论，"故国"承第三句的"小楼"，"不堪回首"合第二句的"往事"，"月明中"合首句"春花秋月"。

过片顺接——"雕栏玉砌"承上片尾句的"故国"。

下阕起承转合——首句起，第二句承；第三句转，不接着写"雕栏玉砌"，而指出"愁"；第四句对第上句作答收尾，并扣合上了上阕首句"春花秋月何时了"。

全词以问起，以答结；由问天、问人而到自问。将"春花秋月""小楼东风"的美景与"往事知多少""故国不堪回首"的悲情，往昔"雕栏玉砌"与当今"朱颜改"做三次对比，通过反复对宇宙之永恒不变和人世的沧桑做对比，把蕴蓄于胸中的悲愁悔恨曲折有致地倾泻出来，极好地为抒发故国凄凉、物是人非的愁情做铺垫，从而自然凝成结尾两句的千古绝唱。

第二章　古诗技巧鉴赏

"诗言志""词写情""曲叙事"，古典诗歌的意义在于诗人所表现出来的宇宙天地、自然风物、人情事理、家国情怀、天下道义等思想情感和主旨意蕴。

阅读与鉴赏古诗，先明确写了什么，再弄清怎样写法，最后体悟为何而写。那么，怎样才算"悟透"古诗的深层含义呢？

悟透，就是要通过阅读古诗文本来读懂诗人心意，深入领会"诗情画意理"，体悟古诗运用什么手法（表达方式、表现手法、结构方式和修辞手法），写了什么意境（形象、氛围），表达了什么感情（情绪、心境），反映了什么思想（态度、观点）。具体来说，就是加强平时的古诗诵读与文化积淀，提高语言感知能力；结合直抒胸臆的词语或句子，明确诗歌思想情感；通过分析标题、意象，再现意境，揣摩诗人情感与观点；借助诗人生平、作品风格、历史背景等，深入理解感悟古诗，从形象、语言、技巧或思想内容的角度进行鉴赏。

第一节　从景情关系入手

"诗者，吟咏性情也。"抒情性是诗歌的根本特征，"情"是联系诗人和读者的重要纽带。因此，把握诗歌抒情的方式是欣赏古诗的一重要途径。

古典诗歌中的情景关系是理解诗歌内涵最重要的一环，无外乎先情后景、触景生情、寓情于景、情景交融等。诗歌的使命不是将一件事情说清楚，而是表达诗人的情感志向。诗人表达心意，除了少数直抒胸臆的信息外，总要凭借某些载体或经由某些媒介来传达这种心意。当然，古诗文本的载体或媒介表现为人、事、景、物等四类，与之对应的"载道"情态为：人中见意、事中见怀、景中见情、物中见志。

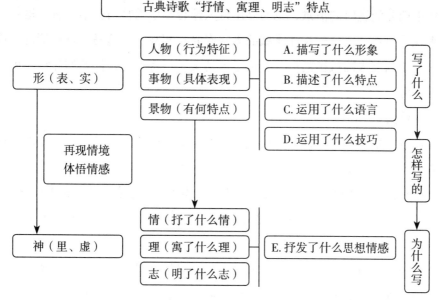

图3　古典诗歌"抒情、寓理、明志"特点

一、景情关系：万水千山总是情

诗言志，歌传情。诗人常借助景物描写来传情达志，写景是手段，而抒情才是目的，这就有了景与情的关系。情与景，是诗歌创作的两个要素。情因景生，景以情合，二者相互生发与渗透，从而达成融合无间的状态，于是美妙的诗歌意境便产生了。"万水千山总是情"，需要通过山一程、水一程来体悟古诗鉴赏的景情关系。

（一）从距离的角度，把握景与情的关系

从景与情之间的距离的角度来说，景与情的关系有触景生情、借景抒情、因情造景、寓情于景、情景交融等。

1. 触景生情

触景生情是情在景之后，是景引发情，一般先写景后抒情。

春眠不觉晓，处处闻啼鸟。夜来风雨声，花落知多少。（唐·孟浩然《春晓》）

《春晓》意象单纯，用春声来渲染户外春意盎然的美好景象。诗人只是听到了春天清晨的鸟鸣声，突然想到昨夜的风雨是否吹落了春花，在景的触动下引发情思构成意境，把珍惜春天的感情自然地流露出来，隐含了诗人对隐居生活的肯定与赞美。

2. 借景抒情

可景物在前，也可景物在后，将已有的情附着在景物上借以抒发。

故人西辞黄鹤楼，烟花三月下扬州。孤帆远影碧空尽，惟见长江天际流。（唐·李白《黄鹤楼送孟浩然之广陵》）

借景抒情，诗人撷取"孤帆远影尽""长江天际流"这两幅动态画面，逼真地描写了远望中船儿消逝时的情景，也勾勒出诗人翘首凝望的神情。乍一看，这是一首写景诗，表现了自然之美——长江流域的无限春光；实际上，这是一首抒情诗，诗人久久伫立一直望到友人的帆影消失，表现了人情美——诗人与孟浩然的深情厚谊，抒发了真挚的友情。

3. 因情造景

因情造景，景因情设，是以写情为主，造出景来也是为了情。古诗中的幻境、梦境就是典型的因情造境。

雾失楼台，月迷津渡。桃源望断无寻处。可堪孤馆闭春寒，杜鹃声里斜阳暮。

驿寄梅花，鱼传尺素。砌成此恨无重数。郴江幸自绕郴山，为谁流下潇湘去。

（北宋·秦观《踏莎行·郴州旅舍》）

上阕写谪居中寂寞凄冷的环境。开头三句，缘情写景，描绘一幅凄楚迷茫、黯然销魂的画面：漫天迷雾隐去了楼台，月色朦胧中，渡口显得迷茫难辨。而从时间上来看，首句写的是雾蒙蒙的月夜，第三句时间又倒退到残阳如血的黄昏时刻。景为情而设，虚构之景，意味深长。

4. 寓情于景

重在写景，是将感情融于景物之中，一种间接而含蓄的抒情方式。

独怜幽草涧边生，上有黄鹂深树鸣。春潮带雨晚来急，野渡无人舟自横。

（唐·韦应物《滁州西涧》）

诗人独爱自甘寂寞安贫守节的涧边幽草，无意居高媚时的黄鹂，郊野渡口一幅水急舟横的悠闲景象。寓情于景，就感受到诗人恬淡的胸襟，以及不在其位、不得其用的无奈而忧伤的情怀。

5. 情景交融

诗人写景抒情，或前景后情，或前情后景，或情景相间。这种抒情方式关键在"融"，将诗人的主观思想和感情融合在有声有色的景物描写中。

塞下秋来风景异，衡阳雁去无留意。四面边声连角起。千嶂里，长烟落日孤城闭。浊酒一杯家万里，燕然未勒归无计。羌管悠悠霜满地。人不寐，将军白发征夫泪。（北宋·范仲淹《渔家傲·秋思》）

上阕有声有色地描绘边塞荒凉的景象，下阕写戍边将士厌战思归的心情。全词情调苍凉而悲壮，情景交融，词中所写悲凉凄怆的景象，使爱国激情与浓重乡思交织在一起，构成复杂而又矛盾的情绪。

（二）从感情色彩角度，把握景与情的关系

从景与情的感情色彩角度来说，景有乐景与哀景，情有乐情与哀情，这就有以下四种关系：

1. 乐景正衬乐情

昔日龌龊不足夸，今朝放荡思天涯。春风得意马蹄疾，一日看尽长安花。（唐·孟郊《登科后》）

以乐景写乐情。诗的后两句将诗人策马奔驰于春花烂漫的长安道上的得意情景描绘得生动鲜明，活灵活现地描绘出诗人神采飞扬的得意之态，酣畅淋漓地抒发了诗人心花怒放的得意之情。

2. 哀景正衬哀情

碧幕霞绡一缕红。槐枝啼宿鸟，冷烟浓。小楼愁倚画阑东。蓼昏月，一笛碧云风。往事已成空。梦魂飞不到，楚王宫。翠绡和泪暗偷封。江南阔，无处觅征鸿。（南宋·陈亮《小重山》）

上阕写哀景，运用了"一缕红""啼鸟""冷烟""黄昏月""一笛风"等意象，营造凄冷悲切的气氛，烘托出作者忧心国家却壮志难酬的愁苦情怀。词的下阕通过直抒胸臆、用典、情景交融等手法表达出了作者的凄楚失意与悲苦之情。哀景哀情，构成了全词的悲切婉转的情调。

3. 乐景反衬哀情

多少恨？昨夜梦魂中。还似旧时游上苑，车如流水马如龙，花月正春风。（南唐·李煜的《望江南》）

词人起笔抒"恨"（亡国之痛），然后描写"旧时游上苑"车水马龙，花月春风的繁华盛况。"旧时游上苑"的景致描绘得越美，越能够表达出诗人梦醒之后被囚的亡国之痛。以乐景写哀情，以繁华盛况反衬亡国之痛。

4. 哀景反衬乐情

自古逢秋悲寂寥，我言秋日胜春朝。晴空一鹤排云上，便引诗情到碧霄。（唐·刘禹锡《秋词》）

哀景写乐。首句写前人逢秋感叹寂寥，次句写自己秋胜于春的独特感受。末二句写独特感受的具体表现：天高气爽与自己坦荡胸怀融合，更有一鹤排云上飞万里晴空，与自己旷远诗情又相一致。字里行间作者那乐观的情怀和昂扬的斗志呼之欲出。

二、古诗鉴赏：架通意象与意境的桥梁

造一个象，立一个意，这便是诗。读懂一首诗必须从意象着手分析意境，再由意境感悟诗情。因此，唯有打开意象和意境之门，方能披文入情鉴赏古诗。

（一）意象

意象是融入了诗人主观情意的客观物象，是"象"与"意"的完美结合。对于中国古代抒情诗而言，诗人在写诗时都会借助客观事物来抒写情志，化物象为意象。即情中人、事、景、物，渗透了诗人的审美意识和人格情趣。

1. 明特点，辨意象

鉴赏古诗讲求的是"玩味"，而古诗讲求的是"含蓄"。古诗的意象具有含蓄性、固定性、丰富性的特点。既然不是所有物象都是意象，也不是同一物象任何时候都是意象，那如何寻找诗词中的意象呢？关键要结合意象的特点来辨别。

杨柳青青着地垂，杨花漫漫搅天飞。柳条折尽花飞尽，借问行人归不归？（隋无名氏《杨柳》）

"柳"，送别类意象。因"柳"与"留"谐音，所以送别时"折柳"赠友人是希望友人留下来，"留"的含义是诗人的舍不得，是"依依惜别"之情。所以仅仅理解了意象的含义还不够，借助意象进一步解读诗词旨意才是关键。诗中"柳条折尽""归不归"，哀怨中无限期盼的神情，溢于言表。

2. 按形式，分三类

象由物生，境由心造。一组物象，一个情境，一连串事件，这些诉诸感官经验的外在意象出现时，其特别情意便马上被唤引出来。其实，意象既有显性的一面，又有隐性的一面，还有特指的一面，都是文学化、艺术化的方法。

按古诗意象的形式可分三类：

（1）一组物象。古诗往往摄取一组自然物象，和谐统一地组成自然生活图景。这组物象被赋予了深厚的诗意内涵，并构成了意象群。

枯藤老树昏鸦，小桥流水人家，古道西风瘦马。夕阳西下，断肠人在天涯。（元·马致远《天净沙·秋思》）

这首曲共28个字，前三句由九个名词性短语组成，由"枯藤、老树、昏鸦、小桥、流水、人家、古道、西风、瘦马、夕阳"这组意象共同描绘了一幅苍凉萧瑟的晚秋图，构建了冷落衰败、萧瑟悲凉的意境。由物及人，又由人及情，使物中莫不有人，景中无不含情，更有含蓄不尽的意味，将"断肠人"的思乡愁绪和具体的意境，巧妙地结合在一起，强化了诗人孤寂痛楚、凄怆欲绝的思乡情感。

（2）一个中心意象。古诗往往通篇运用暗喻、象征或托物言志等艺术手法，集中笔墨描绘一个中心意象。这类意象可以是人，也可以是人格化的物。

驿外断桥边，寂寞开无主。已是黄昏独自愁，更著风和雨。无意苦争春，一任群芳妒。零落成泥碾作尘，只有香如故。（南宋·陆游《卜算子·咏梅》）

词的上阕通过"驿站、断桥、黄昏、风雨"等意象，营造了落寞凄清的意境，渲染了梅花艰难恶劣的处境。下阕则写出了梅花不慕名利、傲立风雪的品质。纵观全词，陆游以梅自况，托物言志，巧借饱受摧残、花粉犹香的梅花（中心意象），比喻自己虽终生坎坷，但绝不媚俗的忠贞；象征了作者不同流合污，虽粉身碎骨仍矢志不渝的可贵人格。

（3）叙述片断生活、场景成为意象。古诗有时通过具体的生活片断、细节场景来表现抒情主体的无限情思或微妙的心理。即使有个别的客观物象，也是为抒情主体设置的背景。

茅檐低小，溪上青青草。醉里吴音相媚好，白发谁家翁媪？大儿锄豆溪东，中儿正织鸡笼；最喜小儿无赖，溪头卧剥莲蓬。（南宋·辛弃疾《清平乐·茅檐低小》）

开篇抓住"茅檐、溪上、青草"等意象，形象地描画出江南农村的特色，为人物的出现安排下广阔的背景。再通过"大儿锄豆，中儿编织鸡笼，小儿卧剥莲蓬"等农村生活剪影的叙述，反映出春日农村有生机、有情趣的一面。同时反映诗人心情的安然自乐和农村生活的恬静闲适，给读者留下想象余地。

3. 找名词，品意象

抓名词，就能明意象，悟情感。意象，大多都是由名词来承担。如思乡之"月"、送别之"柳"、解愁之"酒"、伤感之"梧桐"、隐逸之"东篱"、凄凉之"杜鹃"等。因此，在欣赏古诗时以找名词为突破口和切入点，把握名词并探究其组合方式是明确意象、欣赏古诗的一种好方法。

空山新雨后，天气晚来秋。明月松间照，清泉石上流。竹喧归浣女，莲动下渔舟。随意春芳歇，王孙自可留。（唐·王维《山居秋暝》）

先找出诗句中的名词："山""雨""月""松""泉""石""竹""莲""女""舟"。在这些普通名词前或后加上形容词（动词）予以修饰、限制或补充，使这些名词沾染上诗人主观化色彩。"空山""新雨""明月""松""清泉""浣女""渔舟"等意象加以组合，营造一种清新、静穆、空灵的秋夜乡村气氛。诗人通过塑造山雨初霁，清泉淙淙、翠竹成林、月下青松、水中碧莲，空山秋天恬静幽美的景象，表达了自己对安静淳朴生活的向往和对污浊官场的厌恶。

（二）意境

意境则是造象立意时所达到的艺术境界。换句话来说，是诗人要表达的思想感情与诗中所描绘的图景有机融合而形成的艺术境界。意境包括"意"和"境"两方面。"意"是诗中表达的思想感情，即情思、情感、情理；"境"是诗中描绘的景物和生活画面。平常所说的某首诗有"意味""韵味"和"蕴味"，指的就是意境。

古诗好不好看构思，美不美看意境。意境，就是诗中的生活场景，表现为或崇高、或悲壮、或优美、或凄清、或悲伤、或喜悦、或幽静、或恬淡等美妙的境界。构成意境的方法主要有两种：

1. 情景交融

故人西辞黄鹤楼，烟花三月下扬州。孤帆远影碧空尽，惟见长江天际流。（唐·李白《送孟浩然之广陵》）

诗由"黄鹤楼、烟花、孤帆、长江"等多个意象组合起来，构成一幅寓情于景的画面。虽不言情，但情寓景中，更显情深意浓。诗中没有直抒对友人依依不舍的眷恋，而是通过孤帆消失、江水悠悠和久伫江边若有所失的诗人形象，表达得情深意挚。表面上句句写景，实则句句抒情，引发读者无尽的审美想象，形成了隽永的意境。

2. 物我交融

我家洗砚池边树，朵朵花开淡墨痕。不要人夸颜色好，只留清气满乾坤。（元·王冕《墨梅》）

诗中只有一个中心意象"梅"。但这梅已非自然界之梅，而是诗人心中之梅，一树带着墨色的有个性的梅。品味此诗，读者能感受到诗中有一种狂放不羁、特立独行、安然自适的艺术境界，而正是通过这树梅形成了本诗独特的意境。

（三）明确意象和意境的关系

诗像不像诗，有无诗味，主要看意象；诗美不美，有无意蕴，主要看意境；意象与词句对应，意境与全篇对应；诗的起点是意象，终点是意境；离开了意象就无以谈意境，没有意境的诗不是最美的诗。

春未老，风细柳斜斜。试上超然台上望，半壕春水一城花，烟雨暗千家。寒食后，酒醒却咨嗟。休对故人思故国，且将新火试新茶，诗酒趁年华。（北宋·苏轼《望江南·超然台作》）

苏轼登超然台，眺望春色烟雨，触动乡思。全词紧紧围绕着"超然"二字，意境清丽，诗风豪放与婉约相兼。作者因景生情，情景交融，浑然一体的"斜柳、楼台、春水、城花、烟雨"等暮春景象，以及烧新火、试新茶的细节，细腻而生动地表现了作者细微而复杂的内心活动，将写异乡之景与抒思乡之情结合得天衣无缝，寄寓了作者有家难回、有志难酬的无奈与怅惘，表达了作者豁达超脱的襟怀和"用之则行，舍之则藏"的人生态度。

（四）古诗鉴赏：解意象、品意境、悟诗情

"解意象→品意境→悟诗情"。鉴赏古诗就要抓住意象和意境，并借助想象和联想还原画面，再造形象，领悟意象，感悟意境，把握主旨，品味情感，完成意象到意境的挖掘过程。做到之于"人象"，因形悟神；之于"事象"，即事抒怀；之于"景

象"，融情造境；之于"物象"，因物寻志。

秋阴时晴渐向暝，变一庭凄冷。伫听寒声，云深无雁影。更深人去寂静。但照壁孤灯相映。酒已都醒，如何消夜永！（北宋·周邦彦《关河令》）

1. 解意象

意象：寒声、深云、雁影、孤灯、酒等。傍晚，一人伫立庭院，听寒声阵阵，雁鸣凄厉；夜深，只身独处室内，见孤灯熠熠，形影相吊。在这难耐的羁愁中，词人只能以酒消愁，然而"酒已都醒"而愁未醒，又如何消磨这漫漫长夜呢？

2. 品意境

上阕寓情于景，写秋雨秋云无雁影，渲染凄寒的氛围；下阕以照壁孤灯、夜永之景衬情，把旅居之人酒后的孤独、冷清刻画清晰。词人描绘从白日萧瑟清寒到夜半沉寂冷落的环境，意境孤凄，格调清峭，情味淡永。

3. 悟诗情

此词为寒秋羁旅伤怀之作。全词意象鲜明，人与物、情与境，浑然一体，刻画了寒夜酒醒、百无聊赖的孤苦形象，表现了深秋萧瑟清寒中作者因人去屋空而生的凄切孤独感，表达了作者羁旅孤栖、难熬寒夜、思念亲朋的思想感情。

第二节　从表达技巧入手

鉴赏即"品评"。古诗艺术价值的高低，既在于"写什么"，更在于"怎么写"。因此，"语不惊人死不休"成了诗人的至高追求。古诗鉴赏的"表达技巧"，属于"怎样写"的范畴。

鉴赏诗歌的表达技巧，指的是在进行诗歌创作活动时，在塑造形象、营造意境、表达思想感情所运用的技巧。凡是能提高诗歌表达效果，增强诗歌表现力的方法，都属于表达技巧的范畴。诗歌艺术手法又叫"表达技巧"，通常也被称为"艺术技巧""表现手法"或"艺术手法"等。古诗鉴赏表达技巧一般包括表达方式、表现手法、结构方式、修辞手法以及语言风格等。其知识框架大致如下：

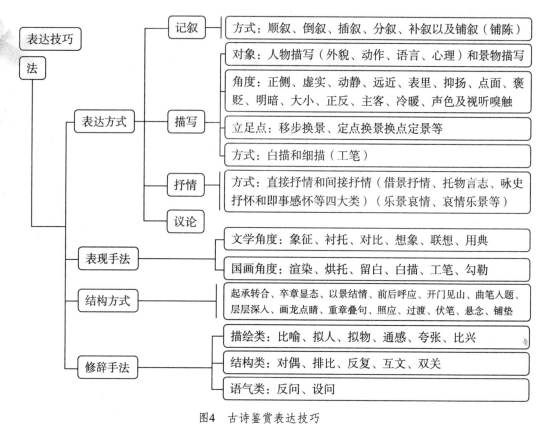

图4　古诗鉴赏表达技巧

一、表达方式

文章常见的表达方式有记叙、描写、议论、抒情、说明等五种，诗歌表达方式中没有"说明"。古诗鉴赏通常涉及较多的是抒情、描写，此外还有记叙和议论。

（一）记叙

记叙，一般用于叙述诗的表达，记叙人物的经历或事情发生、发展、变化的过程，使意境具体深邃，使形象生动丰满，为下文抒情议论做铺垫。

醉里且贪欢笑，要愁那得工夫。近来始觉古人书，信着全无是处。昨夜松边醉倒，问松"我醉何如"。只疑松动要来扶，以手推松曰："去！"（南宋·辛弃疾《西江月·遣兴》）

这首词交代了时间发生在"昨夜"，地点是在"松边"，其中"问松""疑松""推松""斥松"的过程写得逼真传神，惟妙惟肖。"松边醉倒"，这不是微醺，而是大醉。词人醉眼迷蒙，把松树看成了人，问松："我醉得怎样？"词人恍惚还觉得松树活动起来，要来扶他，他推手拒绝了。

（二）议论

诗歌，靠形象思维；议论，靠逻辑推理。诗人对人、事、景、物的好坏、是非、价值、特点等所表达的议论，有时并不破坏诗情，还会增加艺术的完美。古诗中好的议论能起到画龙点睛的表达作用。

暗淡轻黄体性柔，情疏迹远只香留。何须浅碧深红色，自是花中第一流。梅定妒、菊应羞，画栏开处冠中秋。骚人可煞无情思，何事当年不见收？（南宋·李清照《鹧鸪天·桂花》）

本词除前两句外，托物抒怀，全以议论入词。三四句鲜明地提出观点，不需浅碧深红，桂花自是花中第一流。五六句用梅花、菊花来衬托桂花的高贵，是中秋之冠。最后两句借对屈原的抱怨，进一步突出桂花的高洁和高贵。此词盛赞桂花，以群花做衬，以梅花做比，展开三层议论，形象地表达了词人对桂花的由衷赞美。全词自始至终都像是为桂花鸣不平，表达作者的幽怨之情。

（三）描写

诗人用生动形象的语言对人物、事件、环境所做的具体描绘和刻画，起到了刻画人物、推动情节、渲染气氛、深化主题的作用。不同诗歌写景角度不同，有的偏重于空间顺序，有的侧重于色彩描绘，有的则从人物感觉器官角度去描写景物。阅读时，读出这些角度的话，就能读懂诗歌写景的特色。

古诗常见的描写角度有：形、声、色、态、味。"形""色"是视觉角度；"声"是听觉角度；"态"分为动态和静态；"味"是触觉角度。立足点的变化，有移步换景、定点换景、换点定景等。角度的变化，有俯视、仰视、远景、近景等。

古诗常见的描写技法有：正侧结合、动静结合、视听结合、虚实结合、点面结合、远近结合、乐哀互衬、今昔对比、白描与工笔、以小见大、细节描写等。

1. 正侧结合

景物描写既可以从正面入手，直接描写景物的特点；也可以从其侧面来揭示其特点；还两种方法结合运用，可以使景物的特点更加鲜明、突出。

头上倭堕髻，耳中明月珠。缃绮为下裙，紫绮为上襦。行者见罗敷，下担捋髭须。少年见罗敷，脱帽著帩头。耕者忘其犁，锄者忘其锄。来归相怨怒，但坐观罗敷。（汉乐府民歌《陌上桑》）

写罗敷之美，正侧结合。前四句正面描写，写罗敷的服饰美；后八句侧面描写，写周围的人为罗敷所吸引的神态。以行者、少年、耕者、锄者和吵架的人看到罗敷的反常表现，从侧面表现了罗敷惊人的美貌。

2. 动静结合

指在诗中人、事、景、物的动静有机地结合起来描写的手法。既有静态的勾画，又有动态的描述；或以动衬静，或以静衬动；或一动一静，或化动为静；以增强画面的动感，营造具有感染力的意境，深化思想感情。

空山新雨后，天气晚来秋。明月松间照，清泉石上流。竹喧归浣女，莲动下渔舟。随意春芳歇，王孙自可留。（唐·王维《山居秋暝》）

第二联"明月松间照"是静景，是所见；而"清泉石上流"，是动景，是所闻，动静融为一体，构成一幅雅致脱俗、明媚幽美的山间月夜图。第三联是用"竹喧"烘托山静，是所闻，用"莲动"衬托水幽，是所见，见闻交错，"喧""幽"互衬，刻画出细致动人的场景，具有浓郁的生活气息。诗人写景静中有动，以动衬静，动静结合，构成了空灵清新的意境，唱出了隐居者的恋歌。

3. 视听结合

即绘声绘色，声色结合。就是从视觉和听觉两个角度，常涉及声音与颜色，相辅相成，相互衬托，使其所描写的景物更具立体感，使读者身临其境。有时所写景色不同，把不同色彩的景物组合到一个画面中，可以收到"诗中有画"的效果。

两个黄鹂鸣翠柳，一行白鹭上青天。窗含西岭千秋雪，门泊东吴万里船。（唐·杜甫《绝句》）

有声有色，形神兼备。初春，柳枝刚抽嫩芽，成双成对的黄鹂在新绿的柳枝上鸣叫，欣欣向荣，一派生机，颇具喜庆的意味。晴空万里，一碧如洗，一行白鹭在青天上自由飞翔。白鹭在"青天"映衬下，色彩极其鲜明。上联两句中一连用了"黄、翠、白、青"四种鲜明的颜色，织成一幅春天绚丽的图景。

4. 虚实结合

古诗鉴赏，有限为实，无限为虚；景物为实，情感为虚；正面为实，侧面为虚；眼前之景为实，已逝、想象之景为虚。实中有虚，虚中有实，虚实结合，可使作品结构更加紧凑，形象更加鲜明，作品容量增大，更能开拓诗中的意境，表达出一种浓郁的情思。

雪净胡天牧马还，月明羌笛戍楼间。借问梅花何处落，风吹一夜满天山。（唐·高适《塞上听吹笛》）

诗中一二句实写景，描写胡天北地，冰雪消融，牧马的季节到了。傍晚，战士赶着马群归来，天空洒下明月的清辉。在如此苍茫而又清澄的夜景里，不知哪座戍楼里吹起了羌笛，那是熟悉的《梅花落》曲调啊！三四句虚写景，"梅花何处落"是将"梅花落"三字拆用，仿佛风吹的不是笛声而是落梅的花片，四处飘散，一夜之间色和香洒满天山。此诗抒写战士们由听曲而想到故乡的梅花，想到梅花之落，写出了浓浓的思乡情。

5. 点面结合

就是"点"的详细描写和"面"的叙述或概写的有机结合。点面结合，既有深度又有广度地反映人、事、景、物的形象状态，最充分地表现思想，抒发感情。

千山鸟飞绝，万径人踪灭。孤舟蓑笠翁，独钓寒江雪（唐·柳宗元《江雪》）

点面结合。"孤舟蓑笠翁"属于点的描绘，其中"蓑笠翁"是诗的中心；"千山鸟飞绝，万径人踪灭"属于面的铺陈。从"鸟飞绝"到"人踪灭"写尽了人物处境的苦寒与孤寂，并在"山""径"前冠之以数量词"千""万"，对突出人物坚忍不拔、卓然而立的品格起到了很好的铺垫作用。

6. 远近结合

看同一景物，观察者所处的方位、角度不同，远眺、近看，视觉形象会千姿百态，变化万千。一般是对一个画面先进行远处的描写概括，再细致地描写其中的某一个景物，使读者对所描写的景物有更加全面的认识，获得更完美的感受。

林断山明竹隐墙，乱蝉衰草小池塘。翻空白鸟时时见，照水红蕖细细香。

村舍外，古城旁。杖藜徐步转斜阳。殷勤昨夜三更雨，又得浮生一日凉。（北宋·苏轼《鹧鸪天》）

上阕写景，远近结合，层次分明。"林断山明竹隐墙，乱蝉衰草小池塘"诗人由远而近推移镜头，先写远处林尽头，高山清晰可见；再写近处翠竹遮隐墙头，小池塘旁长满枯草，蝉声四起；接下来写"翻空白鸟时时见，照水红蕖细细香"。由高到低，并然有序。

7. 乐哀相衬

以乐景写乐情，以哀景写哀情，以乐景写哀情，以哀景写乐情。诗人依情选景或因景生情，把自己的生命体验用写景的方式呈现给读者。

昔日龌龊不足夸，今朝放荡思无涯。春风得意马蹄疾，一日看尽长安花。（唐·孟郊《登科后》）

以乐景写乐情。诗的后两句活灵活现地描绘出诗人神采飞扬的得意之态，酣畅淋漓地抒发了其心花怒放的得意之情。这两句神妙之处，在于情与景会，意到笔到，将诗人策马奔驰于春花烂漫的长安道上的得意情景，描绘得生动鲜明。

8. 今昔对比

为增强古诗表达效果，诗人往往凭古论今，用今昔对比的方式，表达感物伤怀、睹物思人、物是人非、触景生情等情感。

去年今日此门中，人面桃花相映红。人面不知何处去，桃花依旧笑春风。（唐·崔护《题都城南庄》）

今昔对比，花面映衬。绝句包含着一前一后两个场景相同、相互映照的场面。第一个场面：寻春遇艳。第二个场面：重寻不遇。全诗以"人面""桃花"为线索，通过"去年"和"今日"同时同地同景而"人不同"的映照对比，把诗人因这两次不同的遇合而产生的感慨，回环往复、曲折尽致地表达了出来。

9. 白描与工笔

白描，本指单用墨色线条勾勒形象而不施色彩的国画技法。作为诗歌表现手法，指笔墨简练，不加烘托的描写手法。一般不用形容词和修饰语，也不精雕细刻和层层渲染，更不用曲笔或陪衬。

敕勒川，阴山下。天似穹庐，笼盖四野。天苍苍，野茫茫，风吹草低见牛羊。（北朝民歌《敕勒歌》）

对草原景象的白描，简洁有风骨，写出了草原的壮美，点染出牧民的生活。末三句是一幅壮阔无比、生机勃勃的草原全景图。"风吹草低见牛羊"，一阵风儿吹弯了牧草，显露出成群的牛羊，形象生动地写出了这里水草丰盛、牛羊肥壮的景象。

相对于白描，工笔又称为细描。指用细腻的笔触对重点描写对象做精细的刻画和描绘，使读者有清晰、深刻的印象，这与白描大体勾画轮廓的方法恰恰相反。

好雨知时节，当春乃发生。随风潜入夜，润物细无声。野径云俱黑，江船火独明，晓看红湿处，花重锦官城。（唐·杜甫《春夜喜雨》）

"云俱黑"写出了春雨野郊的深邃、清静，"火独明"表现出生动乐观的情调与春雨中万物潜滋暗长的节奏，和谐一致。颈联，抓住典型细节，工笔细描，精妙传神地渲染出春雨迷蒙、色彩迷离的氛围。

10. 以小见大

以小见大，是以小题材反映大问题的写法。古诗讲究大处着眼，小处落笔。多用"小事""小物""小景"来反映大境界，以平凡细微的事情反映大主题。

钓罢归来不系船，江春月落正堪眠。纵然一夜风吹去，只在芦花浅水边。（唐·司空曙《江春即事》）

全诗以小见大，通过"不系船"这件小事，表现江村宁静幽美的自然环境和主人公悠闲安逸的情调，透过诗的画面和形象感受到的是一种单纯朴实的社会生活。

11. 细节描写

古诗中真实生动的细节描写，总能获得"见微知著"的效果。一首古诗，以细节为中心组成全篇，往往能显得凝练、集中而韵味无穷。

长安回望绣成堆，山顶千门次第开。一骑红尘妃子笑，无人知是荔枝来。（唐·杜牧《过华清宫》）

诗人仅撷取杨贵妃看到跑马飞送荔枝的人而发出会心一笑的细节入诗，隐讽态度在于"妃子笑"与"无人知"。原来千里迢迢飞送荔枝，完全为了博得一人的欢心。外人看到快马飞驰，或许以为是为了军国大事。"妃子笑"的细节，以小见大，起到画龙点睛的作用，表达诗人对统治者荒淫骄奢生活的讽刺。

12. 移步换景

描写景物时，人走景移，随着观察点的变换，不断展现新画面。

太乙近天都，连山到海隅。白云回望合，青霭入看无。分野中峰变，阴晴众壑殊。欲投人处宿，隔水问樵夫。（唐·王维《终南山》）

首联仰视，颔联凝视，颈联俯瞰，尾联眺望。全诗通过视觉移步换景，表现出终南山幽静、深邃、辽远等意境，写出了终南山全方位的立体美。

（四）抒情

抒情，往往表达诗人强烈的爱憎、好恶、喜怒、哀乐等主观感情。抒情又分为直接抒情和间接抒情，间接抒情在诗歌中占大多数。其中，直接抒情又叫直抒胸臆；间接抒情又有借景抒情、情景交融、寓情于景、托物言志、借古讽今等。

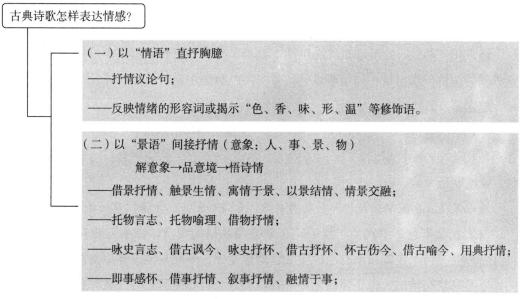

图5　古典诗歌表达情感的方法

1. 直接抒情——大胆说出你的爱

又叫直抒胸臆。由作者直接对有关人物、事件等表明爱憎之情的一种抒情方式。古诗主要通过抒情议论句和反映人的主观情绪的"情语"直接抒情方式，往往显得坦率真挚，朴质诚恳；很能打动人心，感染读者，引起共鸣。

体现作者直接对有关的人物、事件等表明爱憎之情的一种抒发。

人生自古谁无死，留取丹心照汗青。（南宋·文天祥《过零丁洋》）

以磅礴的气势、高亢的情调收束全篇，抒发了文天祥精忠报国、鞠躬尽瘁、死而后已的英雄气概，表现了文天祥为国慷慨赴死的民族气节和舍身取义的生死观。

2. 间接抒情——百折千回诉衷肠

古代诗人在处理情感时往往通过写景、叙事、咏物、记史等方式来表达思想感情。所以，根据诗人借助的外物的不同，我们又可把借助外物来间接地表达感情的诗歌分为"写景、咏物、叙事、记史"四类。写景则借景抒情，咏物则托物言志，叙事则因事缘情，记史则借古抒怀。

写景——借景抒情、触景生情、寓情于景、情景交融；

咏物——托物言志、借物抒情、借物喻人、托物喻理；

叙事——即事感怀、借事抒情、叙事抒情、融情于事；

记史——借古抒怀、咏史言志、借古讽今、用典抒情。

（1）借景抒情——一切景语皆情语。又称"触景生情"。究竟是借景抒情还是寓情于景，关键是看景物描写中有无明显含有作者主观感情色彩的词语。有，则是"寓情于景"；无，就是"借景抒情"。

西风信来家万里，问我归期未？雁啼红叶天，人醉黄花地，芭蕉雨声秋梦里。（元·张可久《清江引·秋怀》）

诗人用"西风、红叶、黄花、芭蕉、秋雨"等秋天景物，渲染出一幅色彩浓丽的秋景图。全诗以景衬情，以情驭景，情景交融，萧瑟中带着热烈，抒发了游子身处异地，思念家乡的愁情。

（2）托物言志——情志因物象而彰显。也称借物抒情或寄意于物。辨别借景抒情还是托物言志，要注意"景"与"物"、"情"与"志"两组概念，写景就是为了抒情，咏物就是为了言志。

垂缕饮清露，流响出疏桐；居高声自远，非是藉秋风。（唐·虞世南《蝉》）

诗人托物寓意，借蝉的形象表达了对高尚品格的赞赏。诗中三四句借蝉声远传的独特感受，诗人借蝉表明自己的看法：蝉居高处，不同凡响，并不是借了秋风的威力；立身品格高洁的人，不需要某种外在的凭借，自能声名远播，从而表达出对高洁之人内在品格的热情赞颂和高度自信。

（3）即事感怀——叙事中流露真情。即借事抒情，因事缘情，指借用现实之事来抒情。此类诗歌多以现实的重大事件为题材，诗人借这些事件和人物表明自己的看法或者抒发沧桑变化的感慨。

蓝桥春雪君归日，秦岭秋风我去时。每到驿站先下马，循墙绕柱觅君诗。（唐·白居易《蓝桥驿见元九诗》）

这首绝句乍读只是平淡的征途纪事，表现作者与好友元稹交谊甚笃，爱其人而及其诗而已。其实，这貌似平淡的28字却暗含着诗人心底的万顷波涛。可贵的友情，可泣的际遇，诗中一句不说，只是让读者去寻觅包含在蓝桥春雪、秦岭秋风中的人事变化，去体会诗人那种沉痛凄怆的感情。言浅而深，意微而显。

（4）借古抒怀——千古兴亡多少事。即借吟咏历史或典故来抒发怀抱情志。诗人以历史事件、历史人物、历史陈迹为题材，借登高望远、咏叹史实、怀念古迹来感慨兴衰、寄托哀思、托古讽今，表现出诗人对现实世界的体悟，对生命存在的思考，对个体生命的把握，对未来人生的设计与追求。借古抒怀多用典且手法委婉地写古人往事。

曾于青史见遗文，今日飘蓬过古坟。词客有灵应识我，霸才无主始怜君。石麟埋没藏春草，铜雀荒凉对暮云。莫怪临风倍惆怅，欲将书剑学从军。（唐·温庭筠《过陈琳墓》）

这首怀古咏史诗表面上是凭吊古人，实际上是自抒身世遭遇之感。此诗贯穿着诗人自己和陈琳之间不同的时代、不同的际遇的对比，即霸才无主和霸才有主的对比，青史垂名和书剑飘零的对比。既凭吊陈琳，又自伤身世，堪称咏史佳作。

二、表现手法

古典诗歌常用的表现手法包括：赋比兴、象征、联想、想象、渲染、烘托、对比、衬托、用典、曲笔等。

（一）赋

"赋"，指对事物的特点不厌其烦地多角度地进行铺排陈述。一是"直言"，一是"铺陈"。通过大量的叙述、描写，突出形象，增强语言气势，深化思想内容，增强说服力和感染力。

著我绣夹裙，事事四五通。足下蹑丝履，头上玳瑁光。腰若流纨素，耳著明月珰。指如削葱根，口如含朱丹。纤纤作细步，精妙世无双。（汉乐府《孔雀东南飞（并序）》）

由足至头、至腰、至耳、至指、至口、至步，一连串夸张性的铺陈，旨在描写刘兰芝的美，更表现她的从容镇定。

（二）比兴

比者，以彼物比此物也；兴者，先言他物以引起所咏之词也。比兴手法的运用，能激发读者的联想，增强意蕴，产生形象鲜明、诗意盎然的艺术效果。

桑之未落，其叶沃若。于嗟鸠兮，无食桑葚。……桑之落矣，其黄而陨。自我徂尔，三岁食贫。（《诗经·卫风·氓》）

诗中以桑树起兴，从女子的年轻貌美写到体衰色减，同时揭示了男子对她从热恋到厌弃的经过。"桑之未落，其叶沃若"，以桑叶之润泽有光，比喻女子的容颜亮丽。"桑之落矣，其黄而陨"，以桑叶的枯黄飘落，比喻女子的憔悴和被弃。

（三）象征

象征，是通过特定的容易引起联想的具体形象，表现某种概念、思想和感情的艺术手法。象征有别于比喻，象征是一种谋篇立意的手法，一般要统摄全篇；而比喻则是一种修辞手法，只在个别语句或语段中起作用。

　　天平山上白云泉，云自无心水自闲。何必奔冲山下去，更添波浪向人间！（唐·白居易《白云泉》）

　　诗人采用象征手法写景寓志，以云水的逍遥自在比喻恬淡的胸怀与闲逸的心情，用泉水激起的自然波浪象征社会风浪，言浅意深，理趣盎然。由此可知，抒情主人公是一个胸怀淡泊，神情闲适，渴望摆脱俗务，具有出世归隐思想的仕人。

（四）联想

　　联想，由此及彼或由彼及此进行想象的思维活动。由某一概念而引起相关概念，由某人而想起其他相关的人，由一事物联系到与之有关的另一事物。

　　碧玉妆成一树高，万条垂下绿丝绦。不知细叶谁裁出，二月春风似剪刀。（唐·贺知章《咏柳》）

　　诗人由柳枝"碧玉妆成"联想到"绿丝绦"，"绿丝绦"又联想到了"谁裁出"，最后，那不可捉摸的"春风"，也被用"似剪刀"形象化地描绘了出来。贺知章通过相似联想赞美柳树，进而赞美春天，讴歌春的无限创造力。

（五）想象

　　想象是在联想基础上的再创造。诗歌中的想象可分为奇想、幻想、联想、设想四种，能突破时空的束缚，达到"思接千载""视通万里"的境界。

　　君问归期未有期，巴山夜雨涨秋池。何当共剪西窗烛，却话巴山夜雨时。（唐·李商隐《夜雨寄北》）

　　"何当共剪西窗烛"，诗人驰骋想象，盼望着与妻子再相聚的那一天。"却话巴山夜雨时"，要尽情地说说今晚巴山夜雨时思念家乡亲人的心里话。诗人在对未来充满着美好的想象和憧憬中，追话今夜的一切，使读者感受到诗人羁旅他乡凄凉的心境，以及诗人内心的至情之美。

（六）渲染

　　渲染，则往往着意对环境、景物等做多方面的正面描写和形容，以突出形象，营造氛围与意境，加强艺术效果。

　　绿蚁新醅酒，红泥小火炉。晚来天欲雪，能饮一杯无？（唐·白居易《问刘十九》）

　　前三句，诗人尽情渲染：自己新酿造出的米酒，微呈黄绿色，表面上还有些悬浮物，细如蚁；那酒正放在红泥抹的小火炉上温着，火炉是新的，红的色泽；这时天快黑了，看来要下雪了。经过这一番渲染，末句的发问"能饮一杯无"（我想饮酒取暖，你能陪我喝一杯吗？），也就水到渠成。

（七）烘托

烘托，即以乙托甲，使甲的特点或特质更加鲜明突出的表现技法。不同于渲染从正面着意描写，烘托则是从侧面着意描写，起一种烘云托月的作用。烘托，基本等同于衬托中的正衬。二者区别在于用作烘托的次要事物与主要事物是正相关的，而用作衬托的次要事物与主要事物是相似或相反的。烘托一般有以人烘托人，以物烘托物和以物烘托人三种形式。

已讶衾枕冷，复见窗户明。夜深知雪重，时闻折竹声。（唐·白居易《夜雪》）

全诗无一字直接写夜雪，而是从触觉、视觉、听觉三个方面来表现。触觉写衾枕寒冷，视觉写大雪映白窗纸，听觉写雪压树枝折断之声，多感官多角度、多侧面烘托雪大这一主题。句句写人，却处处点出夜雪，正是烘托使得《夜雪》诗韵十足。

（八）对比（比照）

对比，指的是把相互对立的两个方面，或者是一个事物的两个方面列举出来进行比较。不同于衬托，对比的侧重点则是没有主次，两个事物共同表现某种情感。

百啭千声随意移，山花红紫树高低。始知锁向金笼听，不及林间自在啼。（北宋·欧阳修《画眉鸟》）

对比手法。前两句写自由自在，任意翔鸣的画眉与后两句写陷入囚笼，失去了自由的画眉构成对比，表达了诗人对自由的热情赞美，对束缚个性、禁锢思想、窒息性灵的憎恶和否定。

（九）衬托

又叫映衬，主要事物与次要事物两者都写而使其中一个更加凸显。一般分为正衬和反衬。能用正衬的地方用烘托也可以。衬托多包括动静、虚实、大小、明暗、抑扬、哀乐、有声无声相衬等。反衬是用相反的东西来衬托，有以动衬静，以美衬丑，以乐衬苦等。衬托的侧重点在于有主有次，这有别于对比。

江月去人只数尺，风灯照夜欲三更。沙头宿鹭联拳静，船尾跳鱼拨剌鸣。（唐·杜甫《漫成一首》）

尾联"船尾跳鱼拨剌鸣"使用了反衬手法。诗的前三句着力刻画一个静字，此句却写动、写声，似乎打破了静谧之境，而给读者的实际感受恰好相反，以动写静，愈见其静；以声衬静，愈觉其静。

（十）用典

用典，指古诗中引用过去有关人、地、事、物之史实，或语言文字，以增加诗歌含蓄与典雅的方法。用典有典事和典句两种。恰当地用典可减少辞语繁累，方便比况和寄意，使语言更加精炼，内容更丰富，使形象更鲜明、更生动、更有艺术感染力。写景抒情诗一般不用典，因为用典易造成隔膜，不便读者接受。

庄生晓梦迷蝴蝶，望帝春心托杜鹃。沧海月明珠有泪，蓝田日暖玉生烟。（唐·李商隐《锦瑟》）

诗句便分别采用了"庄周梦蝶""望帝化鹃""南海鲛人""良玉生烟"的典故，抒写作者自己的梦想、追求和思念。

（十一）曲笔

曲笔是作诗时故意离开本题而不直书其事的写法。古诗用曲笔来抒写感情，可以使抒情更为婉转、含蓄、意境深邃，倍增哀乐。

人人尽说江南好，游人只合江南老。春水碧如天，画船听雨眠。垆边人似月，皓腕凝霜雪。未老莫还乡，还乡须断肠。（唐·韦庄《菩萨蛮》）

"未老莫还乡"运用了曲笔。词人正话反说，说"莫还乡"实则正是由于想到了还乡，表面上写得很旷达；说是我没有老所以不要还乡，而其中蕴含的却是对故乡欲归不得的郁结的感情。因为词人以避乱入蜀，饱尝离乱之苦，时值中原混战，欲归不能。所以，该句巧妙地刻画出词人思乡怀人的特定心态，可谓语尽而意不尽。

三、结构方式

古诗在行文安排与结构处理上总是别具匠心。结构上的"起、承、转、合"，行文上的由"景"到"情"，由"景"到"理"，由"事"到"理"等，都显示出古诗在行文结构上的艺术魅力。

常见的结构方式有：伏笔铺垫、层层照应、承上启下、抑扬结合、开门见山、统领全诗、卒章显志、重章叠句、层层深入、先总后分、以景结情、意象组合、起承转合，等等。

（一）伏笔铺垫

伏笔，指预作提示或暗示，以求有伏必应，前后不宜紧贴，切记刻意显露。

铺垫，既衬托。通过对次要人物或事件大肆渲染，浓墨重彩，以求为主要人物或事件推波助澜，制造悬念，渲染气氛，引起兴趣，产生期待，烘托主题。借景抒情诗中，写景就是为抒情做铺垫。

烟笼寒水月笼沙，夜泊秦淮近酒家。商女不知亡国恨，隔江犹唱《后庭花》。（唐·杜牧《泊秦淮》）

诗歌开头写停泊的地方靠近酒家，就是为下文听商女唱《后庭花》埋下的伏笔。表现了作者对国家命运的无比关怀和深切忧虑。

八月湖水平，涵虚混太清。气蒸云梦泽，波撼岳阳城。欲济无舟楫，端居耻圣明。坐观垂钓者，徒有羡鱼情。（唐·孟浩然《临洞庭湖赠张丞相》）

孟浩然泼墨山水般的大笔渲绘洞庭湖壮丽的景象、磅礴的气势和壮阔的境界，正是为了引出"欲济无舟楫"而做的铺垫，从而委婉地表白自己的心事，希望得到张丞相九龄的赏识和录用。

（二）层层照应

照应，又叫呼应。恰当运用照应手法，古诗才能层次井然，承转圆熟，情节连贯，脉络清晰，结构紧凑严谨。其中开头与结尾的照应，叫"首尾照应"；围绕诗题或主题反复照应，叫"扣题照应"；先设伏笔，后予交代，叫"伏笔照应"。

万木冻欲折，孤根暖独回。前村深雪里，昨夜一枝开。风递幽香出，禽窥素艳来。明年如应律，先发望春台。（唐·齐己《早梅》）

首联"孤根独暖"是"早"；颔联"一枝独开"是"早"；颈联禽鸟惊奇窥视，亦是因为梅开之"早"；末联祷祝明春先发，仍然是"早"。通观全篇，首尾一贯，处处照应标题"早梅"。诗人突出了早梅不畏严寒、傲然独立的个性，境界高远，含蕴丰富。

（三）承上启下

承上启下，指诗句承接或总结上面的内容，同时提示或领起下面的内容，结构上有承接上文、开启下文，或总领下文的过渡作用。

迟日园林悲昔游，今春花鸟作边愁。独怜京国人南窜，不似湘江水北流。（唐·杜审言《渡湘江》）

从结构上说，"独怜京国人南窜"承上启下。前两句忆昔游而悲，见花鸟而愁；后一句为江水北流而感叹，都因为诗人远离京国，正在南窜途中。第三句是诗的中心所在，其余三句都是由此句生发出来的，从前两句的忆春、伤春转入叙事抒情，感慨自己从京都流贬到荒僻的南地的忧愁。

（四）抑扬结合

抑扬，指欲抑先扬或欲扬先抑。抑扬结合可以避免诗情的直白呆板，变直抒其情为波澜起伏；可以蓄势，产生激发情感的力量；可以摇曳多姿，增强艺术效果。

闺中少妇不知愁，春日凝妆上高楼。忽见陌头杨柳色，悔教夫婿觅封侯。（唐·王昌龄《闺怨》）

这首诗采用先扬后抑的手法，先写少妇"不知愁"，后面才说她"悔"，通过对少妇情绪微妙变化的刻画，深刻表现了少妇因触景而产生的感伤和哀怨的情绪，突出了"闺怨"的主题。

（五）开门见山

古诗一落笔就入正题，不拐弯抹角，直奔主题，为全诗指明了"航标"。

独有宦游人，偏惊物候新。云霞出海曙，梅柳渡江春。淑气催黄鸟，晴光转绿苹。忽闻歌古调，归思欲沾襟。（唐·杜审言《和晋陵陆丞早春游望》）

诗人开门见山，诗的开头从自身写起，在这"独有""偏惊"的强调语气中，生动表现出自己宦游江南的矛盾心情。直接点出自己的感慨：只有离别家乡、奔走仕途的游子，才会对异乡的节物气候感到新奇而大惊小怪。

（六）统领全诗

古诗非常讲究构思，往往一个词（句）就构成全诗的线索、感情基调或思想。抓住这个词（句）往往可以把握全诗。

夜深归客倚筇行，冷磷依萤聚土塍。村店月昏泥径滑，竹窗斜漏补衣灯。（南宋·周密《夜归》）

本诗用诗题"夜归"统摄全篇。点明时令"夜"和事件"归"。既然已"夜深"了，"归客"仍在田塍、泥径中孤身拄杖而艰难前行，足见思家怀乡之切。

（七）卒章显志

指诗人往往在诗歌的结尾表达自己的心志或情怀。作为古诗言志的结构方式，恰当运用可以增加古诗的深刻性、感染力和结构美，有"画龙点睛"的艺术效果。

西陆蝉声唱，南冠客思深。不堪玄鬓影，来对白头吟。露重飞难进，风多响易沉。无人信高洁，谁为表予心。（唐·骆宾王《在狱咏蝉》）

这首诗是骆宾王任侍御史时，因上书纵论天下大事，得罪了武则天，蒙冤下狱后作。尾联诗人愤情冲天，勃发"龙吟"，喷出蕴蓄许久的真情——"无人信高洁，谁为表予心"。骆宾王卒章显志，直抒胸臆，明确表达希望得到援救、昭雪冤狱的愿望，点明主旨。

（八）重章叠句

指上下句或上下段中用相同或相似的结构形式反复咏唱的一种表现手法。这种手法一唱三叹、回环往复，增强古诗的音乐性和节奏感，凸显古诗音韵美、意境美、含蓄美，具有渲染气氛、深化意境、强化感情、突出主题的表达效果。

少年不识愁滋味，爱上层楼。爱上层楼。为赋新词强说愁。而今识尽愁滋味，欲说还休。欲说还休，却道天凉好个秋。（南宋·辛弃疾的《丑奴儿·书博山道中壁》）

上阕连用两个"爱上层楼"，写少年时无愁"强说愁"，即无所事事，无病呻吟的"闲愁"；下阕连用两个"欲说还休"，紧承上句的"尽"字而来，又紧连下文，由极度的高兴转而潜生悲凉，深沉的忧愁翻作自我调侃，抒发作者而今关怀国事报国无门的"哀愁"。上下两阕采用了重章叠句的结构形式写愁苦，在反复咏唱中，既使语言具有音乐美，又在内容上将"闲愁""哀愁"形成鲜明对比。

（九）层层深入

指古诗在内容上由浅入深，环环相扣的结构形式，使全诗结构严谨，条理清楚。

迢迢牵牛星，皎皎河汉女。纤纤擢素手，札札弄机杼。终日不成章，泣涕零如

雨。河汉清且浅，相去复几许？盈盈一水间，脉脉不得语。（《古诗十九首·迢迢牵牛星》）

层层深入。从遥望中的牵牛星、织女星写起，由远及近，视线移到织女星，织女织成布才能与牛郎相会；可是终日织不成，急得泪如雨下。相隔浅浅的一道银河，就是不能相会。由事而人，再到人的感情，声情并茂，哀怨动人。全诗情景交融，表达了织女隔着银河遥思牵牛的愁苦心情。

（十）先总后分

指古诗层次之间是总说和分说的关系。这种结构方式一般有三种基本形式：先总后分、先分后总、先总说后分说再总说。

问人间谁是英雄？有酾酒临江，横槊曹公。紫盖黄旗，多应借得，赤壁东风。更惊起南阳卧龙，便成名八阵图中。鼎足三分，一分西蜀，一分江东。（元·阿鲁威《［双调］蟾宫曲·问人间谁是英雄》）

总分总结构。以设问开卷，分层次地叙述了三国人物曹操、孙权、周瑜、诸葛亮的英雄业绩，最后总结。诗人以大开大合之笔，再现了三国人物的历史风采，歌颂了他们的英雄业绩，含蓄地表达了自己追慕古贤、大展经纶之宏愿。

（十一）以景结情

指以景物来传达、折射、暗示（暗喻）出作者的感情、寄托和抱负。就是指诗歌在议论或抒情的过程中戛然而止，转为写景，最后以写景来收束全诗，使诗歌意犹未尽、形象含蓄、耐人咀嚼，含不尽之意于言外，创造出韵味无穷的艺术魅力。

琵琶起舞换新声，总是关山旧别情。撩乱边愁听不尽，高高秋月照长城。（唐·王昌龄《从军行》其二）

以景结情。前三句就乐声抒情，末句写景——古老雄伟的长城绵亘起伏，秋月高照，景象壮阔而悲凉。以景作结，寓情于景，渲染了凄凉的意境，将将士们浓浓的愁绪与凄清的秋夜月光和荒凉的边塞风光融为一体，使人们感受到戍边者丰富而深刻的思想：有无限的乡愁，也有立功边塞的雄心；有对现实的忧怨，也有对祖国山川风物深沉的挚爱。

（十二）意象组合

就是按照一定的美学原则把若干古诗意象有机组合，形成密集而精致的意象群，从而产生隐喻、对比、反衬、递进和象征等艺术效果，有并列式、递进式、对比式、衬托式等组合方式。

黄河远上白云间，一片孤城万仞山。羌笛何须怨杨柳，春风不度玉门关。（唐·王之涣《凉州词》）

全诗采用递进式意象组合，视点由远及近，由外向里，向中心意象"羌笛"逐层推进。外围意象"黄河"指向极远处，"高山"指向极高处。在视野阔大，境界雄宏的大背景下出现了塞上"孤城"，承以戍守者处境的孤危，画面再向前推移到正在吹奏哀怨曲调《杨柳枝》的"羌笛"上，意象"杨柳""春风"附着在中心意象"羌笛"之上，写出边地苦寒，含蓄着无限的乡思离情。作者以一种特殊的视角描绘了边塞壮阔、荒凉的景色，意境悲壮苍凉，表现了守边将士的愁怨。

四、修辞手法

掌握好修辞手法能更准确地揣摩、品味古诗的语言特色，更准确地把握作品的主旨和作者的思想感情，更有利于阅读鉴赏。古诗常用修辞手法分类及作用：

描绘类（作用：生动形象）：比喻、借代、比拟、夸张；

结构类（作用：和谐音韵、强调突出、充沛感情）：对偶、排比、反复；

语气类（作用：增强语气、强化感情、引发思考）：设问、反问。

（一）比喻

打比方。可分为明喻、暗喻、借喻。比喻可以突出事物特征，使表达更加生动鲜明，通俗易懂，化深奥抽象为浅显具体，易于理解。

君当作磐石，妾当作蒲苇。（汉乐府《孔雀东南飞》）

你应当做高山磐石，我应当做河边蒲苇。刘兰芝把焦仲卿和自己分别比作厚重不易转移的磐石和坚韧的蒲苇，表示了对爱情的忠贞不渝。

（二）借代

指借用相关的事物来代替所要表达的事物。借代可用部分代替全体，用具体代替抽象，用特征代事物。借代的运用使语言简练、含蓄。

何以解忧，唯有杜康。（三国·曹操《短歌行》）

诗中以"杜康"代酒。因杜康善酿酒，后世将杜康尊为酒神，制酒业则奉杜康为祖师爷。

（三）比拟

把物当作人来描写叫拟人，把人当作物来描写叫拟物。比拟，促使读者产生联想，使描写的人、物、事表现得更形象、生动。古诗鉴赏，多拟人。

青苔满地初晴后，绿树无人昼梦余。唯有南风旧相识，偷开门户又翻书。（北宋·刘颁《新晴》）

作者将"南风"人格化，在雨后初晴的天气里，自己的旧相识南风偷偷地推开门户，顽皮的翻着书，传达了作者对南风"恶作剧"的亲切喜爱之情，表现了久雨初晴后作者宁静恬适的心情。

（四）夸张

把被描写事物的形象、特征、作用、程度等加以艺术地夸大或缩小。运用夸张，可以揭示本质，烘托气氛，增强联想，从而增强作品的生动性和感染力。

谁谓河广，曾不容刀。（《诗经·卫风·河广》）

谁说河面宽广，容不下一只小船。运用夸张，极言河面窄小，连刀（小舟）都容不下。

（五）对偶

用结构相同、字数相同的一对句子或短语表达两个相对或相近的意思，分为正对、反对和流水对。从形式看，语言简练，整齐对称，节奏感强，有音乐美；从内容看，高度概括，意义集中，凝练含蓄。

朔气传金柝，寒光照铁衣。（北朝民歌《木兰诗》）

夜里北方的寒气伴随着打更声传来，寒冷的月光映照在士兵的盔甲上。诗人运用对偶手法，描写边塞夜景，烘托出木兰勇敢坚强的性格。

（六）排比

由三个或三个以上结构相同或相似、内容相关、语气一致的语句排列在一起，用来加强语气，强调内容，增强语势，加重感情的修辞方法。用来抒情，可把感情抒发得淋漓尽致。如：

江南可采莲，莲叶何田田！鱼戏莲叶间：鱼戏莲叶东，鱼戏莲叶西，鱼戏莲叶南，鱼戏莲叶北。（《汉乐府·江南》）

最后四句以排比的句式，铺排渲染，描绘出鱼儿们倏忽往来、活泼嬉戏的动态，衬托出采莲少女的活泼可爱及愉快心情。

（七）反复

古诗中重复某些词句，以加强语势的修辞方法。反复可以强调某个意思，突出某种感情，渲染某种情景与气氛，加强节奏感，使读者获得深刻的印象。

边草，边草，边草尽来兵老。山南山北雪晴，千里万里月明。明月，明月，胡笳一声愁绝。（唐·戴叔伦《转应曲》）

"边草"的反复，造成了一种茫茫无边的荒凉草原的意境，从而为那老兵提供了一片迷离的活动背景，以烘托其空虚彷徨的心理状态；"明月"的反复，既造成一种月光满地使戍卒辗转难寐的意境，又形成了一种回环往复的韵致，强烈地烘托了那老兵绵长悠远的思乡情绪，从而突出了诗眼"愁绝"。

（八）设问

设问是明知故问，自问自答。其基本特点是"无疑而问"，旨在引人注意，启发思考。开篇以问题引入，带动全篇；中间设问，承上启下；结尾设问，深化主题，令人回味。

明月几时有？把酒问青天。不知天上宫阙，今夕是何年。（北宋·苏轼《水调歌头·明月几时有》）

"明月几时有？"明月从什么时候开始有的呢？我拿着酒杯遥问苍天。苏轼把青天当作自己的朋友，把酒相问，显示了豪放的性格和不凡的气魄，表达了词人对明月的赞美与向往。

（九）反问

反问是只问不答，答在问中。通常用肯定形式表示否定，用否定形式表示肯定。反问多用来加强语气，表达强烈的感情，增强说服力和感染力。

煮豆持作羹，漉菽以为汁。萁在釜下燃，豆在釜中泣。本是同根生，相煎何太急？（三国·曹植《七步诗》）

豆子和豆萁，本是同一条根上生长出来的，豆萁怎能这样急迫地煎熬逼迫豆子呢？一句反诘语，千百年来已成为人们劝戒避免兄弟阋墙、自相残杀的普遍用语。

（十）双关

在特定的言语环境中，某一字词，借助语音和语义的联系，使语句同时关涉两种事物，获得双重意义，表达出委婉含蓄的情感。双关，使语言含蓄、风趣，加深寓意，达到言在此而意在彼的修辞效果。

杨柳青青江水平，闻郎江上唱歌声。东边日出西边雨，道是无晴却有晴。（唐·刘禹锡《竹枝词》）

"东边日出"是"有晴"，"西边雨"是"无晴"。"晴"和"情"谐音，双关隐语。既写了江上阵雨天气，又把这个少女的迷惑、眷恋和希望等一系列的心理活动巧妙地描绘出来。对于表现女子那种含羞不露的内在感情，十分贴切自然。

（十一）对比

把两种不同的事物或情形做对照，互相比较，突出强调。对比，把不同的人物、不同的生活现象、不同的思想感情区别得更加鲜明，有助于深刻地表达思想感情。

陶尽门前土，屋上无片瓦。十指不沾泥，鳞鳞居大厦。（北宋·梅尧臣《陶者》）

通过陶者"陶尽门前土，屋上无片瓦"与富贵人家"十指不沾泥，鳞鳞居大厦"对比，展现了人世间的不公平、不合理、不平等，表达了诗人对劳动者的同情。

（十二）反语

反语即说反话，是用与本意相反的词语或句子去表达本意的一种修辞方法。反语，既有"正话反说"，也有"反话正说"。

不读书最高，不识字最好，不晓事倒有人夸俏。老天不肯辨清浊，好和歹没条道。善的人欺，贫的人笑，读书人都累倒，立身则小学，修身则大学，智和能都不及

鸭青钞。（元·无名氏《中吕·朝天子·志感》）

开头两句即是反语，后面则是以反常观象以映衬反语，极尽挥洒斥骂之能事。不读书有权，不识字最好，依本分只落得人轻贱，智和能不及有钱钞。这是直面黑暗的真正讽刺，作者对此丑恶现实予以无比轻蔑和莫大嘲弄。

（十三）通感

也叫联觉，是把人的视觉、听觉、嗅觉、味觉、触觉等不同感官的感觉沟通起来，借联想引起感觉转移。通感，能突破语言的局限，丰富审美情趣，增强文采。

凤吹声如隔彩霞，不知墙外是谁家。重门深锁无寻处，疑有碧桃千树花。（唐·郎士元《听邻家吹笙》）

"隔彩霞"将听觉感受转化为视觉印象，不说声如彩霞，而说声自彩霞之上而来，间接地烘托出了吹奏笙乐的明丽环境。"碧桃千树花"以花为意象描写音乐，用视觉形象写听觉感受，把五官感觉错综运用，表现出笙乐的美妙。

（十四）互文

又叫"互文见义"，即"异义互补，合而见义"。互文，可整齐句式，深化句意，言简意丰；可增加作品的气势，增强语言的音乐美感，丰富诗文的表达内容。

秦时明月汉时关，万里长征人未还。（唐·王昌龄《出塞》）

其中"秦"与"汉"互补见义，即明月仍是秦汉时的明月，山关仍是秦汉时的山关，以此来映衬物是人非。并非"明月"属秦而"关"属汉。（单句互文）

将军百战死，壮士十年归。（北朝民歌《木兰诗》）

"将军"和"战士"形成互文，将士们有的战死了，有的回来了。句意相互补充，内涵丰富，行文精炼。（复合互文）

第三章 古诗语言鉴赏

古典诗歌是精致语言的艺术。诗人往往讲究语言高度凝炼和含蓄，感情深沉而丰富；而鉴赏古诗语言多追求表情达意之美，语言特色之美、表达效果之美。

鉴赏古诗，要领会古诗"深层含义"，从品评语言入手，品读诗歌的语言意蕴，体味诗歌的语言风格和语言魅力。从过程来说，古诗鉴赏应该从文本切入，反复吟诵涵咏，启发联想和想象，力求还原诗歌画面，读懂原诗字面意义，咀嚼关键字眼，把握语言特色，领略其精妙，感悟人生真谛。

鉴赏古诗语言主要有三个维度：一是明辨冷暖色调，体悟诗情；二是品味关键字词（诗眼、句眼），传达诗意；三是赏析语言风格，触摸诗人灵魂。

第一节 明"色调"

"墨分五彩，词含七情。"从景物冷暖体味悲喜。

色调在冷暖方面分为暖色调与冷色调。其中红色、橙色、黄色为暖色调，绿色、蓝色、黑色为冷色调。人们常把积极的思想情感归类为暖色调，而消极的思想情感归类为冷色调，以体味古代诗人所传达出来的或悲或喜的思想感情。因此，明色调鉴赏古诗，重点关注颜色词语，辨明冷暖色调，准确理解分析诗人描绘的画面、创设的意境、运用的技巧及表达的情感，便可轻松读懂悟透古诗。

一、明色调绘画面

古诗的情感色彩，使景物具有冷、暖不同的色调。鉴赏时通过意象的色彩（字面和暗示），传递出诗人不同的情感体验。

新晴原野旷，极目无氛垢。郭门临渡头，村树连溪口。白水明田外，碧峰出山后。农月无闲人，倾家事南亩。（唐·王维《新晴野望》）

初夏的乡村，雨后新晴，诗人眺望原野所见到的景色——明亮的白水，碧翠的峰峦，明与暗、光与色配置得和谐入妙；在"无氛垢""临渡头""连溪口"中有亮度，在田外白水、山后碧峰中有湿度。这首诗情调明朗健康，意境清新、明净、开阔，宛若一幅优美迷人的水彩风景画，情感积极，属于暖色调诗歌，表现了诗人爱自然、爱田园、热爱生活的思想感情。

二、明色调析意境

意象、意境往往和色彩有关，古诗鉴赏总离不开对诗歌意境的品悟和把握。因此，古诗中颜色的词显得特别重要。

桃红复含宿雨，柳绿更带朝烟。花落家童未扫，莺啼山客犹眠。（唐·王维《田园乐》）

红绿相映，色彩分明，诗中有画，由景生情。抓住"桃红""柳绿""宿雨""朝烟"等意象，诗人描画出一幅柳暗花明、清新幽寂的春之图，表达了诗人热爱自然、享受自然美景的闲适心情，也体现了诗人亲近自然的乐趣。

三、明色调品情感

冷色调词语传达出来的多是悲伤，暖色调词语多为喜悦。抓住颜色词，鉴赏古诗就可能准确体会诗人的思想情感。

醉别江楼橘柚香，江风引雨入舟凉。忆君遥在潇湘月，愁听清猿梦里长。（唐·王昌龄《送魏二》）

全诗整体感知属于冷色调，感情都是悲伤的。诗前两句通过描写橘柚飘香的深秋时节、秋风秋雨渲染了与朋友离别之时的悲凉氛围和悲凉的心情，是"舟凉"更是"心凉"。后两句通过想象写别后友人在异乡的生活孤寂与愁苦，将主客双方离别的伤感和惜别的深情表达得更为深远。

四、明色调辨技巧

古诗常用色彩塑造意象，表达感情。鉴赏古诗须明辨色调，把握好对比、映衬、烘托、渲染、铺垫、象征等艺术手法，感受意象美与意境美，领悟作者的思想感情。

重阳独酌杯中酒，抱病起登江上台。竹叶于人既无分，菊花从此不须开。殊方日落玄猿哭，旧国霜前白雁来。弟妹萧条各何在，干戈衰谢两相催！（唐·杜甫《九日》）

此诗写杜甫重阳登高的感慨。作者采用对比、渲染手法，将异乡之景与旧国之物的对比，黑猿与白雁的色彩对比；以落日、猿啼、故乡的白雁绘声绘色地渲染凄清之境，描绘了一幅他乡日落时分，黑猿声声悲啼，霜天秋晚，白雁南来的凄凉景象，抒发了思亲怀乡、年老多病的感伤、遭逢战乱伤时忧国的情怀。

第二节　品"诗眼"

"吟安一个字，拈断数茎须"，"两句三年得，一吟双泪流"。可见，诗人对"诗家语"千锤百炼的功夫以及古诗语言生动形象、凝练含蓄、耐人寻味的必然。

读懂一首古诗，说到底就是理解关键诗句。经过诗人锤炼过的关键字词，常常是最能表露诗歌情感和体现诗歌语言艺术的地方。所以，最重要的是抓住关键诗句，迅速定位情感基调。

一、抓住"情语"，把握情感基调

"诗言志，词言情。"古诗重抒情、言志、达理。每首古诗都有关键词句，即"情感语言"（简称"情语"），往往透露出作者的感情、感悟、观点和态度等。

首先，直接找出显性"情语"。鉴赏古诗，首先要关注古诗直接表明情感的词语——喜、乐、愁、怨、愤、爱、恨、恍、凄、苦、怜、泪、闲、怆、怅等，这些显性"情语"大多数情况下决定了古诗抒情的方向和基调。

其次，细心寻找隐性"情语"。隐性"情语"，诸如描摹人、事、景、物等要素语或典故语或修辞语。一个"客"字，暗示了羁旅之愁、思家之切。另外，表情态、语气的虚词，如"但""又""惟""空""可""岂"等隐性"情语"。

最后，关注具有独特意义的"情语"。鉴赏古诗，还要关注表明时间、地点等的隐性"情语"。诸如，"春"（常有伤春之意）、"秋"（常有悲秋之意）、"节日"（常有向往团圆之意）、"夜晚"（常有夜不能寐之意）等词语，以及"塞外"（常含建功立业或表明战争残酷、环境艰苦之意）、"他乡"（常含颠沛流离之苦）、"远离京城"（常含仕途不顺之意）等词语，均值得关注。

千山鸟飞绝，万径人踪灭。孤舟蓑笠翁，独钓寒江雪（唐·柳宗元《江雪》）

诗中表达情感的词语有"绝""灭""孤""独"，表现出孤独、凄凉之境。其中最生动传神的是"独"字。千山耸立，万径纵横，山无鸟飞，径无人行，只有一个孤独的垂钓者。一个"独"字，准确形象地刻画出了在广阔、寂寥、清冷的画面，突出了"孤舟""独钓"的"蓑笠翁"远离尘俗、清高脱俗、傲岸不群的形象。

二、抓住"诗眼"，是鉴赏古诗的关键

古诗特别讲究语言的凝练，讲究一字传神，于是有"诗眼"之说。诗眼乃是古诗中最能开拓意旨和表现力最强的关键词句，常能知一字而居要，明一词而豁然开朗。读诗要特别关注"诗眼"，以求准确理解作品所蕴含的情思。

（一）觅"诗眼"

古诗鉴赏准确找出"诗眼"，不失为鉴赏的捷径。所谓"诗眼"，指全诗最精彩和关键性的诗句，一般是其全诗所要表达的情感。因此，寻找和断定诗眼，要注意三个特征：一是统摄全篇的情调，二是深化诗句的意境，三是集中体现诗人感情。

碧云天，黄叶地，秋色连波，波上寒烟翠。山映斜阳天接水，芳草无情，更在斜阳外。黯乡魂，追旅思，夜夜除非，好梦留人睡。明月楼高休独倚，酒入愁肠，化作相思泪。（北宋·范仲淹《苏幕遮·碧云天》）

范仲淹《苏幕遮·碧云天》主要表达的是游子思乡之愁。全词的词眼就是"酒入愁肠"的"愁"字。其实，觅"诗眼"说难不难。因为古人所表达的情感大都是如"思""愁"之类的相思离愁，或者是家国危机、怀才不遇的"恨"等，这基本上就是诗眼。值得说明的是，关键在于要理解诗人内心最想表达的情感。本词中就有"思""愁"二字，理解诗人的情感倾向可知词眼是"愁"而非"思"。

（二）品"诗眼"

"诗眼"能达到一字传神的目的，往往蕴藏着作品的思想意蕴。鉴赏古诗，觅取"诗眼"，品味具有凝练、含蓄、丰富等特点的诗歌语言。当然，分析"诗眼"要着眼全篇，做到字不离词，词不离句，句不离全诗。从某种意义上说，品味富于表现力的"诗眼"，是解读古诗的一把钥匙。

凉月如眉挂柳弯，越中山色镜中看。兰溪三月桃花雨，半夜鲤鱼来上滩。（唐·戴叔伦《兰溪棹歌》）

诗眼"凉"字，既写出了月色的秀丽明朗，又点出了春雨过后凉爽宜人的气候，更与后面的"镜"字相照应，勾勒出了一幅月光明洁、水色清澈的春江月夜图。全诗

以清新灵妙的笔触表现兰溪夜景的清新澄澈、生趣盎然，写出了兰溪的山水之美及渔家的欢乐之情。

第三节　析"风格"

古典诗歌的风格，指诗歌在内容和形式的和谐统一中所展现出的思想艺术特色和整体风貌。具体体现在题材的选择，主题的表现，形象的塑造以及语言、艺术技巧的运用等方面，从而形成诗歌风格的不同特点。不过，风格并不完全属于语言的范畴，为了叙述的方便，因此将它列在语言这一部分里。

一、整体把握古诗的风格特点

了解古诗语言风格，有助于把握古诗的语言特点，提升古诗鉴赏水平。

古诗风格特征有：清新自然，质朴直白、恬淡平实，绚丽多彩、华丽藻饰，简洁明快、平易晓畅，委婉含蓄、蕴藉隽永，沉郁顿挫，悲壮慷慨，雄奇奔放、雄健恣肆、飘逸洒脱等。

古诗语言作用有：言近旨远、浓墨重彩、淋漓尽致、行云流水、脍炙人口、出神入化、炉火纯青、登峰造极、言简意赅、细腻传神、言有尽而意无穷、含不尽之意于言外、音节和谐、富有音乐美等。

古诗语言风格主要有：

（一）朴素自然——平淡质朴，真切平易

采菊东篱下，悠然见南山。山气日夕佳，飞鸟相与还。（东晋·陶渊明《饮酒·其五》）

陶诗语言朴素，表面看来句句平淡，平淡之中却蕴含着诗人超脱尘世、悠然自得的情趣。

（二）绚丽工整——辞藻华丽，富有文采

日照香炉生紫烟，遥看瀑布挂前川。飞流直下三千尺，疑是银河落九天。（李白《望庐山瀑布》）

诗并非单纯写瀑布，而是写望瀑布飞流直下，蔚为壮观的动态过程。全诗色彩缤纷、景象绮丽、变幻莫测，具有绚丽飘逸之美。

（三）简洁明快——言简意赅，爽快泼辣

泪尽罗巾梦不成，夜深前殿按歌声。红颜未老恩先断，斜倚熏笼坐到明！（唐·白居易《宫女》）

这首诗又名《后宫词》，诗人描写了一个红颜未老就失去宠幸的宫女的不幸遭遇，表现了宫女复杂的内心世界。语言浅近，明快舒畅，情感深沉细腻，真切感人。

（四）含蓄委婉——含有深意，藏而不露

君问归期未有期，巴山夜雨涨秋池。何当共剪西窗烛，却话巴山夜雨时。（唐·李商隐《夜雨寄北》）

天各一方的夫妻间挂念问候，其时其境其情，归家团聚作长夜之谈的憧憬，统统显于言外，隐于空白。

（五）清新明丽——用词新颖、不落俗套

人闲桂花落，夜静春山空。月出惊山鸟，时鸣春涧中。（唐·王维《鸟鸣涧》）

诗人描写了桂花、春山、明月、山鸟等景物，创设了静谧、幽美、空寂的意境。全诗语言清新自然，不堆砌典故，细致地表现出自然界光色和音响的变化。

（六）豪迈雄奇——气势雄伟，立意新奇

大江东去，浪淘尽，千古风流人物。（北宋·苏轼《念奴娇·赤壁怀古》）

诗人兀立江岸，滚滚长江奔涌而来，与历史、人物融为一体，气势雄伟，境界开阔，凸现了历史荡涤千古风流的奔放豪迈气魄。

（七）慷慨悲壮——含思悲壮，出语高昂

前不见古人，后不见来者。念天地之悠悠，独怆然而涕下。（唐·陈子昂《登幽州台歌》）

诗人感叹着苍凉与孤独，潸然泪下。前两句表现了主人公在时间上的孤独，无论在前朝，还是在后代，都无与我相知的人。后两句表现了主人公在空间上的孤独，纵然天地之阔，依然无与我相知的人。语言苍劲奔放，境界雄浑，慷慨悲壮，富有感染力，成为历来传诵的名篇。

（八）婉约细腻——曲径通幽，情调缠绵

风住尘香花已尽，日晚倦梳头。物是人非事事休，欲语泪先流。闻说双溪春尚好，也拟泛轻舟。只恐双溪舴艋舟，载不动许多愁。（南宋·李清照《武陵春》）

这首词是李清照中年孀居后所作。简练含蓄，具有女性独有的细腻。由表及里，从外到内，步步深入，层层开掘。上阕侧重于外形，下阕多偏重于内心。以第一人称的口吻，借暮春之景，写出了词人内心深处的苦闷和忧愁。用深沉忧郁的旋律，塑造了一个孤苦凄凉、流荡无依的才女形象。

（九）幽默讽刺——诙谐风趣，意味深长

竹帛烟销帝业虚，关河空锁祖龙居。坑灰未冷山东乱，刘项原来不读书。（唐·章碣《焚书坑》）

本诗就秦末动乱的局面，对秦始皇焚书的暴虐行径进行了辛辣的嘲讽和无情的谴责。作者采用了近乎喜剧的表现手法揭示矛盾，使秦始皇处于自我否定的地位。结句以揶揄嘲讽的手法，紧扣焚书坑儒的主题，再一次确认秦始皇焚书的荒谬。

（十）简洁洗练——简练利落，明白如话

君家何处住？妾住在横塘。停舟暂借问，或恐是同乡。（唐·崔颢《长干曲四首》其一）

诗的语言朴素自然，明白如话，有如民歌。何处住，在横塘。通过自问自答的对话形式，采用朴素的口头语言，不加雕琢，烘托出一个素朴直率的船家女形象。

二、诗歌名家风格特色

值得一提的是，同一诗人在不同情况下可以写出与自己风格迥异的诗作，鉴赏时应抓住文本自身特点，不可牵强附会。

（一）秦两汉魏晋南北朝

屈原——沉雄绚丽；宋玉——廓落缠绵；曹操——苍凉慷慨；曹丕——纤细华美；曹植——激越华茂；孔融——激昂劲健；王粲——幽怨清丽；蔡琰——质朴真切；嵇康——峻切清远；阮籍——愤激蕴藉；左思——雄浑劲挺；陶潜——质朴淡远；谢朓——清新秀逸；鲍照——朴实劲健；庾信——沉郁苍劲；谢灵运——富丽幽艳。

（二）隋唐五代

王勃——劲健婉畅；陈子昂——古朴雄浑；高适——苍凉高壮；岑参——雄奇瑰丽；王昌龄——自然雄浑；王之涣——清朗雄健；孟浩然——闲静淡远；王维——幽静谐和；李白——飘逸豪放；杜甫——沉郁顿挫；韩愈——古朴奇险；柳宗元——明净幽峭；白居易——流丽坦畅；元稹——精警浅切；刘禹锡——清新豪丽；李贺——奇诡璀璨；杜牧——俊爽明丽；李商隐——幽婉典丽；温庭筠——精巧艳丽；李煜——凄婉柔丽。

（三）北宋南宋

梅尧臣——朴素平淡；苏舜卿——轩昂奔放；欧阳修——清新疏畅；王安石——遒劲峭拔；晏殊——闲雅婉丽；柳永——伤感缠绵；苏轼——豪放旷达；秦观——清丽典雅；黄庭坚——瘦硬新奇；陈师道——雄劲幽邃；范成大——清新妩媚；杨万里——浏亮晓畅；周邦彦——富丽精工；陆游——雄放流畅；李清照——凄婉清丽；

96

姜夔——峭拔雅丽；辛弃疾——深沉豪放；文天祥——沉郁悲壮。

（四）元明清

萨都刺——清丽俊爽；王冕——淳朴自然；马致远——清隽流畅；关汉卿——泼辣清新；张养浩——警辟深远；睢景臣——新奇辛辣；王士禛——含蓄清远；袁枚——空灵浮坦；朱彝尊——清新疏淡；纳兰性德——抑郁婉约；龚自珍——清奇瑰丽；郑燮——刚劲清新；黄遵宪——浅俗新颖。

三、古典诗歌风格例说

古诗语言风格，是诗人在遣词造句、运用修辞手法等方面所体现出来的区别于其他诗人的艺术特色，往往与诗人的生活经历、人生际遇和文化素养有关。不同诗人或同一诗人不同时期的不同作品也往往表现出不同风格。

老夫聊发少年狂，左牵黄，右擎苍。锦帽貂裘，千骑卷平冈。为报倾城随太守，亲射虎，看孙郎。酒酣胸胆尚开张，鬓微霜，又何妨。持节云中，何日遣冯唐？会挽雕弓如满月，西北望，射天狼。（北宋·苏轼《江城子·密州出猎》）

苏轼豪放派代表作，气势雄浑，感情奔放，境界开阔，汪洋恣肆，充满了阳刚之美。苏轼被贬密州，生活是寂寞和失意的，郁积既久，喷发愈烈，遇事而作。词作有声有色，不仅写出了优美的田猎风光，也写出了作者以孙权自比，"亲射虎，看孙郎"；渴望效命边疆，得到国家重用，"持节云中，何日遣冯唐"；希望为国杀敌，"鬓微霜，又何妨"，老当益壮，誓死报国的豪迈壮志。作者一时豪兴纵情放笔，以倾动全城的大场面烘染人物，通过对射猎武夫"狂"放的描述，将两鬓微霜而壮志犹存的志士形象跃然纸上。

第四章　古诗鉴赏程式

"悟透"——将古诗深层意蕴"品"出来。把握古诗的艺术形象，品味古诗的独特意境，体会古诗的语言艺术，领会古诗的表达技巧，分析古诗的艺术风格，解读古诗的思想内容，领悟诗人的观点态度。

古诗鉴赏，就是领会体悟古诗深层意思，即写出了什么意境（形象、氛围），表达了什么情感（情绪、心境），怎样表达的（语言、表达技巧）。

古诗主题思想不过"七旨"：人、事、景、物，情、理、趣。前四者是"中心"（写了什么，怎么写的），后三者是"思想"（为什么写）。

因此，古诗鉴赏一般离不开三个问题：一是写什么（写作内容）？二是怎样写的（写作方法）？三是为什么写的（思想主题）？

古诗鉴赏的一般路径：

（1）读一读明诗意：补省略，调语序，扩充句子；标意象，设情境，合理想象。

（2）看一看找启示：见名家，忆经历，知人论世；陌生人，查注解，发掘线索。

（3）抓一抓寻突破：找出写人、事、景、物的词语或暗示和直接写情感的词语。

（4）辨一辨明关系：析体裁，重衔接，起承转合；看题材，循规律，审慎判断。

第一节　体悟诗意：让古诗鉴赏回归生活情理

"经验丰富的人读书用两只眼睛，一只眼睛看到纸面上的话，另一只眼睛看到纸的背面。"伟大诗人歌德的名言一语道破了古诗鉴赏的真谛。

古诗鉴赏，首先要读懂古诗所写的内容，知道具体每句诗句在讲什么；第二步就是鉴赏评析，需要悟透诗人是如何写的（即用了什么艺术手法），明白诗人表达了什么思想感情。其中第一步是基础，第二步才是重点。而古诗具有时代久远、文本表述形式独特（"诗家语"）的特点，导致读者与文本疏离，不能很好地领会文本内涵。因此，有效地培养古诗鉴赏的文本意识和研究问题、质疑问难的意识，就显得更为重要和必要。

一、怎解诗中意——古诗鉴赏回归文本意识

要读懂古诗，品出滋味，领会"诗情画意理"，最根本的还是从文本中来，做到"词不离句，句不离篇，篇不离人，人不离事（背景）"，才能真正走进诗人的灵魂深处。

阅读与鉴赏古诗不能只凭经验或凭空想象，必须紧扣古诗文本，找到古诗阅读与鉴赏的切入点，这就要求鉴赏者必须强化文本意识，破解诗题，知人论世，分清题材，理解构思，把握形象，领会意境，探究技巧，品鉴语言，整合信息，多角度、多侧面地把握体味古诗思想艺术，才能稳步提升古诗欣赏水平，增强古诗鉴赏力。

恶风横江江卷浪，黄流湍猛风用壮。疾如万骑千里来，气压三江五湖上。岸上空荒火夜明，舟中起坐待残更。少年行路今头白，不尽还家去国情。（北宋·陈师道《舟中二首》其一）

注释：①宋哲宗绍圣元年，作者因党争之祸受牵连被罢职。这首诗作于离任途中。②风用壮，表示风力壮猛。

1. 读标题

"舟中二首"，交代了地点在江中船上；题材是羁旅诗，作者情感是旅途艰难，内心悲伤。

2. 看注释

（1）交代写作背景"因党争之祸受牵连被罢职"，暗示作者仕途不畅感慨世事艰辛。点明写作时间"这首诗作于离任途中"，暗示作者内心感情凄苦、悲辛。

（2）"风用壮"难点注解，帮助理解诗句。

3. 品正文

诗歌写作者被罢官后，乘船离去，行进在江中时的所见所感。

前四句写江上"恶风卷浪，湍急风猛，浪涛骇人"的景色，扣住"舟"中所见之景，情为景移，暗含诗人内心的愤懑之情。后四句由景入情，身处空旷荒凉境地，表达归家途中的孤寂、落寞之感。尾联为关键句，直接抒发内心感叹人世的坎坷、人生的悲痛，说不尽还家去国的有志难伸、壮志未酬的复杂感情。

4.悟诗情

本诗是一首羁旅行役诗,诗人从写江上风涛入手,以痛感世事艰虞作结;前四句极写风浪的险恶,后四句流露志士的悲辛。借景抒情,情在景中,深沉悲壮,表达出时光流逝、壮志未酬的悲辛。

二、怎品诗中味——古诗鉴赏要有问题意识

古诗鉴赏除了有文本意识,还要熟读精思,品出古诗"诗情画意理"。其中"熟读",就要眼到、口到、心到;"精思",要善于质疑问难,具有问题意识。因此,悟透古诗,要有问题意识与研究能力,敢于质疑、不迷信权威。换句话说,古诗鉴赏从疑难处破解,学会提问,深入思考,善于思辨,提升古诗鉴赏能力。

曾为流离惯别家,等闲挥袂客天涯。灯前一觉江南梦,惆怅起来山月斜。(唐·韦庄《含山店梦觉作》)

这是一首羁旅之作,是诗人韦庄夜宿含山店梦醒时所作。无数孤寂都是从睡梦中开始的,"灯前一觉江南梦"是对题目的呼应,初看不难理解,细想大有疑问:诗人为何强调自己的"一觉"是在"灯前"?其"江南梦"当如何理解?是诗人在江南所做之梦,还是说梦见的是江南?

先说第一个问题"灯前"。睡觉而亮灯,诗人的行为何以如此古怪?结合前两句看,这"一觉",睡前定非心静如水,而应是柔肠寸断辗转难眠,故而灯未熄。后来在愁苦间恍惚成眠,灯却未及熄灭,只能一直亮到梦觉。由此观之,诗人于"一觉"前加"灯前"一词,乃暗中表现自己其时的心境。

再说"江南梦"的疑问。韦庄是杜陵(今陕西省西安市)人,并非江南之人。若言江南梦为乡梦,"江南"就非梦之内容,而为做梦之地。而含山在今安徽省,且位于长江北岸,当不属于唐代地理上的江南。因此,"江南"只能是梦的内容;言"江南梦"者,乃言诗人对江南之热爱与依恋。诗人常年离家,梦中却无家而有江南,莫非江南已取代家在诗人心中的位置?并非如此。正因家竟被江南从梦中挤出,一觉醒来,披衣起来更见山月西斜,诗人不免惆怅难耐,内心何等凄凉、孤独!此诗写羁旅,不言乡思而写江南之思,一盏孤灯一场梦,于不合常理中将常年羁旅奔波之痛展露无遗矣。

阅读鉴赏古诗要做到慧读、慧思和慧行。以上阅读鉴赏意识和方法不是孤立的,在古诗鉴赏中,往往综合运用才能收到良好的审美效果。"学问",要有"学",更要有"问",只有以文本为本,学会质疑和探究,才能把问题引向深入,体验探究的乐趣,"智慧课堂"才会悄然而生。

第二节　融会贯通："品"出古诗诗情画意理

写景诗，景重，情浓，理淡。

抒情诗，情重，景散，理明。

言理诗，理重、情浓、景淡。

"诗无达诂，味有别裁。"古诗鉴赏就是对古诗感受、判断和领悟。在这个阅读与鉴赏的过程中，需要提高识记、理解和分析综合的能力，深入领会，不断获得新的阅读体验，"品"出诗情画意理。

古诗鉴赏主要着眼诗歌的形象、语言、表达技巧和思想内容四个方面的内容。赏析评价古诗时，要谨防出现以下三种情况：

一是挖掘、评价作品的思想内容，容易忽略语言、形象、表达技巧，架空分析。

二是评价作品的思想内容，往往容易犯"拔高"或"套用"的毛病。

三是由于体悟不够深入，分析不够细致，归纳不够准确，对作品的评价往往出现言不及义、似是而非等问题。

总之，如果没有对作品的透彻领悟，便不可能有真正的鉴赏。真正的领悟，必须建立在对古诗透彻理解的基础上，读解古诗，融会贯通，才能达到真正鉴赏的目的，获得鉴赏古典诗歌的审美享受。

一、建立思维模式，规范鉴赏步骤

（一）古诗鉴赏，从读懂悟透开始

（1）从标题确定类别；（2）从字面读通含义；（3）从注释破解疑点；（4）从诗人了解背景；（5）从原作找到依据；（6）从题干得到启示；（7）从开头找到特点；（8）从结尾参透主旨；（9）从景物把握情感；（10）从意境洞察心胸。

（二）古诗鉴赏"五步法"

古诗鉴赏，领会"诗情画意理"，不妨从古诗标题切入，品悟古诗意象，玩味诗句中的关键词（诗眼或词眼），知人论世，将古诗深层意蕴"品"出来。

步骤一：先读标题，再定类别

读解标题抓住题材，厘清人、事、景、物，把握诗歌意蕴——人中见意、事中见怀、景中见情、物中见志。

步骤二：前寻意象，体味意境

先解读意象。把握诗句中名词、形容词等并探究其组合方式，快速准确地找出诗中意象，展开联想和想象，把握意象特征。

再体味意境。从关系分析技巧，从褒贬辨别倾向，从辞色把握风格，从冷暖体味悲喜，从细节解读形象，从整体品味意境。

步骤三：后循章法，把握主旨

古诗讲究起承转合，记叙描写先画龙，议论抒情后点睛。鉴赏从背景联想意图，从转换弄清思路，从尾联（句）了解主旨，明确诗人要抒的情、言的志、说的理。

步骤四：辨析技法，鉴赏评价

通过形象感知，理性感悟，辨析表达技巧，解读古诗意蕴。须先明确写了什么（写作内容），再弄清怎样写的（写作技巧），最后鉴赏为何而写（思想主题）。

古诗鉴赏五必看：

标题，抠题眼判定内容。标题多是诗眼或中心事件，有助于了解古诗内容；

诗人，知人论世明诗风。以意逆志，知人论世，了解诗人生平及作品风格；

注解，抓暗示语除障碍。可以借此了解古诗的感情基调，难懂的知识典故；

名句，把握情感关键词。中心句、诗眼常在此，古诗鉴赏常是名句的鉴赏；

题干，问什么就答什么。古诗鉴赏试题题干的指向性很强，必须看清要求。

步骤五：赏析转化，组织成文

最后，把"意会"到的东西"言传"出来。就是把初步鉴赏古诗的形象、语言和表达技巧，评价古诗的思想内容和作者的观点态度，有条理、有文采地写出来。

组织成文时一般可用：

表达程式1：这是一首什么类型的诗，诗人撷取了哪些人、事、景、物组成了怎样一幅画卷（或通过什么形象的描写刻画），从中寄寓了诗人怎样的思想情感。在艺术特色上，主要运用了什么表现手法，起到了怎样的表达效果。

表达程式2：这首诗采用了……艺术技巧（表达方式、表现手法、结构方式和修辞手法等），写出了意象或意境的……特点，表现了（突出了）……思想、感情，起到了……作用。

二、古诗鉴赏"五步法"赏析范例

古诗鉴赏包括两个方面的内容：一是鉴赏，二是评价。

【例1】鸦翎羽箭山桑弓，仰天射落衔芦鸿。麻衣黑肥冲北风，带酒日晚歌田中。男儿屈穷心不穷，枯荣不等嗔天公。寒风又变为春柳，条条看即烟濛濛。（唐·李贺《野歌》）

步骤一：先读标题，再定类别

诗题"野歌"——在田野中放声高歌。这是一首即事抒怀七律，事中见怀、景中见情。可能抒发作者郁闷不平之气，也可能表达诗人开阔豪迈情怀。正因为作者对光明未来充满信心，因此他在遭谗落第回乡的同年秋天（元和三年九、十月间）再次来到洛阳寻求政治出路，冬天西去长安求仕，第二年（元和四年，公元809年）春天谋取到奉礼郎一职，终于开始了他并不适意的政治生涯。

步骤二：前寻意象，体味意境

意象：鸦翎、羽箭、山桑弓，衔芦鸿、寒风、春柳。

"弓""箭"喻指诗人的文学才华，诗人要射落的"鸿"是要折桂中举。用比喻描绘出自己的理想宏愿。事实上，诗人要应试中举犹如"仰天射落衔芦鸿"一般，容易得手。"寒风""春柳"，意为凛冽的寒风终将过去，和煦的春风拂绿枯柳，缀满嫩绿的柳条好像轻烟笼罩一般摇曳多姿；表达了诗人虽感叹不遇于时，但不甘沉沦的乐观、自勉之情。

步骤三：后循章法，把握主旨

"起承转合"——首联叙写自己射技高超，暗指才华不凡。颔联叙写自己命途多舛时的自我开解。颈联转向抒怀，感慨自己仕途蹭蹬难展抱负的命运。尾联自勉自励，畅想未来如春柳重萌，颇为乐观。

首联，表面上看写仰天射鸿的高超射技，实际上是借此喻指作者凭借出众才华来到京都准备在应举考试中摘冠折桂。颔联，"黑"与"北"二字值得特别关注。"黑"字隐约给了作者一种环境过于压抑和阴森的感觉，"北"风让作者敏感于世风的炎凉，人情的冷漠。诗的前四句中关键词"仰天""冲""歌"，不难把握作者身处逆境中仍豪放、洒脱、乐观的心态。

颈联，"嗔"字是"发怒"的意思，自己与别人的不同遭遇（"枯荣不等"）令人沮丧、懊恼，造成这种不公平命运的"天公"理当受到责怪，从而表达出作者志向远大，看到社会不公平就会心生愤慨的情感。"男儿屈穷心不穷"是直接抒情。男儿屈身窘困之中、屈才走投无路之时，心志不可以陷入窘困。结合这句可知作者身虽窘困，心不穷困，乐观积极之意自然而然可得。

尾联以景结情。"寒风"指代冬季；"春柳"是春天景色的象征。"寒风"秒变"春柳"，一语双关，既描写了时间飞逝，又代指世事无常。春风中看那垂下的条条柳枝，却是"烟濛濛"。"烟濛濛"道出前途迷茫之意，如这世事。写柳树转眼间就枯木逢春，一派生机勃勃的样子，这表明严冬过后终将是生机盎然的春天，从而借景说理，生动地说明天道无私，人应乐观向上。

步骤四：辨析技法，鉴赏评价

本诗前半部分描写场景，后半部分感事抒怀。描写与抒情紧密关联，脉络清晰，叙事之中以形象的描写、声响的渲染抒泄身受压抑、才志不得伸展的强烈愤激；抒怀之时有感叹不遇、不甘沉沦的内心表白，有寒风变春柳、枯柳笼轻烟的艺术遐思，表达出乐观、自勉之情。

诗的前四句紧扣诗题叙事，一个豪放、洒脱的作者形象便宛然如立眼前。诗的后四句正是作者的脱口抒怀，最后以景结情，寓议论、抒情于景物描写之中，意境深远，基调昂扬，充满了激情。

步骤五：赏析转化，组织成文

"野歌"是在田野中放声高歌的意思。

开篇通过援箭引弓、仰天射鸿、肥衣冲风、饮酒高歌的形象描写，有箭飞弦响、大雁哀鸣、北风呼啸、放声高歌等繁多声响的奏鸣渲染，已见豪放、洒脱之态。抒怀之时有感叹不遇、不甘沉沦的内心表白和寒风变春柳、枯柳笼轻烟的艺术遐思，犹溢乐观自信、自勉憧憬之情。愤激之中呈现出狂放、豪迈、洒脱的形象，自勉之时犹见积极用世、奋发有为之志。

整首诗扣题叙事，因事抒怀，以写景收结，寓议论、抒情于景物描写之中，意境深远，脉络清晰，音节浏亮，基调昂扬，充满了激情。在作者心目中，严冬过后终将是生机盎然的春天：它能够乐观自信地在困境中迸发出施展抱负、实现理想的呼声。这样，作者受压抑但并不沉沦，虽愤激犹能自勉的情怀充溢在诗的字里行间，表达了"屈穷心不穷"的高远志向，寄寓了对未来的热情向往。

【例2】少年听雨歌楼上，红烛昏罗帐。壮年听雨客舟中，江阔云低断雁叫西风。而今听雨僧庐下，鬓已星星也。悲欢离合总无情，一任阶前点滴到天明。（南宋·蒋捷《虞美人·听雨》）

步骤一：先读标题，再定类别

词牌"虞美人"，词题"听雨"，可知属感怀类题材。以"听雨"为线索，以时间为顺序，截取了少年歌楼听雨、中年客舟听雨和老年僧庐听雨三幅富有象征性的画面，形象地概括了一生不同时期在环境、生活、感情各方面所发生的巨大变化，凸显词人晚年悲苦凄凉的境遇和心情。

步骤二：前寻意象，体味意境

第一幅画面：少年寻欢作乐，歌楼上闲听歌雨。"歌楼、红烛、罗帐"等绮艳意象交织出现，传达出春风骀荡、欢乐甜蜜的情怀。

第二幅画面：壮年漂泊天涯，客舟中愁听风雨。以"江阔、云低、断雁、西风"等衰飒凄凉意象，映现出风雨飘摇中颠沛流离的坎坷遭际和流亡江海的悲凉心境。

第三幅画面：老年寄人篱下，僧庐下听雨度残年。用"鬓已星星也"凸现出僧庐之冷寂与鬓发之斑白，借以展示晚年历尽离乱后的憔悴而又枯槁的身心，在冷漠和决绝中透出深化的痛苦。

步骤三：后循章法，把握主旨

《虞美人·听雨》上下阕各四句。上阕两个起承，并列结构。其中第一、二句起承，少年听雨。第三四句也是起承，壮年听雨。过片顺接。下阕起承转合。第一、二句起承。第三句转，抒情，"悲欢离合"对应上面"少年""壮年""而今听雨"的变化。第四句合，承着第三句，以景作结，同时"点滴"合上了前面提到的雨。一首《听雨》道出了蒋捷一生的愁情，除了自己的萧索，更有亡国之痛。

步骤四：辨析技法，鉴赏评价

方位名词的巧妙运用。"歌楼上""客舟中""僧庐下"三个方位名词，同是听雨，三个时期，三种心境，确实能看出诗人在颠沛流离中度过的凄然一生。

从谋篇行文的角度看，从旧我写到今我；写作触发点却是从今我想到旧我；上阕写少年与壮年生涯，纯以形象，不着议论，下阕单写"而今"听雨，夹叙夹议。

从线索的角度看，以"听雨"为线索贯穿少年、壮年、老年三个不同时期的不同环境、不同生活和不同心情，表达了时光易逝、漂泊孤苦、孤独寂寞的情感。

从组材的角度看，作者从自己漫长的一生和曲折的经历中，截取了三幅富有暗示性和象征性的画面，形象地概括了从少到老在环境、生活、心情各方面所发生的变化。其一想象（虚写），回忆少年听雨歌楼时，只以"红烛昏罗帐"写尽温馨、欢怡、缠绵的情怀，那是一个无忧无虑的年月；其二白描，"江阔云低，断雁叫西风"，勾勒了一幅水天辽阔、风急云低、大雁失群孤飞客舟听雨的画面，生动形象地表达了作者壮年之后，兵荒马乱之际，一腔旅恨、万种离愁；其三细节描写、比喻，"而今听雨"的一个特写镜头：一位白发老人独自在僧庐下倾听着夜雨，处境萧索，心境凄凉，愁苦满怀。

步骤五：赏析转化，组织成文

词人从"听雨"这一独特视角出发，通过时空的跳跃，以听雨为线索真切地描画出三幅图画：温软香艳的"歌楼夜雨图"，凄风苦雨的"江舟秋霖图"，孤独枯寂的"僧庐听雨图"。少年的浪漫、中年的漂泊、老年的孤寂悉数浓缩于三幅听雨图中。三幅画面前后衔接而又相互映照，艺术地概括了作者由少年风流、壮年飘零到晚年孤寂的特定的人生道路，将一生的悲欢歌哭渗透、融汇其中。结尾以景结情，情景交融，"点滴天明"表现出作者满腔孤寂，雨下到天明，愁到天明。"一任"，内心独白脱出，既然命运无情，那就听任一夜滴雨到天明吧，满腔亡国遗恨。"悲欢离合总无情"，是议论也是对自己一生经历，更是对人生的深刻认识，总结了"听雨"的一生。既有个性烙印，又有时代折光；是亡国者的哀痛，也是失志者的悲愤！更透见了由兴到衰、由衰到亡的时代嬗变轨迹，这正是词作深刻、独到之处。

从"而今"这一标志性词语即可知，词篇虚实结合，上阕感怀已逝岁月，下阕慨叹当前境况。在衬托手法中，以少年听雨的欢乐对中年、老年的忧愁、凄凉起反衬作用；中年听雨的满腹愁思对老年听雨的万念俱灰起陪衬作用。这首词层次清楚，脉络分明。以"听雨"复沓串连，上下阕浑然一体，具有跌宕回旋的匠心，表达时光易逝、一生漂泊孤苦的情感，并暗含对国家由兴而衰而亡的叹惋。

答对：

综合应用"三句到位法"

考试——"抠"对鉴赏要点，踩点答题

古诗阅读与鉴赏"三步走"，一是能读懂，二是会鉴赏，三是精表达。

精表达——写作古诗赏析文章。在读懂悟透古诗的基础上，从意象意境、语言风格、表达技巧、思想内容和观点态度等方面把自己对古诗鉴赏的成果运用语言文字表达出来，力求让要点"抠"对。

新一轮高考改革，贯彻落实"一核四层四翼"中国高考评价体系要求，紧密围绕高考"立德树人、服务选才、引导教学"的核心任务，更好地发挥和彰显语文学科在高考科目体系中"立德树人""化人以语""育人以文"的独特功能，也更有利于高校人才选拔与高中语文教学引导。高考语文命题始终坚持以语文核心素养为考查目标，以具体情境为载体，设置典型任务，在解决问题中凸显语文素养。

古诗鉴赏试题在高考语文能力考查中浸润着中华优秀文化，不仅体现了高考语文的选拔性、引导性功能，而且彰显了高考应当承担的文化熏陶和教育功能，在树立民族文化自信、建立民族文化自觉上，充分发挥了高考语文试卷的特有优势。

当然，读懂古诗、悟透诗情、撩开古典诗歌神秘的面纱并非一日之功，仍有赖于长期的阅读鉴赏训练。

第一章　高考古诗鉴赏备考策略

　　"审美鉴赏与创造"要求学生在文学鉴赏活动中，具有正确的价值观、审美观；能整体感受作品的语言、形象和情感，展开合理的联想和想象；能对作品的内容及形式做出自己的评价；能从不同角度、不同层面鉴赏文学作品，能具体清晰地阐释对作品的情感、形象、主题和思想内涵、表现形式及作品风格的理解。

　　那么，在高中诗教实践中，"审美鉴赏与创造"的关键能力应该怎样培养呢？

　　古诗阅读与鉴赏，更是"审美鉴赏与创造"素养考查的重要范畴。鉴于"部编本"语文新教材中古诗文大幅度增加，新高考突出中华优秀传统文化的考查，强调对传统文化的立体的继承。高考语文古典诗歌阅读鉴赏试题，基于学科素养的语文课程考核评价理念下高考语文蕴含重要命题导向——着眼阅读素养，突出考查传统文化，聚焦对中华优秀传统文化的考查，全面彰显文化自信。"审美鉴赏与创造"的提出彰显了语文的教育文化，就现状而言，须大力加强审美鉴赏与创造，落实以阅读与欣赏为基础，以表达与交流为提高，贴近人生，回归人本，体现出对人的生存和发展的关怀的高考语文命题理念。其教学实践路径主要有两条，一是以审美鉴赏为核心的语文教学实践，二是以审美创造为核心的语文创作实践。

第一节　高考古诗鉴赏考点梳理及考情剖析

　　诗以言志，词以传情。唐有唐的凌云志，宋有宋的报国情。从古典诗歌阅读鉴赏开始，触摸传统文化，感受韵律之美，找回中国人表情达意的独特语言。

一、梳理考点

高考语文《考试说明》对古诗鉴赏的要求如下：

（1）鉴赏诗歌的形象、语言和表达技巧。

（2）评价诗歌的思想内容和诗人的观点态度。

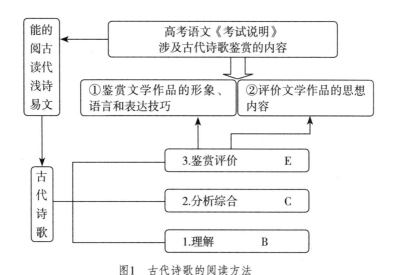

图1　古代诗歌的阅读方法

历年高考语文对"古诗鉴赏"提出了两点要求，能力层级均为鉴赏评价E。

一是要求考生把握文学作品内容，注意传统文化底蕴和表现方法，从历史发展的角度，全面理解，深刻感悟。

二是要求考生用现代观念审视文学作品，评价其积极意义和历史局限性。

高考语文要求考生在特定情境中主动积极地学习，阅读与鉴赏、表达与交流、梳理与探究有机结合，思维与情感深度参与，具体从以下五个方面进行理解：

1. 理解古典诗歌"诗家语"的含义；

2. 概括古典诗歌的中心思想；

3. 分析诗人在作品中表现出来的思想倾向；

4. 赏析古典诗歌的形象、语言和表达技巧；

5. 评价古典诗歌的思想内容。

二、命题特点

（一）高考古诗阅读鉴赏总体发展趋势

古诗鉴赏的考查，注重经典性，体现导向性，追求综合性。在选材范围上坚持突出经典性，以唐宋诗词为主体，兼及其他时代古诗词曲等。高考古诗鉴赏题型多年来稳中有变，体现导向性，追求综合性。

命题选材以唐宋诗词为主，体现作家风格，艺术特色鲜明，文化内涵丰厚，题材较为传统，内容相对集中，情感复杂多变。所选题材多为送别、羁旅、田园、边塞题材，也有不少即事抒情、即景抒情和咏物诗。诗歌的情感内蕴往往又是复杂的、隐晦的、变化的。所选又多为文人诗词，抒发的是传统知识分子情怀，集中表现为家国之念、故园之思，仕途失意、世态炎凉，怀才不遇、归隐山林，等等。

（二）高考古诗鉴赏题的命题特点

1. 选择浅易古诗，全面考查，重点突出；读懂为主，稳中求变

综观近年高考古诗鉴赏题，选择"浅易"的古诗，注重对诗歌本身的理解。

（1）从考点现状来看，古诗鉴赏题常在"形象""语言""表达技巧""思想感情"等方面均有考查；"表达技巧"和"思想感情"是高频考点；

（2）从设题方式来看，鉴赏古诗首先要读懂诗歌的思想情感，也就是诗歌的具体内容；古诗鉴赏设题形式不会有太大的变化，但每年会有微调。

2. 考查涵盖面广，考点细致化，设问开口较小，多关注艺术特色

古诗鉴赏，试题设问开口较小。在古诗鉴赏的形象、语言、表达技巧、思想内容和观点态度五个子考点中，评价诗人观点态度题较少见，考查重点落实在炼字、情感、内容、手法四个方面。古诗表情达意上有其独特之处，命题者特别关注古诗艺术价值的"一"，并由此开发出题点。

3. 分值稳定，题型变化不大，难度值相对固定，考查能兼顾形意

近年来，全国课标卷的古诗鉴赏题，分值在9～11分，题数保持两道，其中包括一道选择题和一道简答题。具体地说，多出现以下情况：

（1）选材多元化，题材多样化，体裁不拘。唐宋诗词依然占尽风情，名家名篇相对减少，以名家非名篇为主，兼有非名家作品。除了常考的诗人杜甫、白居易、李贺、苏轼、欧阳修、陆游等名人外，其他对大多数考生来说属于非名人的作品也有；古诗考查取材，将更加趋向多样化。既有怀古诗，也有咏叹诗、抒情诗、写景诗、咏物诗、叙事说理诗、述志诗和怀友诗等。

（2）考查兼顾形意，考点呈多样化趋势。考点主要集中在思想情感的理解与语言和表达技巧的分析上。设题时往往兼顾形式和内容两个方面，由小及大，由形及神。一般考查构思脉络、行文线索、思想情感、诗句内容的理解、人物或事物形象、情与景的关系或叙事与抒情、叙事与说理的关系、写作技巧或表现手法、评价诗歌或任选角度赏析诗歌。

（3）考查形式基本固定。考查形式以简答题、选择题为主，大多以一道选择题、一道简答题形式出现。另外，命题课内外关联并向外延伸，实现课内外的有效链接，引导拓展利用课内所学的知识和方法阅读课外浅易的古典诗歌。有时还要联系课本所学诗歌做比较分析或迁移。

总之，高考古诗鉴赏将古诗语言鉴赏能力、对古诗内容的概括能力以及读后感受的表达能力结合起来考查，这正是基于语文学科核心素养的课程评价的必然趋势。

三、答题难点

高考古诗鉴赏，由于时代距离、文化底蕴、文言功底、鉴赏方法和经验等原因，有着比现代文阅读多得多的障碍和难度。

（一）高考古诗鉴赏常存在四种鉴赏障碍

1. 语言理解障碍

（1）省略；（2）语序；（3）词类活用；（4）词义解读。

2. 文学欣赏障碍

（1）意象意境；（2）表达方式；（3）表现手法；（4）结构方式；（5）修辞手法。

3. 文化传承障碍

（1）节气文化；（2）礼仪文化；（3）官场文化；（4）民俗文化（婚姻爱情文化）。

4. 阅读心理障碍

（1）审题不清；（2）表达混乱；（3）情绪失落。

（二）高考古诗鉴赏主要存在三方面问题

古诗"用意十分，下语三分"，反对直白，提倡幽微。又因为考生平时古诗鉴赏解题不注意规范，习惯于在鉴赏古诗时重字词而轻整体把握，重做题而轻归纳，重自我感觉轻命题意图的揣摩。因此，临场应试要么读不懂诗，要么不会表达。

1. 读不懂、想不到

拿到陌生的古诗，不知道从何处着手阅读；诗意不明，不了解诗歌表达什么思想情感和运用了何种表现手法；至于诗歌的审美价值和美学意蕴，更是一头雾水。

2. 说不清、道不明

古诗鉴赏题干要求不明，分值踩点不准；表述格式不清，诗意结合不紧；胡拼乱凑，写不出独到的理解和独特的感悟。

3. 答不准、写不全

古诗鉴赏答题靠碰运气，拼凑鉴赏术语，乱贴标签，缺乏答题角度与思路，思维固化僵化；见到语言赏析题就答"形象生动"；见到思想主旨题，如发现主人公被贬谪，就答"怀才不遇，壮志难酬"之类。

第二节　高考古诗鉴赏备考策略及答题技巧

《普通高中语文课程标准（2017年版）》要求高中学生能够从语言、构思、形象、意蕴、情感等多个角度欣赏文学作品，获得审美体验，还可以尝试文学创作，积累、丰富、提升文学鉴赏经验。

随着新一轮高考改革大背景下的命题调整变化，鉴于古诗鉴赏得分率普遍较低等原因，采用"选择题＋简答题"的形式，在注重考查考生对古诗的全面理解、扩大考点覆盖面的同时，也在一定程度上降低了试题的整体难度，且"选择题＋简答题"形式的题目本身就有着较为明显的区分度。

一、精准备考——高考古诗鉴赏复习备考策略

高考古诗鉴赏命题在保持稳定的基础上更加注重对阅读素养的考查。精准备考须结合考情和学情，讲求备考的针对性和实效，切实提高考生的古诗鉴赏能力和素养。

（一）鉴赏，须从读懂开始

古诗鉴赏的前提是读懂。为此，要增强读懂悟透古诗的能力，加强对古诗本身的理解，把古诗当作文言文来读。

（二）回归课本，夯实基础

课本是考生学习和应考的根本，试题在课外，答案在课内。这就要求必须利用好课本，把高考古诗鉴赏题中涉及的知识点和答题技巧加以总结归纳，在平时学习中多"涵泳"，多读诗、读好诗、会读诗，读懂悟透古典诗歌。

（三）读懂题干，规范答题

古诗鉴赏坚持"问什么答什么""怎么问怎么答"的答题原则，这就要求古诗鉴赏强化审题和答题规范。高考古诗鉴赏命题往往是"作品里有什么，就会考什么"，因此还要"有什么就会考什么"的意识，未雨绸缪，最大限度地用自己的答案信息覆盖可能出现的考查点，进而提高得分。

1. 培养精准的审题意识

认真仔细地读懂题干要求很关键，题干一般包含着命题角度、阅读范围、答题方

式三个方面的提示性信息。答题时要先思考再动笔，可以把题干中的关键字圈出来，提醒自己看清试题要求，熟悉不同题型的答题要领。

2. 增强规范的答题意识

命题者依据原文命制古诗鉴赏试题，解题也就要依据原文，一定要在考场上结合古诗文本进行具体的分析，要有文本意识。古诗鉴赏还要有使用专业术语规范答题的意识，学会适恰地使用专业术语作答。更要有答题意识，一定要围绕"问题"对应回答，问什么答什么，有几问作几答，怎样问就怎样答。

（四）不给套路，少给概念

古诗鉴赏审题，是与命题人对话；解题就是用命题人的思维答题，与阅卷人对话。这就要求古诗鉴赏备考注重培养鉴赏思维。不给套路，给思路；少给概念，多理解，从命题人思维角度去规范答题。在读懂悟透古诗的基础上去作答，才是根本之根本，比陷入无穷的题海中更有价值。

（五）密切关注高考新题型

要认真研究近年来的高考古诗鉴赏题，比较分析，探寻常考的知识点，大胆取舍，做到备考复习更有针对性、实效性，切实提高古诗鉴赏能力和基本素养。另外，密切关注新题型，譬如北京卷古诗"课内外勾连"考题，把名句默写和古诗鉴赏结合考查，暗含《普通高中语文课程标准（2017年版）》所提到的"专题式""主题式"或"群文阅读"的教学新方式，以及"学习任务群"的课程内容新理念。

二、规范答题——高考古诗鉴赏解题思维建模

读懂：初步掌握古代"诗家语"——"泡"开诗性语言，当散文读。

悟透：深入领会"诗情画意理"——"品"出深层意蕴，融会贯通。

答对：综合应用"三句到位法"——"抠"对鉴赏要点，踩点答题。

高考古诗鉴赏须经历"读懂（译读）——悟透（赏读）——答对（答读）"三环节。答题要在读懂诗歌、理解内容的基础上，发挥联想和想象，结合诗歌的主题和命题者的意图，规范作答。因此，高考古诗鉴赏答题得先懂诗、再懂题、最后懂答，做到拎得清、写得准、答得全。

首先懂诗。得懂古诗的构成和诗的内容，知道写了什么，怎么写的，为什么写。

其次懂题。"作品里有什么，就会考什么"，审读题干弄明白从哪些角度考查。

最后懂答。要根据古诗试题的要求，充分满足，不需多，不能偏，更不能漏。

（一）选对：读诗读题学会做比对，让选择题答案"选对"来

高考古诗鉴赏，考查落脚点仍是形象、语言、表达技巧、思想内容和观点态度四大考点，只不过增加了选择题形式，扩大了考查的涵盖面，使古诗鉴赏点更全面，从

而更好地考查考生鉴赏古诗的水平。

◎客观题（选择题）三步法：

"读"（审读）——"找"（查找）——"比"（比对）

1.审读古诗与试题：认真研读并全面把握古诗及试题，力图读懂悟透选对

（1）审读古诗。鉴赏古诗，首先要译读，再作赏读，从内容情感、表达技巧、语言风格、人物形象等各个方面全面地分析古诗，选择项一般都从这些方面来阐释。

（2）审读试题。审读题干，强化圈划意识、捕捉意识和整体意识。

① 古诗鉴赏选择题题干三大要素。题干，即命题的语言文字，一般包括三要素：

A.指向要素——需要回答什么问题；

B.解说要素——解释试题题干要求；

C.限制要素——命题意图答题范围。

解答古诗鉴赏试题，只有明白"问什么"，才能清楚"答什么"。"问什么"都在试题的题干之中。题干既是命题者对考生的限制，又是命题者对考生隐藏的提示，对古诗鉴赏多有助读之效。所以，考生在解题前，需要认真全面地分析题干含义，揣摩和捕捉其中隐含的信息，以求收到良好的答题效果。

② 古诗鉴赏选择题设置角度。譬如：A.形象意象的解读；B.环境、意境的认知；C.情感思想的认知；D.诗句炼字的解读；E.手法表达的判断；F.语言风格的理解。

2.找古诗鉴赏信息：边读边查找古诗及试题关键信息，强化三种答题意识

面对高考古诗鉴赏，考生必须精准查找信息，强化三种意识：

（1）圈画意识。圈点勾画题干或选项的要点，认真审读题干中或表明提问的方向，或暗示理解的角度等隐含的信息，从而提高答题的准确率。

① 审清题干，弄清单选还是多选，正确还是错误，优选抑或劣选。要特别注意其中"不正确"或"正确"及"一项"或"两项"等词语。

② 选项的信息切分，对四个或五个选项做信息切分的圈点勾画。把勾画到的信息点与古诗内容、主题、结构和语言等四要素及相关艺术手法对应。

（2）捕捉意识。认真审读题干，弄清楚题干上有没有关涉古诗具体要素的关键词。要善于从题干中确认答题目标，从中提取关键词，找出明显的敏感点，沿着关键词的指向去构思答案要点。古诗鉴赏选项常有陷阱设置，诸如：

① 语言语风类陷阱：曲解诗句原意，或故意译错语词，或误判语言风格。

② 意象意境类陷阱：误判意象含义，或对意境的概括错误并做不当分析。

③ 技巧手法类陷阱：误判技巧的类型或作用，或对其技巧手法分析出偏。

④ 思想情感类陷阱：挖掘主题以偏概全，或拔高转移情感，或无中生有。

⑤ 观点内容类陷阱：扩大范围。如，把作家整体作品风格代替具体风格。

（3）整体意识。通过细读选项内容，进一步加深对古诗的全面理解。要灵活运用，不要生搬硬套。对四或五个选项也要有整体意识。假若在判断选项E时，要联系选项ABCD去理解，做出判断。总之，要注意全面理解，运用多种手法。

3. 比对古诗与试题：结合试题选项和古诗鉴赏做比较分析，选出正确答案

结合古诗解读，对照比较分析。将选项对应到古诗相应部分及对其的解读，带着这些去比对排除。

（1）圈出明显的观点，把选项中的说法和自己的理解进行比对。看选项中对古诗内容情感、表达技巧、语言风格、人物形象等与考生对古诗的解读是否相同。如果相同则判断为正确，否则为错误。理解选项一定要全面、客观，不能以偏概全、主观臆断、望文生义、无中生有，最终做出正确的选择。

（2）阅读选择项，把选择项内容和考生对原文的理解结合起来。因为一般是"四选一"或"五选二"的选择题，其中有三个或四个选择项是正确的说法。要善于运用正确的选项来加深对古诗内容的准确理解，巧妙利用题干中的语言信息，明确答案方向，感知命题者所要求的答案内容，做出科学准确的判断。

（二）答对：综合应用"三句到位法"，让简答题要点"抠对"来

坚持以读懂悟透古诗为前提。主观题考查主要涉及考点"鉴赏文学作品的形象、语言和表达技巧""评价文章的思想内容和诗人的观点态度"等。

◎古诗鉴赏简答题三步法：

亮观点，答考点——抠诗句，做分析——点主旨，评效果

1. 审读题干，明确答题要求

抓住题干的暗示信息有助于进一步读懂古诗。当然在解答简答题时，未必能够直接理解到位，不妨借助选择题的选项来参考。解答既要符合题目的要求，又要符合古诗鉴赏的要求，审清题干就显得尤为重要。那么，该怎样审题？

（1）"问什么"。"问什么"指的是命题者的对古诗的具体设问，即任务设置。古诗鉴赏主要围绕"形象""思想感情""语言结构"和"表达手法"等方面来设问。鉴赏答题要依据"问什么"来定"答什么"，不多答胡答，不少答漏答。

（2）"怎么问"。要"怎么答"得弄清楚"怎么问"。是"概括"，还是"分析""赏析"……答题时应注意：

①"概括"，必须要有归纳，写出概述性的结论。

②"分析"，一定要联系诗句，可采用先总后分的模式表述答案。

③"赏析"，围绕艺术手法来分析，基本模式为：运用了……手法，突出了人（景、物）……特点，抒发了诗人……情感。

④"联系全诗（词、曲）"，律诗至少要分析到每一联，绝句分析到每一句，词

曲分析到每一阕。

2.“考查一点，关涉全面”

（1）答题原则：问什么，答什么；怎么问，怎么答；不多答，不少答。

（2）答题规范：答案要点化，要点程式化，程式术语化。

（3）答题要求：一“主张”两“符合”三“不离”。

① 主张按“立—摆—议”模式组织答案；

② 符合试题题干的要求，符合古诗鉴赏的要求；

③ 一不离原诗分析，二不离主旨情感，三不离鉴赏术语。

（4）答题角度：明了答案构成要点（得分点），问什么则什么就是回答重点。

① 试题开口小的，按规定角度切入；

② 试题开口大的，须自选角度切入。

（5）答题格式：采用总分式表述。先问什么就先答什么（主次顺序），怎么问就怎么答（妙问巧答），分点作答（层次分明），先亮观点再结合诗句后做分析（突出得分点）。

（6）“三句到位法”的基本答题思路（角度）：

第一句，亮观点，答考点（总）——问什么答什么，指明形象（意象）特征、语言特点、表达技巧等。

第二句，抠诗句，做分析（分）——要有文本意识，引诗释义精准解读“诗家语”，理解意境、感悟诗情。

第三句，点主旨，评效果（总）——指明古诗在表情达意上的作用或效果，评价作品思想内容或作者观点态度。

（7）古诗比较鉴赏答题程式：

相同点：两首诗都写了……（表现了……；采用了……手法）

不同点：

①不同内容：某首诗侧重……情景，勾勒……图画；另一首则从……写作，侧重描绘……

② 不同手法：描写、抒情手法不同（如正写还是侧写，虚写还是实写……直接抒情还是间接抒情……）

③ 不同风格：清新自然、华美绚丽、明白晓畅、委婉含蓄、雄浑豪放、笔调婉约、简练生动……

（8）古诗鉴赏探究题：

古诗鉴赏探究性题型具有评价灵活的特点。题型一般有：

① 矛盾化解型：这类鉴赏题在设问方式上往往选用古诗中看似矛盾的诗句（字

词），要求考生在整体理解诗歌的基础上揭开古诗表层的矛盾假象，把握古诗连贯自然的思想情感脉络，从而领略诗人有意使矛盾形成的特殊表达效果。

② 观点评价型：这类鉴赏题一般是先引用他人对诗歌主题、思想内容、语言或表达技巧的看法，然后要求考生对此提出自己的见解。答题时，考生或同意他人的看法，或反对他人的看法，但须从古诗中寻找依据为自己的观点提供佐证。

③ 引发思维型：这类鉴赏题通常是命题者确定一定的思考范围后，提供一些简要的背景资料，极力营造一个开放的思维情境，引导考生对古诗进行个性化阅读或有创意的解读。答题时，要求考生或谈看法，或谈理由，言之成理即可。

第二章　高考古诗鉴赏实战操作

古诗鉴赏，要求"三步"到位：一是能读懂，二是会鉴赏，三是精表达。

能读懂——初步掌握"古代诗家语"，"泡"开诗性语言，当散文读；

会鉴赏——深入领会"诗情画意理"，"品"出深层意蕴，融会贯通；

精表达——综合应用"三句到位法"，"抠"对鉴赏要点，踩点得分。

高考语文注重古诗阅读鉴赏命题的开拓与创新，注重课内与课外联通、必修与选修渗透，经常呈现富有突破性的题型，促进基于学生发展核心素养的语文课程评价体系的改革与建构。

"读懂""悟透"古诗，就是全面理解、深刻领悟古诗的内容和技巧。其中深入领会、揣摩、体悟和表达古诗极其关键。因此，古诗鉴赏必须扭转轻读诗、重做题的倾向，而应沉下心来，反复咀嚼、赏析玩味，注重古诗本身所传达的内容，深入读解赏析古典诗歌。

第一节　"抠"对鉴赏要点，踩点答题

高考古诗鉴赏考点：鉴赏文学作品的形象、语言和表达技巧，评价文学作品的思想内容和诗人的观点态度。其中，鉴赏文学作品的形象，主要指鉴赏古诗所描写的人、事、物、景的特征和意义，还有一些特定的文化意象的含义及其对于抒情的意义等；语言，重点在于对精彩词句的品味；技巧，重点是抒发情感的方式方法，常见的修辞手法和结构方式等；评价作品的思想内容和诗人的观点态度，主要指评价诗人的思想感情等。

一、高考古诗鉴赏：把握九个"要"点

高考古诗鉴赏，以标题为切入点、以诗人为链接点、以意象为关键点、以注释为支撑点、以题干为辅助点、以答题为落脚点，获取高分自然水到渠成，顺理成章。

1. 审题要认真

认真审题，读懂暗示。无论是作者还是命题者往往要借助标题或试题题干提出各种要求，做出各种暗示，很多重要信息都在古诗标题和试题题干中有所暗示。

2. 读诗要有路

读诗要从思路结构入手，把握景情关系，抓住关键字词、重要意象，关注表达情感主旨的情语，找到解读古诗的门径，把握形象与情感，进而把握作者观点和思想感情。

3. 体悟要深入

分析评价作者的观点态度要由表及里，透过形象、语言、表达技巧等外在的形式，结合标题、注释、意象等暗示信息，知人论世，深入体悟思想内容和作者的观点态度。

4. 分析要多元

善于把握古诗鉴赏的基本角度，无非结构、形象、主旨、情感、手法、语言等；紧扣原诗内容，以免泛泛而谈；点面结合，以免架空分析；内容和形式相结合，以免盲目。

5. 归纳要全面

全面加深理解，整体把握作品，不妨参考作者整体风格。概括归纳注意完整性、全面性，古诗中作者观点态度所包含的方面都要涉及，哪怕是诗中翻出的新意也要考虑到。

6. 评价要准确

评价要准确、恰当，不夸大缩小、不绝对化。一忌先入为主，避免用固有的认知代替具体的解读；二忌没有分寸，避免想当然地评析。评价时切忌无限拔高或片面否定。

7. 步骤要明晰

第一步，明确观点，做到亮观点答考点；第二步，阐述理由，做到抠诗句做分析；第三步做结论，做到点主旨评效果。

8. 表达要规范

鉴赏表达讲究程式化、术语化。观点要鲜明，问什么答什么；分析要言之有物有序，持之有据；术语要规范，不可生搬硬套。准确规范地组织语言，讲究答题的规范性。

9.答题要分点

高考古诗鉴赏踩点给分，所以要分点答题，答案要点化可使层次分明、突出要点。尽管高考鉴赏题鼓励考生要有创意地答题，但仍须根据试题的要求，看分作答、分点答题。

二、高考古诗鉴赏：准确、规范、有见地

答题有法，答无定法。高考古诗鉴赏，须切实做到审题准确，切忌答非所问；结合主旨，联系具体内容；答题具体准确，切忌罗列术语；谨慎下笔，厘清答题思路。古诗鉴赏备考可以从以下几个方面着手。

（一）加强读诗鉴赏能力

鉴赏古诗，不仅要读懂诗句的字面意思，更要理解其深层含义。平时须加强诵读积累，提高语言感知能力；关注情语，明确诗歌情感倾向；通过分析标题、意象，再现意境，体悟思想情感；同时，须结合诗人的生平经历、写作背景、作品的创作风格，不断提升古诗鉴赏水平。

（二）养成准确审题习惯

古诗鉴赏要审读试题题干隐含的信息，明确考查内容，以及答题方向。没有认真审题，往往容易看错题，看漏题目信息，题目多问易忽视，没有对题干深入地思考，以致下笔千言、离题万里。所以，提高审题意识，养成审题习惯，培养审题能力非常有必要。

（三）增强规范答题意识

古诗鉴赏要准确和规范，须审读题干，知人论世；依据标题，突出题材；分点答题，点后例证；就诗论诗，不枝不蔓；借鉴术语，感悟评价；依模答题，规范表述；最后，整合答案书面表达。

1. 依问作答，见分下笔

保证每问必答，不失步骤分；题怎么问，就怎么答，不要答非所问。答题切记要看清试题的分值，其分值往往提示了答案所必需的要点。若分值4分，要点只可能是1个、2个或4个，不可能3个。若5分或6分，就得有3个要点。

2. 要点要全，用语规范

多层次思考，分点作答。要根据题干的问号数，弄清有几个问题，确定分几层来组织答案，不可缺漏。根据试题考查的不同能力点，采用不同的表述方式和答题程式；既要准确选用术语，又要注意答题样式。

3. 先总后分，条分缕析

拟写鉴赏答案时，一般先按问题要求写出答案要点，然后再具体分析，最后做结

论。鉴赏答题时，以什么为中心和顺序去组织语言，要心中有数，有条不紊。措辞应简明扼要，准确流畅，切忌拖泥带水。

4. 突出重点，表现专业

既然是"鉴赏"而不是"介绍"，就不能对古诗内容只做简单的分解，应站在一定的高度，选用恰当的专业术语，透彻分析古诗的内容。分析艺术手法，不必旁征博引，左勾右连，应就试题所提供的材料本身寻找答题的落脚点。

第二节　古诗鉴赏答出规范，学以致用

古诗鉴赏强调精准作答，答出见地、答出规范，做到"问什么，答什么"，按题作答不漏要点；"怎么问，怎么答"，力求规范到位不丢分。当然，具体作答时，不可生搬硬套，讲求灵活性、准确性。

【例1】阅读下面这首古诗，完成1～2题。（11分）

今日天气佳，清吹与鸣弹。感彼柏下人，安得不为欢。清歌散新声，绿酒开芳颜。未知明日事，余襟良已殚。（东晋·陶渊明《诸人共游周家墓柏下》）

1. 下列对本诗的理解和分析，不正确的两项是（　　）（　　）（5分）

A. "清吹""鸣弹"与"天气佳"相呼应，以声写静，渲染欢乐的氛围。

B. "柏下人"表明所游地点在墓地的柏树下，生与死的对照引人深思。

C. "清歌""绿酒"写集会时朋友之间或唱歌奏乐或饮酒作乐的场景。

D. "余襟良已殚"以自述口吻交代了诗人为欢作乐时完全放松的状态。

E. 本诗将个人与诸人对照，结伴出游之欢乐反衬个人内心无尽的悲哀。

2. 有人评价此诗"平中见奇"，你对此是如何理解的？请简要分析。（6分）

【解题指导】

（一）译读

同几位友人共游周家墓柏树下

今天的天气好，吹箫弹琴心舒畅。能够感知到那松柏下长眠的故人，人生怎不为之而欢欣？一曲曲清歌散发着一阵阵新声，一杯杯绿酒浇开了一张张笑脸。未知明日生死事，快意当前且尽欢。

（二）赏读

从标题"诸人共游周家墓柏下"可推知，东晋陶渊明写同几位友人共游周家墓柏树下的情景。作者归田以后，同几位友人共游周家墓柏下，在路上看到诸多事物，又联想到了自己退隐之后的境况，于是写下这首五言诗。

这首诗篇幅简短，内容平凡，可谓平淡之中见不平常。

说平凡，如诗歌一二句和五六句写在某一天天气很好的日子里，和一些朋友结伴出游，开颜欢饮，或唱"清歌"，或吹管乐和弹奏弦乐以助兴，都是些普通的群聚活动，语言也稀疏平常。

说不平凡，因为所游之地在周家墓地的柏树下，要"为欢"偏又选择极易引人伤感的地方。在引人伤感的地方能够"为欢"的人，不是麻木不仁的庸夫俗子，就是胸怀极端、了悟超脱，能勘破俗谛，消除对于死亡的畏惧的世外高人。"感彼柏下人"，作者并不麻木，明显地感悟死后长埋地下所显示的人生短促与空虚；并且又从当日时事的变化，从自身的生活或生命的维持看，都有"未知明日事"之感。此情此景还能"为欢"，做到"余襟良已殚"，即能做到胸中郁积尽消，欢情畅竭。

总之，诗歌语言平实，场景普通。在"天气佳"的背景下，此次游赏处处充满着轻松与欢乐，以至于使作者完全忘情而酣饮欢歌。但就在这轻松、欢乐的背后，却隐藏着作者内心深处的苦闷。此诗貌似轻快而内含深忧，具有含蓄深厚的特点。

然作者自然有其高出于常人的不平凡，尤其是对生死的了悟与超脱。不仅要自己快乐，也希望已故之人欢欣；仿佛不知是阳间还是阴间，也好像忘掉了过去和将来。"感彼柏下人，安得不为欢"以阳间、阴间共同而尽情地欢乐，表现浪漫情怀和超然胸襟。"未知明日事，余襟良已殚"又表达了一种"超然物外"的志趣。

（三）答读

1. 选择题

（1）认真审读选择题题干，厘清题干上关涉古诗鉴赏要素的关键词。

题干：下列对本诗的理解和分析，不正确的两项是（　）（　）（5分）

（2）认真审读选项，寻找敏感点，科学准确地比对，选出正确答案。

A项，意象"清吹""鸣弹"与"天气佳"相呼应构成画面，渲染欢乐的氛围，描绘出热闹之乐景，属于"以乐景写乐情（反衬）"艺术变现手法。而选项中的"以声写静"是表达方式中描写反衬手法，突出景物之静。可"以声写静"这与诗歌内容和主题"欢乐之情"不搭。因此，A项"以声写静"分析错误。

B项，"柏下人"指埋在柏树下坟墓里的人，"表明所游地点在墓地的柏树下"只是一个简单而浅显的内容分析，与标题相吻合。而"生与死的对照引人深思"是对主题的方向性的笼统分析，也没有亮明结论。一般来说，越是笼统的说法越不容易错，越是具体的阐释越容易出问题。

C项，意象"清歌""绿酒"指向美好和快乐，构成了快乐的景，"写集会时朋友之间或唱歌奏乐或饮酒作乐的场景"是对意象的具体阐释和画面的分析，表达了快乐的心情。C项分析正确。

D项，对诗句"余襟良已殚"的解释。以自述口吻，即对"余"的解释，"诗人为欢作乐时完全放松的状态"是对"襟已殚"的解释，符合诗歌整体的内容（画面）和主题（情感）方向。D项，正确。

E项，对诗歌整体内容的把握和主题分析。古诗内容"个人与诸人对照"与主题情感分析"结伴出游之欢乐反衬个人内心无尽的悲哀"都不恰当，与陶渊明此时的心境不吻合。E项属于内容主题解读错误。

参考答案：AE

解析：A项，错误是明显的，错在描写手法"以声写静"，其余解说正确，其正确部分为景的色调（暖色调或者说乐景）和情感的方向（乐情）。这同C、D两项一致，与E相反。换言之，如果E正确，那么，ACD三项都错了，这显然不符合题干要求的两项错误。因此E项，错之必然。因此，答案应是AE。

2. 简答题

（1）审读题干，圈点勾画关键词，辨析问题的本质及对应的要素。

题干：有人评价此诗"平中见奇"，对此你如何理解？请简要分析。（6分）

解答主观题主要是读懂诗歌，深入理解。直接问主题的，就直接答主题并简要分析。综合或者间接问的，就须从题干关键词分析出需要的要素。

① 从题干来看，主要是对陶渊明《诸人共游周家墓柏下》做整体评价，给出了一个"平中见奇"的评语，要你去理解，做简要分析。

② 从具体的解题信息要素分析，关键在"平中见奇"，"……中见……"这个表达的含义是前者为表层的"内容和语言"，后者为深层的"主题（思想感情）"。"平"即平实的语言和平凡的内容，"奇"即奇特的思想或不平凡的感情。因此，这道题考查要点涉及"语言""内容"和"主题"三个要素。分为两个层次："平"的语言和景致，"奇"的是主题。答案要可分为两层三个点来解答。

③ 思考：你怎么理解有人评价此诗"平中见奇"的观点？

"平"只要明白指向什么（语言和内容），很好阐释分析。而"奇"相对较难，它不能是普通的相对浅表的欢乐之情，一般难以直接读出，不妨结合前面客观题的选项来思考。比如选择题的B项"'柏下人'表明所游地点在墓地的柏树下，生与死的对照引人深思"。这一项是对思想方面提示性的表述却不具体，其意在既可以适当提示，又须由此深入思考和理解。

通过阅读《诸人共游周家墓柏下》以及平时对陶渊明的了解，进而思考到该诗句所用的语言平实。如"今日天气佳""未知明日事"等多用口语，明白晓畅。但要从这"平实的语言"中探求到"奇"的地方，对考生而言难度不小。然本诗的情感和见识奇绝，作者能在墓柏下宴饮欢歌，尽兴作乐，已显奇特；其原因是作者能勘破生死，享受当下，更有超出常人的洒脱和了悟。

（2）应用"三句到位法"答题。

第一步：亮观点，答考点（总）。诗歌语言平实，场景普通。（2分）

第二步：抠诗句，做分析（分）。今日天气多美好，管乐清吹鸣琴弹。清歌一曲发新声，新酒使人开笑颜。诗人用平淡的语言写了在天气晴好的日子里，同友人共游周家墓柏下开颜畅饮的场景。（2分）

第三步：点主旨，评效果（总）。作者思想超脱，见识高迈。"未知明日事，余襟良已殚"，作者能勘破生死，安然享受当下，有超出常人的不平凡的了悟与超脱。（2分）

【例2】阅读下面的宋词，完成（1）～（2）题。（9分）

（小序）竹窗听雨，坐久隐几就睡，既觉，见水仙娟娟于灯影中。

窗外捎溪雨响。映窗里、嚼花灯冷。浑似潇湘系孤艇。见幽仙，步凌波，月边影。香苦欺寒劲。牵梦绕、沧涛千顷。梦觉新愁旧风景。绀云敧，玉搔斜，酒初醒。

（南宋·吴文英《夜游宫》）

注释：①隐几：靠着桌案。②嚼花：指赏花。③绀云：头发

（1）本词借人写花，写出了水仙花的特点。下列诗句采用这一写作手法的一项是（　　）（3分）

A.洛阳城东桃李花，飞来飞去落谁家（唐·宋之问《有所思》）

B.桃花一簇开无主，可爱深红映浅红（唐·杜甫《江畔独步寻花》）

C.娇含嫩脸春妆薄，红蘸香绡艳色轻。（唐·徐夤《牡丹花》）

D.小荷才露尖尖角，早有蜻蜓立上头。（南宋·杨万里《小池》）

（2）《夜游宫》与下面的诗在运用意象方面有何异同？请做具体分析。（6分）

杨花落尽子规啼，闻道龙标过五溪。我寄愁心与明月，随风直到夜郎西。

（唐·李白《闻王昌龄左迁龙标遥有此寄》）

【解题指导】

（一）译读

窗外雨水掠过小溪，发出了清脆的声响。屋里的孤灯显得格外地亮，但也格外地清冷。（我）独自一人在屋中小憩，这种感觉真像乘坐孤舟在湘江之上漂荡。此时，见水仙花亭亭玉立在灯影中，好像是那位湘水女神轻挽裙带，凌波微步，月光映照出

她婀娜的身影。

水仙花发出清冽的香气，可是受到寒气的侵袭，使凌波仙子想起生长在千顷波涛的江湖岸边时的生活。虽有新愁涌上心头，但依然沉浸在旧梦中。隐约见仙子的秀发闪耀着动人的光泽且蓬松欹侧，玉簪也微微斜着，直到仙子渐渐远去，（我）的酒意才微醒。

（二）赏读

词前小序记述了作者倚竹窗听雨、慢慢入睡、梦见女仙的过程。于是命笔写词表达了追慕之情。吴文英，字梦窗。一生未第，游幕终身。词中"绀云欹，玉搔斜，酒初醒"句"绀"字，青色也。据头发推知，此词为作者年轻时的作品。

上阕"窗外"两句呼应"竹窗听雨"，言作者雨夜静坐竹窗旁，只听到室外的小溪被雨淋得淅淅沥沥地响。他蒙眬伏几入睡，醒来只见灯光摇曳，桌子上时隐时现地显现出水仙花美丽的身影。"浑似"一句，喻盆及花，言水仙花盆在灯影中看上去仿佛一艘孤零零的小舟系在青青的竹丛边。"见幽仙"三句，作者似乎见到那幽娴的凌波仙子在月光下的水面上踏波漫游。

下阕"香苦欺寒劲"句，动词"欺"字串联了"香""苦""寒""劲"四个形容词，将嗅觉香、味觉苦、触觉寒、视觉水仙花以及心灵感觉欺、劲重叠、交糅在一起，将水仙花的形象刻画了出来。"梦觉"一句，作者从幻梦中清醒过来，只见眼前仍旧是原来一成不变的景象。"绀云"三句，扣题"既觉"。作者醒时对花独酌，醉而伏案而眠；再醒后始觉头上青丝零乱，玉簪斜挂，活现出一个不拘小节的风流形象。

《夜游宫》通过想象、联想，赋予意象感情色彩，将意象人格化，对意象描绘细腻生动，具有新意和美感，不落俗套。上阕扣题，叙写作者雨夜见水仙的印象及其联想，似乎见到那幽娴的凌波仙子在月光下的水面上踏波漫游；下阕依然叙写梦境，以拟人描绘水仙形象，并交代作者从幻梦中醒后的情景。这既是神化描绘，又是作者借题发泄，排解自己寄人篱下、身不由己的苦闷。

（三）答读

1. 选择题

认真审读选择题题干和选项，厘清关键词，寻找敏感点，科学准确地比对，选出正确答案。

本词借人写花，写出了水仙花的特点。下列诗句采用这一写作手法的一项是（　）（3分）

参考答案：C

解析：本题主要考查写作手法（表达技巧）的分析。

A项，诗句描绘洛阳城东暮春景色。是诗的起兴，下文表达的对大好春光、妙龄红顾的憧憬和留恋，对桃李花落、青春易逝的感伤和惋惜，都是由此生发开来的。

B项，着力写桃花。字里行间虽流露出淡淡的哀愁，但两个"爱"字和两个"红"字更表现对花之美的欣悦。并以反问做结束，饶有兴味，由己及人，强化了美感。

C项，用拟人写牡丹艳丽。牡丹雍容艳丽，玉笑含香，唐宋文人在诗词中毫不吝惜地赞美其容颜、姿态、神采。

D项，一个"才露"，一个"早立"，前后照应，逼真地描绘出蜻蜓与荷叶相依相偎的情景。"尖尖角"指新生事物或初露头角的新人，而"蜻蜓"就是赏识者。

总之，C项，通过人的感官"嫩脸""春妆薄""红蘸香绡"等来表现牡丹花的娇艳，符合题干要求，所以，选C。

2. 简答题

（1）审读简答题题干，勾画关键词，辨析问题的本质及对应的要素。

《夜游宫》与下面的诗在运用意象方面有何异同？请做具体分析。（6分）

译读：在杨花落完子规啼鸣之时，我听说您被贬为龙标尉，龙标地方偏远要经过五溪。我把我忧愁的心思寄托给明暖的月亮，希望它能随着风一直陪着您到夜郎以西。

赏读：从标题可知，此诗是李白在扬州听到好友王昌龄从江宁丞被贬为龙标（今湖南省黔阳县）县尉而作，借以抒发感愤，寄托慰藉，表达对王昌龄怀才不遇的惋惜与同情。首句以杨花、子规起兴，写景兼点时令，渲染凄凉哀愁的气氛；次句直叙其事，点明愁的由来。"闻道"，表示惊惜。"过五溪"，见迁谪之荒远，道路之艰难，显出李白对诗友远谪的关切与同情；三、四两句寄情于景，点出诗歌主旨。人隔两地，难以相从，而月照中天，千里可共，所以要将自己的愁心寄予明月，随风飘到夜郎西，对诗友进行由衷的劝勉和宽慰。

（2）应用"三句到位法"答题。

参考答案：

① 相同点：都通过想象、联想，赋予意象感情色彩，将意象人格化。李白不仅要借"明月"以抒发旅思乡愁怀旧念远的感情，而且要让"明月"作为自己的替身，伴随着不幸的友人一直去到那夜郎以西边远荒凉的所在。吴文英叙写梦境，以拟人描绘水仙形象，借题发泄，排解寄人篱下、身不由己的苦闷。（2分）

② 不同点：李白没有对意象进行细致描绘。全诗选择"杨花""子规""明月""风"等意象，以奇特的想象力编织出一个朦胧的梦境，把友情抒发得真挚感人。吴文英对意象描绘细腻，"香苦欺寒劲"一句短短五个字却包含了触觉、味觉、嗅觉和心灵体味，将水仙花的形象刻画了出来。（4分）

古诗鉴赏学历案

下篇

探究：

设计古诗鉴赏"学历案"

学习——再造学程、创设情境、重构内容、转变评价

学习历程方案（简称"学历案"），是坚持"以学生深度学习和素养发展为本"，确定学生立场，选择课程视觉，为学习设计教学，建构目标、内容、实施与评价体系的关于学习经历或过程的课程专业方案。从关注"教什么"的内容立场到关注"怎么教"的教师立场，走向了关注"学生怎么学和学会什么"的学生立场。《普通高中语文课程标准（2017年版）》古诗文背诵推荐篇目40首诗词曲阅读鉴赏（学习任务群）学历案，使学习成为了一种建构，教学成为了一种引导建构与再建构。

任务群视觉下的古诗鉴赏"学历案"，立足"五步五问自读法"，按学习主题、学习目标、评价任务、学习过程、作业与检测和学后反思六个板块实施任务驱动。

第一步："写了什么？"——"读通"，读标题，译诗句，整体感知。

第二步："怎么写的？"——"读懂"，抓意象，品意境，体悟诗情。

第三步："为什么写？"——"读深"，抠情语，想意图，知人论世。

第四步："写得怎样？"——"读透"，明章法，析手法，品读鉴赏。

第五步："如何答对？"——"读活"，审题干，分点答，学以致用。

本学习任务群为2学分，36学时。

第一章　先秦诗歌阅读鉴赏学历案

第一板块　学习主题与学时

——在多少时间内学生学习什么？

【学习内容】

先秦诗歌：（1）《诗经·静女》；（2）《诗经·无衣》；（3）屈原《离骚（帝高阳之苗裔兮……来吾道夫先路）》

【学时】

4学时。

第二板块　学习目标

——学生期望学会什么？

【学习目标】

1. 语言素养目标

朝吟风雅颂，暮唱赋比兴。正确、流利、有感情地朗读先秦诗歌，熟读成诵。并感知语义，比较琢磨，领会意境，深刻理解体味先秦诗歌重章迭句和骚体诗的语言风格，提高先秦古体诗阅读的语感能力。

2. 思维素养目标

通过品味四言诗和骚体诗语言，获得对《诗经》和《离骚》形象的直觉体验，运用联想和想象丰富自己的感受，把握人物形象，领会赋、比、兴的艺术表现手法，激发对传统文化的热爱之情，提高古诗领悟能力和思维生成能力。

下篇　古诗鉴赏学历案

3. 审美素养目标

整体感受和体验先秦诗歌的语言、形象和情感，欣赏、评价《诗经》和《离骚》不同的艺术风格，注重意象语言文化的解读，形成基于正确情感、态度和价值观的审美体验、审美评价和先秦文化感受力。

4. 文化素养目标

吟唱诵读，增强对先秦社会风俗与社会风尚的文化认同和深刻理解，树立正确的爱情观；培养同甘共苦、同仇敌忾的爱国主义和大无畏精神；坚守九死未悔的高尚节操，厚植忧国忧民献身理想的爱国情感和不屈不挠的斗争精神。

第三板块　评价任务

—— 学生何以知道是否学会了？

📖 课前检测

【评价方式】

采用互联网教育云平台布置作业，学生依托移动学习端在线完成作业。其中客观题机器自动阅卷，主观题网上人工阅卷，并形成作业数据报告及时反馈给学生。

【测评内容】

阅读《诗经·静女》，完成（1）~（2）题。（7分）

1. 下面对诗意的解说，不正确的一项是（　　）（3分）

A. 本诗节选自《诗经. 邶风》。《诗经》多为四言诗，每句一般读成"二二"节拍，如：静女/其姝。

B. 以男主人公的口吻描述了一对恋人约会的经过。女主人公赠送给男主人公两样东西，而男主人公更喜欢彤管。

C. 诗歌采用重章叠唱的形式，生动形象地把这对情人的恋爱活动描写出来了。

D. "搔首踟蹰"表现了男主人公老实、憨厚、痴情。

2. 你认为女主人公是一个怎样的人？请结合诗句做简要分析。（4分）

参考答案：

1. B（B项，男主人公更喜欢黄草。）（3分）

2. （1）女主人公是一位美丽、调皮、可爱、勇于追求爱情的女子。（2分）（2）"姝""爱而不见"表现了女子美丽、调皮、可爱。"贻我彤管""自牧归荑"表现

了女子大胆直率地追求爱情。（2分）

【评价方式】

注重表现性评价：线上线下在课堂真实情境中采用生生对话、师生对话以及小组展示、纸笔作业等形式，注重小组激励、教师点评以及自我反思。

学习活动（一）参考答案：

1.（1）《无衣》每章开头都用反问句"岂曰无衣？"既加强了语意和语气，又形成了层进式结构。首章前两句"岂曰无衣，与子同袍"，二、三章更用"与子同泽""与子同裳"，表现了战士的团结友爱。（2）出征三部曲：首章"与子同仇"，统一思想认识，同仇敌忾；次章"与子偕作"，备战时步调一致；末章"与子偕行"，出征时统一行动，奋起作战。（3）这首爱国主义的军歌采用层层递进手法，战士同仇敌忾、慷慨从征之情景，跃然纸上。

2.（1）"我"是主人公，是保卫家园的爱国者形象，是出自内心的自觉者形象，又是一个象征。（2）开头反问后，以"我"的行为"同"和"修"书写正义参军歌，爱国之情，英雄之举，跃然纸上。（3）表现了秦人团结互助、齐心备战，共御外侮的高昂士气和乐观精神。

学习活动（二）参考答案：

1.表明屈原与楚王同宗，对楚国的兴亡负有义不容辞的责任；对高贵出身的优越感，表现出屈原高度的自重与自爱。这既是屈原日后存君兴国、变法图强、热爱宗国的思想感情的原动力，又是他的悲剧产生的根源。

2.通过"扈江离""纫秋兰""朝搴""夕揽"等比喻，具体写了内美且修能，恐时不我待和美人迟暮，弃秽改度用贤才。表明屈原有着美好的品德，又胸怀大志；积极进取，忠君忧国；愿为国家效力，一往无前地做革新强国的先驱者，甘愿为楚王和国家献身。

3.（1）作用："兮"是有浓厚的楚国地方色彩的语气词，它在诗句中的位置不同，作用也不尽一样。用在句中，表语音的延长；用在句间，表语意未竟，待下句补充；用在句尾，表感叹意味。就《离骚》选文来看，"兮"均用在句间，表示语意未完，等待下句补充。（2）手段：①根据上古音韵系统，《离骚》隔句用韵。在句中普遍使用"兮"字。"兮"字是语气助词，没有实在意义。在这首诗里，一般是两句合起来表达一个完整的意思，"兮"用在上下句中间，增加了停顿，增强了诗歌的节奏感。②大量使用对偶句。③多用双声叠韵联绵词及叠音词。（3）感受：①汲取散文的笔法，句式参差错落，行文灵活多变。②句式以六言为主，兼以杂言，加上对偶，使整首诗整齐而节奏鲜明。③大量运用比喻手法。④大量用"兮"字，不仅浓厚了生活色彩，而且增强了诗歌的抒情性，使调子回荡顿挫，婉转动人。

学习活动（三）参考答案：

1.（1）移情于物，即在政治不清明的时代，不直接说出自己想说的话，而是把它寄寓于某一物上。（2）用"香草"比喻内在的美好品德，用"美人"比喻理想中的君王，用"荃草"比喻现实中的君王，用采摘和披挂"江离秋兰"比喻修身养性，用乘"骐骥"比喻追求和实现美好的政治理想，用黄昏婚期而中道变卦比喻君王失信，以婚姻比喻君臣亲密合作，用"众芳、椒、桂、蕙"比喻群贤。（3）用"香草美人"表明对君王的忠诚，对古代君王举用群贤的敬佩以及表白自己的高洁情操，希望君王能够抛弃秽政，不要听信小人谗言，像古代贤明君主那样，以社稷为重，举用群贤，了解自己忧国忧民的良苦用心。

2.（1）观点：屈原属于第一类。（2）评价：屈原及其《离骚》之所以伟大，就在于体现了"转移情感，寄托志向"的可贵精神和境界，能够激励一代又一代的后来人。（3）理由：屈原及其情怀，还不是真正的英雄情怀。真正的英雄，应当是愈挫愈奋，百折不挠。真正的英雄，总能蔑视严酷的现实，总会超越无穷的失败；面对挫折与不幸，不会逃避、不会堕落，也不会转嫁（把奋斗寄托于来世或上帝），他们只会坚信自己以及同志间组织起来的强大力量，战胜艰难险阻，走向胜利。

📖 课后评测

【评价方式】

采用互联网教育云平台布置作业，学生依托移动学习端在线完成作业。其中客观题机器自动阅卷，主观题网上人工阅卷，并形成作业数据报告及时反馈给学生。

学习活动（四）参考答案：

1.（1）C（表达慷慨从军、团结一心、同仇敌忾、御侮保国的主题。）（3分）

（2）①不能调换。（1分）②"与子同仇"指统一思想认识，同仇敌忾；"与子偕作"指备战时步调一致；"与子偕行"指出征时统一行动，奋起作战。（2分）③诗歌采用重叠复沓的形式，反映了从准备到出发的过程。全诗格调高昂，壮怀激烈，表现了秦地军民慷慨豪迈、团结勇敢的性情。（2分）

2.（1）D（D项，皇，父亲。）（3分）

（2）观点一：①同意。屈原的爱国思想其实是一种"爱君"思想。（1分）②"帝高阳之苗裔兮"就带有明显的血统夸耀。"来吾道夫先路""恐皇舆之败绩""忽奔走以先后兮，及前王之踵武"，则是一种出于"家天下"感情和宗国观念的使命感和忧患意识。客观地说，屈原的种种努力都是为了楚王的统治。（2分）③所

以，不必人为地拔高理解。（1分）

观点二：①不同意。不能苛求战国时代的屈原像我们今天这样考虑问题。（1分）②屈原，为了国家的前途和人民的命运，忧心如焚，奔走呼号，这就是爱国的表现。在他的心中，楚国就是他的祖国，楚国的人民就是他的同胞。（2分）③所以，不能非议他的爱国精神。（1分）

3.（1）D（《离骚》节选中，无D项所表述的鸾鸟凤凰等内容。）（3分）

（2）①象征或比喻。（1分）②"制芰荷以为衣兮，集芙蓉以为裳"，用荷叶做上衣，用荷花做裙子，用奇花异草来装饰自己，表现屈原美好的精神世界。暗指屈原洁身自好的操守、特立独行的个性和期望国富民强的政治思想。（2分）③这种用美好服饰、配饰的描写，象征屈原品性、道德追求的手法，化抽象为具象，生动形象地展现出屈原高尚美好的品德。（2分）

第四板块　学习过程

——学生需要经历怎样的学习过程才能学会？

一、资源与建议

【学习流程】

自主性"学"（自学）——特色化"展"（互学）——针对性"教"（研学）——科学化"练"（习学）——个性化"悟"（悟学）。

【学习策略】

本主题分读懂、悟透、答对"三步走"，逐步突破高中学生"读不懂、想不到""说不清、道不明""答不准、写不全"的古诗阅读与鉴赏瓶颈。

读懂：初步掌握古代"诗家语"——"泡"开诗性语言，当散文读。

悟透：深入领会"诗情画意理"——"品"出深层意蕴，融会贯通。

答对：综合应用"三句到位法"——"抠"对鉴赏要点，踩点答题。

【先秦诗歌简史】

《诗经》是我国第一部诗歌总集，收入自西周初年至春秋中叶五百多年的诗歌305篇。先秦时代称其为"诗"或取其整数称"诗三百"，春秋时期孔子加以整理。西汉时尊"诗"为儒家经典，始称《诗经》并沿用至今。《诗经》中的诗当初都是配乐的歌词，保留着古典诗歌、音乐、舞蹈三者结合的形式。后经过春秋战国的社会大变动，乐谱和舞姿失传，只剩下歌词，就成为现在所见到的一部诗集。

《诗经》按性质和乐调不同分"风、雅、颂"三部分。"风"是土风、风谣，是各地民歌、民谣。"风"包括卫、郑、秦、陈、桧、齐、曹、邶、唐、周南、召南等15个地方的民歌，即"十五国风"，共160篇，最富于思想意义和艺术价值。"雅"是西周王朝地区的正声雅乐，共105篇，包括"大雅""小雅"，"大雅"用于诸侯朝会的盛大典礼，31篇，"小雅"用于贵族宴享的一般典礼，74篇。"颂"是祭祀乐歌，用于宫廷宗庙祭祀祖先、祈祷和赞颂神明，又分"周颂"31篇，"鲁颂"4篇，"商颂"5篇，共40篇。

《诗经》主要内容包括：一是社会政治诗，对生活愤懑忧伤，抒发感慨，对政治或赞美或讥讽、抨击；二是爱情诗，歌颂美丽的爱情；三是史诗，记载民族的历史，歌颂祖先的功勋；四是反映兵役、劳役给劳动人民带来的不幸。《诗经》的形式以四言为主，多为丰富的词汇、灵活的句式，和谐的韵律，并普遍运用"赋""比""兴"的手法，具有重章叠句、反复咏唱的特点，形成朴素自然的艺术风格。

《诗经》是我国文学的光辉起点，为我国两千多年来诗歌的创作和发展奠定了基础。先秦诗歌在北方文化中产生了《诗经》，在南方楚文化中孕育了楚辞。

《楚辞》是我国第一部浪漫主义诗歌总集。"盖屈宋诸骚，皆书楚语，作楚声，记楚地，名楚物。"（宋·黄伯思《校定楚辞序》）西汉末年，刘向搜集屈原、宋玉、唐勒、景差等人的作品，辑录成集。楚辞是战国时期兴起于楚国的一种新诗体。楚辞体的特点是结构宏伟、想象丰富、句式灵活，富于抒情成分和浪漫气息；篇幅、字句较长，形式也较自由，并多用"兮"字以助语势。以其运用楚地的文学样式、方言声韵，叙写楚地风土物产等，具有浓厚的地方色彩。其中最有代表性的是屈原的代表作《离骚》，因此后人又把"楚辞"的体裁称为"骚体"。

屈原，名平，字原，湖北秭归人，战国末期楚国人，杰出的政治家和爱国诗人。他出身于楚国贵族，与楚怀王同祖。屈原学识渊博，对天文、地理、礼乐制度以及周以前各代的治乱兴衰等都很熟悉，善外交辞令。在政治上他推崇"美政"，即圣君贤相的政治，认为只有圣君贤相才能把国家治理好，有强烈的忧国忧民、忠君致治的思想。屈原"美政"的另一体现是"长太息以掩涕兮，哀民生之多艰"的民本思想。屈原曾任左徒，辅佐怀王，参与议论国事及对应宾客，起草宪令及变法；对外参加合纵与秦斗争，两度出使齐国。因受小人的陷害，他两次被流放，最后投汩罗江而死，以示忠贞爱国。屈原的作品主要有《离骚》《天问》《九歌》11篇、《九章》9篇、《招魂》，凡23篇。《离骚》是一篇宏伟壮丽的政治抒情诗，共373句，2400余字，是屈原再放江南时所写，表现了屈原忧国忧民的爱国热情和不屈不挠的斗争精神，创造了一个瑰奇变幻的理想境界，是浪漫主义创作的艺术典范。

屈原是中国文学史上第一位伟大的爱国主义诗人。屈原的出现，不仅标志着中国诗歌进入了一个由集体歌唱到个人独唱的新时代，而且所开创的新诗体——"楚辞"，突破了《诗经》的表现形式，极大地丰富了诗歌的表现力，为古典诗歌创作开辟了一片新天地。后人将《诗经》与《离骚》并称"风骚"，是中国古典诗歌的现实主义和浪漫主义两大优良传统的源头，对后世有着深远的影响。

二、课堂与活动

📖 情境导入

《诗经》是我国现实主义诗歌的源头，《楚辞》是我国浪漫主义诗歌的源头。先秦诗歌以其丰富的内容，完备的韵律，精巧的构思，为中国诗歌开了一个好头。

今天我们就跟着先秦诗歌去研学，开始新课标"学习任务群"背景下的先秦诗歌的阅读鉴赏。

📖 读诗讲诗

上课预备铃响，全班一起读诗；课前5分钟，按学号顺序轮流讲诗。

【自读要求】

赏听名家的视频朗读之后，诵读《诗经·静女》二到三遍，品味感情基调。一是读准字音，二是把握节奏，三是注意轻重，四是读出感情。

静　女

静女/其姝，俟我/于城隅。

爱而/不见，搔首/踟蹰。

静女/其娈，贻我/彤管。

彤管/有炜，说怿/女美。

自牧/归荑，洵美/且异。

匪/女之/为美，美人/之贻。

【译读】

姑娘温柔又静雅，约我城角去幽会。有意隐藏不露面，徘徊不前急挠头。

姑娘漂亮又静雅，送我一束红管草。红管草色光灿灿，更爱姑娘比草美。

送我野外香勺药，勺药美丽又奇异。不是勺药本身美，宝贵只因美人赠。

【赏读】

高贵的单纯，静穆的伟大。《诗经·邶风·静女》是一首爱情诗，以男子口吻写幽期密约，表现了男子对女友的一往情深。

《静女》采用"赋"的表现手法直接铺陈叙事，巧妙选用细节，其中动作细节描写和心理活动描写，表现出男主人公热烈淳朴的恋情。静女贻"彤管""归荑"，把人、物与情巧妙地融合起来，男女之间的一种大胆而热烈、美好而甜蜜、纯朴而真挚的爱情跃然纸上，男青年的形象活灵活现，他的恋情也真实感人。结尾"匪女之为美，美人之贻"两句对恋人赠物的"爱屋及乌"式的反应，别具真率纯朴之美。全篇重章复唱，风格朴实，也增添了艺术魅力。

📖 学习活动（一）

【自学】

自主性"学"——自主学习，链接知识——文本对话，主动学习；整合资源，激发灵感。

无衣（《诗经·秦风·无衣》）

岂曰/无衣？与子/同袍。王于/兴师，修我/戈矛，与子/同仇。

岂曰/无衣？与子/同泽。王于/兴师，修我/矛戟，与子/偕作。

岂曰/无衣？与子/同裳。王于/兴师，修我/甲兵，与子/偕行。

《无衣》出自《诗经·国风·秦风》。这是一首赋体诗，用"赋"的表现手法，在铺陈复唱中表现了秦国人民团结互助、共御外侮的高昂士气和乐观精神，其独具矫健而爽朗的风格正是秦人爱国主义精神的反映。

全诗共三章：第一章，统一思想。第二章，统一行动。第三章，统一出征。这首战歌采用了重叠复沓的形式。章与章句式对应；诗句大同而小异，在重章复唱中诗意递进。每章第一、二句，分别写"同袍""同泽""同裳"，表现战士们克服困难、团结互助的情景。每章第三、四句，先后写"修我戈矛""修我矛戟""修我甲兵"，表现战士齐心备战的情景。每章最后一句，写"同仇""偕作""偕行"，表现战士们的爱国感情和大无畏精神。全诗三章，采用兵士相语的口吻。每章首句均用反问句开头，以设问答的句式、豪迈的语气，一层更进一层地表现出奋起从军、慷慨自助的精神。

重章叠句对话式的描写是本文又一突出特色。全诗激昂高歌，感情激荡，气势非凡，表现出一种慷慨雄壮的爱国主义激情和一往无前的大无畏精神，是秦国人民抗击西戎入侵的军中战歌和爱国主义诗章。

【思考题】

1.《无衣》每章都用"岂曰无衣"，有什么作用？"与子同仇""与子偕作""与子偕行"，这三句在内容上有什么联系？

2. 诗中在与"子"相对上用了一个"我"字,每一章中又省去两处"我"字,体味一下"我"的妙处,并运用想象,创造"我"的形象。请简要分析"我"是怎样一个形象?

📖 学习活动(二)

【互学】

特色化"展"——合作学习,相互营养——同伴对话,合作交流;取长补短,绽放精彩。

——精读《离骚》(节选),于有疑处质疑,于无疑处生疑。

离骚(节选)(楚国·屈原)

帝高阳之苗裔兮,朕皇考曰伯庸。摄提贞于孟陬兮,惟庚寅吾以降。皇览揆余初度兮,肇锡余以嘉名:名余曰正则兮,字余曰灵均。

纷吾既有此内美兮,又重之以修能。扈江离与辟芷兮,纫秋兰以为佩。汨余若将不及兮,恐年岁之不吾与。朝搴阰之木兰兮,夕揽洲之宿莽。日月忽其不淹兮,春与秋其代序。惟草木之零落兮,恐美人之迟暮。不抚壮而弃秽兮,何不改乎此度?乘骐骥以驰骋兮,来吾道夫先路!

【思考题】

1. 第一部分(第1至4句)为什么要介绍自己的家世、出生年月和名字由来?

2. 第二部分(第5至12句)具体写了哪些内容?表现了怎样的思想感情?

3. 诗中大量运用语气助词"兮",其作用是什么?作者运用了哪些手段来增强韵律感、音乐性?说说你对《离骚》语言特点的感受。

📖 学习活动(三)

【研学】

针对性"教"——探究学习,思想交融——师生对话,质疑问难;学法指导,点拨规律。

离骚(节选)(楚国·屈原)

【读懂】

解读字词、补充省略、调整语序、译读诗句。

第1、2句,屈原说他是高阳帝的后代,高阳是传说中上古部落的首领颛顼,三皇五帝之"五帝"之一。父亲叫伯庸。"朕",是"我","皇"是大的意思,"考"是父亲。自己出生在寅年、寅月、寅日。"摄提"是古代纪年的一个术语,相当于寅年;"孟陬"是夏历正月,也就是寅月;"贞"即"正";"庚寅"是一种用干支来纪日的方法。即正在寅年的寅月的寅日这一天，"我"降生了。

——"我"是古代帝王颛顼高阳的后代，"我"伟大先父名叫熊伯庸。岁星在寅那年的孟春正月，恰是庚寅之日"我"从天降生。

第3、4句，父亲给我起名为"正则"，字曰"灵均"。屈原本名平，字原。"正则"是公正而有法则，为名"平"注释。"灵"有好、善、光明、灵巧等意思，"均"即"平"，"灵均"即像一片原野一样坦荡无垠的意思。屈原明白了父亲赐名和字所寄寓的期待和勉励。

——父亲端量"我"初降仪表，赐予"我"美名：名叫正则，表字灵均。

第5、6句，"纷"即"多"，"重"即"又、加上"；"修能"，培养、提升、研修、修炼自己的才能。"我"已经有这么多内在的美德但并不满足，还要不断地培养和提升自己的才华和境界。那么，该如何提升自己呢？这里出现了三种"香草"："江离""辟芷""秋兰"（后面还有"木兰"和"宿莽"）。在《离骚》中"香草"是屈原的最爱。他酷爱美女香草和攀枝折朵，这是他自我修炼的方式。

——"我"既有许多内在的美质，又兼备外表的端丽姿容。身披芳香的江离和白芷，编织秋天的兰花当佩缨。

第7、8句，"汩"，水流迅疾。指时光飞逝，日月如梭。时不我待，恐怕上天给"我"的年岁不多了，修炼的事情不能耽搁，于是早晨去拔木兰，晚上去采宿莽。

——光阴似流水"我"怕追不上，岁月不等"我"令人心着慌。朝霞中拔取山岭的木兰，夕阳下采撷水洲的宿莽。

第9、10句，日月不淹，春秋代序，草木零落，美人迟暮，屈原用最优美的诗句表达了内心深处最深刻的恐惧，更表达了自己克服内心恐惧的努力和悲壮！人活着的全部尊严和价值就在于对内心恐惧的不断克服和超越。

——日月飞驰一刻也不停，阳春金秋轮流来值星。想到草木的凋零陨落，"我"唯恐美人霜染两鬓。

第11、12句，"抚"，抓住、握住。"壮"，青壮、壮盛之年。盛年不重来，一日难再晨，及时当勉励，岁月不待人。为此，需要"弃秽"，需要"改变"，需要"突围"，需要"驰骋"。屈原不愧为我国历史上第一位伟大的诗人，他对人生的理解是如此深刻，而且表达得又是如此高贵而优雅。

——为何不趁壮年摒弃污秽，为何不改变原先的法度？快乘上骐骥勇敢地驰骋，让"我"来为你在前方引路。

【悟透】

先读标题，再定类别；前寻意象，体味意境；后循章法，把握主旨；辨析技法，鉴赏评价；赏析转化，组织成文。

诗题"离骚"，"离"通"罹"，遭遇；"骚"即忧愁；"离骚"即诗人遭遇忧愁而写成的诗句。全诗373句，是战国诗人屈原政治失败后用血和泪写成的一篇扣人心弦的抒发忧国之思的作品。《离骚》是一首"屈原的政治生涯传记"诗，以屈原自述身世、遭遇、心志为中心，也是中国古代最长的抒情诗。抒情长诗《离骚》开篇12句，思考和回答的都是人生的根本问题：我是谁？我从哪来？我要做什么？怎么做？最后还有一个问题：我到哪里去？——"乘骐骥以驰骋兮，来吾道夫先路！"。

第1～4句，作者自述高贵的出身、降生的奇瑞和美好的名字。从远古帝颛顼说起，显示屈原与楚国同姓宗亲的血缘关系，既表现了屈原对祖先的崇拜，又表现他贵族出身的优越感和责任感。第5～12句，作者通过"扈江离""纫秋兰""朝搴""夕揽"等比喻，自述一生不断追求美好事物、提高自身修养的嘉德懿行；由其自身深感时不我待，推广开来，言及国家的命运，恐君王年老迟暮，表达积极进取的生活态度，进而提出"抚壮""弃秽"和任用贤才的政治主张。

《离骚》以浪漫抒情的形式来叙事是其主要的风格。屈原汲取散文的笔法，行文灵活多变。句式以六言为主、加上对偶修辞，使整首诗整齐而节奏鲜明。大量用"兮"字，不仅加强了生活色彩，而且使诗歌的调子回荡顿挫、婉转动人。赋、比、兴三种手法灵活穿插转换是其语言运用上的最大特点。作品表现了丰富的想象力，创造了宏大的艺术空间和开阔的画面，塑造了诗人非凡的自我形象，以其崇高的理想、高洁的人格、强烈的情感和奇特的形貌驰骋于仙界。

【答对】

亮观点，答考点；抠诗句，做分析；点主旨，评效果。

1.屈原常以"香草""众芳""美人"来比喻自己、贤士和君王，并表达政治思想。请找出相关的诗句，说说屈原是怎样运用这些比喻来表达政治思想的？

2.历来英雄在现实中遭遇失败或不得志后，不外有以下几种倾向或结局：一则转移情感、寄托志向；二则隐居桃源、了却残生；三则颓废丧志、郁郁寡欢；四则同流合污、自甘堕落。你认为屈原是哪一类？对此，你有什么评价？请做简要分析。

第五板块　检测与作业

——学生真的学会了吗？如何检测或巩固学生已学会的东西？

学习活动（四）

【习学】

科学化"练"——学以致用，在做中会——问题对话，学以致用；拓展延伸，融合生活。

1.阅读《诗经·无衣》，完成（1）~（2）题。（8分）

（1）对这首诗的内容分析不当的一项是（　　）（3分）

A. 第一节是全诗的总领。为了"同仇"这个目标，所以才能"同袍""同泽""同裳"。

B. 第一、二节诗表达了同心协力共同对敌的决心。反问句的使用，语气强烈，增强诗句的艺术感染力。

C. 第三节诗句式与前两节相同，但表达的感情与上文不同，主要强调了慷慨从军、一同出发这一中心。

D. 全诗叙写了出征前战友相互勉励的情形，抒发了团结友爱、共御外侮的壮志豪情。

（2）出征三部曲"与子同仇""与子偕作""与子偕行"的位置调换行不行？为什么？（5分）

2. 阅读屈原《离骚》选段"帝高阳之苗裔兮，……来吾道夫先路！"完成（1）~（2）题。（7分）

（1）对句中词语解释有误的一项是（　　）（3分）

A. 高阳：传说中古代部落的首领颛顼，号高阳氏。苗裔：后代。屈原的始祖瑕是楚武王熊通的儿子，因受封于屈发，故以屈为姓，而熊氏又是颛顼后代中的一支，所以屈原说自己是"帝高阳之苗裔"。兮：语气词，相当今语气词"啊"。

B. 朕：我。皇：大、美。考：死去的父亲。伯庸：人名，屈原父亲的表字。

C. "摄提"两句：摄提：古代纪年的术语，相当于寅年。贞于：正当。孟陬：农历正月，即寅月。庚寅：古代以干支纪日，庚寅即寅日。降：音 jiàng，降生。

D. "皇览"两句：皇，楚王。览，观察。揆，揣度。肇，开始。嘉名，美名。

（2）如何看待屈原的爱国情感？有人说这是一种"宗国"思想，你同意吗？（4分）

3.（挑战题，供选做）阅读屈原《离骚》选段（悔相道之不察兮……岂余心之可惩？），完成（1）~（2）题。（8分）

离骚（节选）（楚国·屈原）

悔相道之不察兮，延伫乎吾将反。回朕车以复路兮，及行迷之未远。步余马于兰皋兮，驰椒丘且焉止息。进不入以离尤兮，退将复修吾初服。制芰荷以为衣兮，集芙蓉以为裳。不吾知其亦已兮，苟余情其信芳。高余冠之岌岌兮，长余佩之陆离。芳与泽其杂糅兮，唯昭质其犹未亏。忽反顾以游目兮，将往观乎四荒。佩缤纷其繁饰兮，芳菲菲其弥章。民生各有所乐兮，余独好修以为常。虽体解吾犹未变兮，岂余心之可惩？

（1）下列对诗句的赏析，不恰当的一项是（   ）（3分）

A. 整节诗给人的整体感悟是：诗人在反省自己，省察自己的行为，进一步表现追求美德，即使遭受肢解也不悔的决心。

B. 诗段的思路是：省察自己的进退、举止、制衣、服饰，"众人不吾知"，自己游目反顾，四处皆"荒"，而自己仍"芳菲菲其弥章"。

C. 诗段以"悔"开头，以"体解不变"作结，在内容和情感上似乎形成反差；然而，"悔"并非后悔，而是检查自己是否选错了道路。

D. 诗段的浪漫主义艺术特色，表现在诗人启动发散思维，产生想象，用异花香草、鸾鸟凤凰等来形象地揭示自己的美好心灵。

（2）诗句"制芰荷以为衣兮，集芙蓉以为裳"使用的艺术手段产生了怎样的表达效果？请加以赏析。（5分）

第六板块　学后反思

——学生反思自己是如何学会的？还需要通过怎样的反思
来管理自己的学习？

学习活动（五）

【悟学】

个性化"悟"——在悟中学，涌动成长——内心对话，悦纳自我；自我反思，感悟成长。

【评价方式】

反思静悟，体验成长；在学习中反思，在反思中提升。

1. 学习报告

请阅读鉴赏先秦诗歌，完成《先秦诗歌阅读鉴赏学习报告》。

学习报告主要包含三方面：一是学会了什么，对先秦诗歌阅读与鉴赏的学习内容进行梳理或总结；二是查找问题，指出自己在先秦诗歌阅读与鉴赏的学习过程中遇到的问题或困惑，提出需要寻求何种帮助；三是分享"何以学会"的策略，自己阅读与鉴赏先秦诗歌有哪些方法与经验值得与他人分享。

2. 自评表

表1 "先秦诗歌" 群课堂学习等级自评表

学习环节	学习活动	达成程度					备注
课前	读诗讲诗——腹有诗书气自华	1	2	3	4	5	
一	自主学习——自主性"学"	1	2	3	4	5	
二	合作学习——特色化"展"	1	2	3	4	5	
三	探究学习——针对性"教"	1	2	3	4	5	
四	学以致用——科学化"练"	1	2	3	4	5	
五	在悟中学——个性化"悟"	1	2	3	4	5	

（说明：请打"√"选择：1表示我学习过，2表示我能读懂，3表示我会鉴赏，4表示我能答对，5表示我会指导别人读诗。）

第二章　汉魏晋南北朝诗歌阅读鉴赏学历案

第一板块　学习主题与学时

——在多少时间内学生学习什么？

【学习内容】

汉魏晋南北朝诗歌：（1）《涉江采芙蓉》；（2）曹操《短歌行》；（3）陶潜《归田园居（其一）》；（4）鲍照《拟行路难（其四）》。

【学时】

4学时。

第二板块　学习目标

——学生期望学会什么？

【学习目标】

1. 语言素养目标

吟咏诗韵，熟读成诵汉魏晋南北朝诗歌，读出音律美和意境美。积累常见的意象和典故，结合字句的理解和文辞的赏析，把握五言诗的语言风格，感知语义，体味感情，领会意境，提高古代五言诗阅读的语感能力。

2. 思维素养目标

运用"以意逆志，知人论世"的方法探究汉魏晋南北朝五言诗、乐府诗的意旨，领悟其情趣和艺术魅力，嚼字析词品味形象之美，因文联想总览意境之美，从而有效地进行情感体悟，促进智慧与精神的生成。

3. 审美素养目标

整体感受和体验五言诗、汉乐府的特点，欣赏、鉴别和评价汉魏晋南北朝时期不同风格特色，理解用典、白描等艺术手法，领悟言浅意深巧设喻，抒情言理，提升含蓄蕴藉的审美效果和鉴赏美、表现美的能力及素养。

4. 文化素养目标

感受文学"自觉时期"的思想蕴涵与生命内核，深刻认识人间别离与人生理想不能实现的喟叹，招贤纳才建功立业的豪情，洁身自好、不愿屈身逢迎的志趣和在逆境中的抗争精神，培养热爱生活、乐观豁达的情怀，提高民族自信心和自尊心。

第三板块　评价任务

——学生何以知道是否学会了？

课前检测

认真阅读《涉江采芙蓉》，完成1~3题。（12分）

1. 下面对《涉江采芙蓉》一诗的赏析不正确的一项是（　　）（3分）

A. 诗的前两句以女子的口吻写起，在荷花盛开的美好季节，在风和日丽中，荡一叶小舟摘几枝可爱的莲花，归去送给自己的心上人。

B. 三四两句使得这美好欢乐的情景，刹那间被充斥于诗行间的叹息之声改变了，"采之欲遗谁？所思在远道。"长长的呼叹，点明了这女子全部忧思之所由来。

C. 接着五六两句空间突然转换，出现在画面上的，似乎已不是拈花沉思的女主人公，而是那身在"远道"的丈夫了："还顾望旧乡，长路漫浩浩。"

D. "同心而离居，忧伤以终老。"这两句无疑是全诗的主旨之语，将一对同心离居的夫妇的痛苦之情准确而又含蓄地表达出来了。

2. "还顾望旧乡，长路漫浩浩。"中"还顾""漫浩浩"两词运用巧妙，请简要分析，谈谈这样写有什么作用。（3分）

3. 有人认为抒情主人公是男性，"涉江"者和"环顾"者都是男子；也有人认为抒情主人公是女性，"涉江"者是女子，"还顾"者则是"所思"的男子，你怎么看？（6分）

参考答案：

1. D（D项，"含蓄地表达出来"错误，不是采用"含蓄"的手法，主旨句用直接

抒情的方式来表达同心离居的夫妇的痛苦之情。故选D项。）（3分）

2.（1）"还顾"一词动作感和画面感很强，让人仿佛看到主人公孤单、忧愁、怅惘地往故乡的那个方向张望。（2）"漫浩浩"一词读起来给人以路途绵延无尽的感觉，抒情主人公迷茫痛苦到极点。（3）采用"对写法"即主客移位，就是明明是自己思念对方，却说是对方不忘自己；明明是自己孤单想家，却说是对方盼望团圆；明明是自己不忍离去，却说是对方难以割舍。这两句不是虚写却产生了虚写的效果，并没有直接点明主人公的痛苦，含蓄不尽。

3.（1）是女主人公。前四句是家乡的女人在采莲；后四句则是女子在想象自己远在他乡的丈夫思念她的情景。故前实写，后虚写。说话的人是留在"旧乡"的女子。（2分）（2）是男主人公。前四句是他想象家乡的情人在采莲，并思念他的情景；后四句则是他自己在想心事。故前虚写，后实写。或本诗为实写，写男子采花送花，望乡思人。"涉江采芙蓉"的是他，"忧伤"的也是他。（2分）（3）两者皆有可能。前四句是家乡女子在采莲并思念丈夫的情景。后面是在外地的男子正在思念远在家乡的妻子。两者均为实写。显然所思是一人，还顾者是另一人。（2分）

📖 **课堂练测**

学习活动（一）参考答案：

1.（1）《短歌行》中曹操一忧人生苦短，二忧贤才难得，三忧功业未就。（2）"慨当以慷，忧思难忘"中"忧"人生苦短，作者感叹人生短暂，短得就像朝露。"何以解忧，唯有杜康"中"忧"指贤才难得。"忧从中来，不可断绝"中"忧"功业未就，正因为理想尚未实现，曹操思贤之心才会如此强烈。（3）在特定的历史环境下，作者抒发了自己对人生苦短和时光易逝的苦闷和感叹，同时也以真诚和迫切的心情抒发了自己招揽贤才的良苦用心及建功立业、统一天下的宏图大志。

2.（1）《短歌行》基调是昂扬奋发的。作者通过宴会的歌唱，以沉稳顿挫的笔调抒写自己求贤若渴的思想感情和统一天下的雄心壮志。（2）曹操对人生的短暂发出感慨和忧愁，并借酒来浇愁。表面看写个人的感慨和忧愁，仿佛要放浪形骸、及时行乐，实则把深沉的情感隐藏在酒中。作者的这种忧思，源于内心的焦急。正因为人生短暂，才最渴望招纳贤才，为己所用，建功立业，统一天下。（3）全诗前面写得沉郁悲凉，后面写得慷慨激昂，作者的情感有低沉也有起伏更有高亢，集中地体现了"慷慨悲凉"的建安风骨。

3.（1）①巧用典故。②"青青子衿"二句，"子衿"本意是传达恋爱中的女子对情人爱怨和期盼的心情。作者化用诗意，用以比喻渴慕贤才，表达热烈期待贤士的到来。"呦呦鹿鸣"四句，贤才若来投奔于己，必将极尽礼节招待他。"山不厌高，海不厌深。" 海纳百川，诚心纳英才，希望接纳的人才越多越好。"周公吐哺，天下归心。"作者以周公自比，反复倾诉了求贤若渴的迫切心情，表明了为完成统一大业而不遗余力的真诚态度。③巧用典故，古朴深沉，自然妥帖。

（2）①妙用比兴。②"譬如朝露"二句，以"朝露"喻人生易逝；"明明如月"二句，以"明明如月"喻才德高盛；"月明星稀"二句，先写景起兴，喻指贤才很少，贤士们还没有归宿。"绕树三匝"二句，喻贤才尚在徘徊并急于寻找可依托的明主，流露出作者唯恐贤士不来的焦急心情；"山不厌高"四句，以山高海深比喻招纳人才的博大胸怀，以虚心待贤的周公自比，表示自己像周公一样厚遇贤士，使天下人才都心悦诚服地归顺。③妙用比兴，极大地激发读者的联想，增强意蕴，产生形象鲜明、诗意盎然的艺术效果。（一艺术特色举一例分析即可）

学习活动（二）参考答案：

（1）从何而归？——从官场而归。"误落尘网中"和"久在樊笼里"反映了作者对官场生活的厌恶，痛恨误入仕途的生活。用上"尘网""樊笼"等词，足见作者对钩心斗角、尔虞我诈的官场的极端厌恶。而"误"字更显出作者的悔恨之深，入仕做官，非其本性使然，而是一大误会。

（2）为何而归？①性本爱丘山。作者入仕做官，本只为了养家糊口，受家庭和儒家思想的影响，有"大济苍生"的抱负；而仕途不得志，难以施展抱负，身在宦海，而心系田园，只有选择离开，选择归隐。所以"性本爱丘山"也许是陶渊明"归"的一个很重要的原因，但不是最关键原因。②守拙归园田。其实"守拙"是为了保持自己精神上的自由和独立。作者把失去自由的自己比作"羁鸟""池鱼"，暗示官场黑暗，陶渊明又不愿同流合污，反对机巧圆滑，反对官场生活中的八面玲珑、尔虞我诈，怕自己受到官场不良环境的影响而失其本心。这样，正直清高的作者感到精神上很压抑、没有自由，所以"归园田"是为了保持自己的本心初心。

（3）归向何处？——回归园田。简朴、空阔、恬适、幽静、和谐、朦胧的田园生活，让作者弃官归隐，流连忘返。作者归隐后的心情是愉悦的。诗中营造了一种宁静安谧、纯朴自然的意境，使人深深体味到作者那淡泊恬静的生活情趣，真正达到了情景交融的至臻完美的艺术境界。

（4）归去如何？——"归"后释然、舒畅、怡然自得。其中"无尘杂""有余闲""久""复"表现了作者归隐后宁静、闲适的生活状态和那种轻松、平和、喜悦之情。"归"前后形成鲜明的对比，表达了作者厌恶官场，热爱田园生活，追求精神上的自由和独立，及不与世俗同流合污的高洁品格。

学习活动（三）参考答案：

1.（1）比兴手法。（2）那流向"东西南北"不同方位的"水"，恰好比喻了社会生活中高低贵贱不同处境的人。"水"的流向，是地势造成的；人的处境，是门第决定的。（3）因此，起首两句托物起兴，通过泻水流淌的自然现象的描写，说明了水是依照高下不同的地势流向各方一样，人生际遇也是被家庭门第的高低贵贱决定的，形象地揭示出了现实社会门阀制度的不合理性。

2.（1）"命"指门第决定人生，有什么样的门第就有什么样的人生际遇。（2）含有反讽语气，作者越是说人生有命是正常的，越能显示这一现实的荒唐；越是平静地说"安能行叹复坐愁"，就越是透露出其精神上无可解脱的痛苦，越让读者感受到一颗被压抑的心灵发出愤怒的控诉。（3）因此，作者认为非常不公平，但没法改变，只能发出愤怒的控诉。

3.（1）感情基调：悲怆难抑。（2）五、六句，以精练的笔法，生动形象地刻画出作者悲怆难抑的诗人形象。（3）"酌酒"原为排遣愁绪，然而满怀郁结的悲愁，区区杯酒岂能驱散？作者自斟自酌，趁着酒意击节高歌，唱起了悲怆的《行路难》，尽将一腔悲愤倾泻出来。

4.（1）"安能行叹复坐愁"这个反问句，表面上看，是说人生苦乐自有命，怎能行时叹息坐时愁？应学会自我安慰，实际上语言中蕴含着不平之气。（2）"心非木石岂无感"是作者思想感情的大转折：人生亦有命（宽慰自己）——酌酒以自宽（借酒浇愁）——心非木石岂无感（感情奔涌）。

📖 课后评测

学习活动（四）参考答案：

1.（1）C（C项，不是借代，应是用山和海来比喻作者博大的胸怀。）（3分）

（2）①同意"怜才"一说。（1分）②作为曹操言志之作，全诗通过对时光易逝、贤才难得的再三咏叹，抒发了作者求贤若渴的感情。（2分）③表现出作者统一天下的雄心壮志和自强不息的进取精神。（2分）

2.（1）D（D项，全诗写陶渊明辞官归隐，重返自然的生活情景。并非从"进入官场"到"退出官场"的全过程。"少无适俗韵"是指从小就不适应世俗的气质性格，并非少年进入官场。）（3分）

（2）①作者归隐后是愉悦、轻松、自在、闲适的。（1分）②运用比喻、拟人、夸张、动静结合、白描、对比或衬托和情景交融等手法，将方宅草屋、榆柳桃李、村落炊烟、狗吠鸡鸣等景物构成的一种宁静安谧、纯朴自然的意境，使人深深体味到作者那淡泊恬静的生活情趣，真正达到了情景交融的至臻完美的艺术境界。（2分）③直抒胸臆，从"无尘杂""有余闲""返自然"等可以真切地感受到作者归隐田园的自由、安逸、喜悦之情。（2分）

下篇　古诗鉴赏学历案

3.（1）A、C（A项，不是"借代"，是"比喻"；C项，"一直在直接诉说自己的悲哀"错。每选对一个得3分，选对两个得5分）

（2）①对不公平门阀制度的不满。作者通过对泻水的寻常现象的描写，形象地揭示出了现实社会里门阀制度的不合理性。②壮志难酬的愤懑不平。作者以"人生亦有命"的宿命论观点，来解释社会与人生的错位现象，并渴望借此从"行叹复坐愁"的苦闷之中求得解脱。③世路艰难忍气吞声的无奈与悲哀。作者以"酌酒以自宽"来慰藉心态的平衡。然而，举杯消愁愁更愁，就连借以倾吐心中悲愤的《行路难》歌声，也因"举杯"如鲠在喉而"断绝"了。（每点2分，概括1分，分析1分；意思对即可。）

第四板块　学习过程

——学生需要经历怎样的学习过程才能学会？

一、资源与建议

【学习流程】

自学——互学——研学——习学——悟学。

【学习策略】

读懂（"泡"）——悟透（"品"）——答对（"抠"）。

【汉魏晋南北朝诗歌简史】

汉乐府民歌，在我国诗歌史上，是继《诗经》《楚辞》之后出现的第三个重要发展阶段。"感于哀乐，缘事而发"的汉乐府民歌，最大的艺术特点是它的叙事性、丰富的社会内容和高度的思想性。第一部长篇叙事诗《孔雀东南飞》是汉乐府诗发展史上的高峰之作，与北朝《木兰诗》合为"乐府双璧"。

到了汉末，由佚名诗人所作的五言体民歌《古诗十九首》出现，标志着五言诗体基本走向成熟。《古诗十九首》吸收了《诗经》的比兴技巧，语言圆熟，流利清新，朴素自然，浑然天成，意在言外，艺术成就很高。刘勰《文心雕龙》称其为"五言之冠冕"，钟嵘《诗品》说它"一字千金"，可见人们对它的珍视。

魏晋南北朝时期，文学进入"自觉时代"。文学理论繁荣，文学批评兴起，不仅开创了中国古代文学批评和文学理论发展的最高峰，而且出现了多个不同风格的诗歌流派和诗体。其中建安七子、竹林七贤影响最大，永明体诗歌最为知名。

文人诗作到东汉建安年间出现了一次高潮，建安诗歌吸收了乐府诗的营养，继承了汉乐府民歌的现实主义传统和风格，气格豪迈，慷慨悲凉，被称为"建安风骨"。"三曹"中文学成就最高的是曹植。"建安七子"中成就最大的是王粲。

三国时期的诗歌以建安诗歌为代表。领袖人物曹操既是著名政治家，又是杰出诗人。他用汉代乐府旧题来作诗，表达了他远大的政治抱负，同时也相当程度地反映了社会现实。他的《短歌行》《观沧海》《龟虽寿》等诗，悲凉慷慨，气韵沉雄，历来被诗人们所钦佩。

建安以后，魏晋南北朝时代出现过众多诗人，著名者如曹魏时代的阮籍、嵇康；晋代的左思、陆机、陶潜；刘宋的谢灵运、鲍照；南齐的谢朓、沈约；梁代的吴均、何逊；陈代的徐陵、庾信等。其中影响最大的是陶潜。

陶渊明是田园诗的开创者。陶潜，又名渊明，字元亮，自号五柳先生，谥号靖节先生，东晋最杰出的诗人。东晋大臣陶侃的曾孙，出身于破落官僚家庭，做过彭泽县令一类小官。因其性情孤傲，不肯"为五斗米折腰"，辞官归隐于家乡浔阳柴桑（今江西省九江市），以隐士终其生。《归田园居》诗自述其志向，表述了他对官场的厌恶，并充满热情地赞美了归隐田园的乐趣。他的诗情感真挚，诗味醇厚，风格平淡，语言清新自然，后世称他为"百世田园之主，千古隐逸之宗"。

陶潜之后影响较大的诗人是刘宋时的谢灵运和鲍照。谢灵运出身官僚世家，一生政治失意，寄情山水，开创了山水诗派。

鲍照是第一个大力写作七古的诗人，最有名的是《拟行路难》18首。鲍照出身寒微，怀才不遇，常借诗歌来抒发他建功立业的愿望，表现寒门志士备遭压抑的痛苦，传达出寒士们慷慨不平的呼声，充满了对门阀社会的不满情绪和抗争精神，形成了慷慨奔放，形式富于变化的独特风格。鲍照擅长诗赋和骈文，尤善乐府，创造以七言为主的歌行体，作品风格俊逸，对唐代诗人李白等有很大影响。

南北朝乐府民歌是继"国风"和汉乐府民歌后出现的又一批人民口头创作的诗歌，南朝民歌以《清商曲辞》中"吴声歌"和"西曲歌"为主，还有一首较长的抒情诗《西洲曲》，属《杂曲歌辞》。北朝民歌以《乐府诗集》所载"梁鼓角横吹曲"为主，北朝民歌中最杰出的长篇叙事诗是《木兰诗》。北朝乐府民歌虽以五言四句为主，但同时还创造了七言四句的七绝体，并发展了七言古体和杂言体。

总之，被鲁迅称为文学"自觉时期"的汉魏晋南北朝，在诗歌方面的主要成就是五言诗由成型到繁荣，七言诗由滥觞到初步发展，杂言的歌行体及五七言四句的小诗也趋于成熟，新兴的声律学为唐以后的格律诗的发展奠定了基础。

二、课堂与活动

📖 情境导入

两汉三国时期"杯盏谈笑间，天下争雄去"，群雄并起，大势将成；

魏晋南北朝时期"饮酒入南山，醉卧绸帐里"，或隐仙，无为；或奢华，淫靡。

📖 读诗讲诗

涉江采芙蓉

涉江/采/芙蓉，兰泽/多/芳草。

采之/欲/遗谁，所思/在/远道。

还顾/望/旧乡，长路/漫/浩浩。

同心/而/离居，忧伤/以/终老。

【译读】

我渡过江水去采荷花，生长兰草的沼泽地长满芳草。可是我采了荷花要送给谁呢？我想要送给远方的爱人。回头望望那远处的故乡，却又长路漫漫，无边无际。两心相爱却漂泊异乡，在思念的愁苦中忧伤以致终老。

【赏读】

"怨而不怒，哀而不伤，《三百篇》之遗也。"五言古体诗《涉江采芙蓉》是《古诗十九首》中描写怀乡思亲的代表。

"忧伤"是全诗的诗眼。作者以中心意象"芙蓉"及兰泽、芳草等意象，奠定了全诗高洁、清幽的意境，从侧面烘托了主人公形象的雅洁和感情的纯洁和美好。从内容看，主要写作者的失意和哀伤，写游子、思妇的离愁和相思之情。从表现手法看，一是以乐境写哀情，以美好的情境衬托了相思不能见的忧伤；一是大胆想象变换角色跨越时空的写法。作者借江上的芙蓉与芳草起兴，借景抒情，流露出思妇游子相思离别之情，并抒发了欲归不得的哀伤或惆怅。

📖 学习活动（一）

【自学】

自主性"学"——自主学习，链接知识——文本对话，主动学习；整合资源，激发灵感。

短歌行（三国·曹操）

对酒当歌，人生几何！譬如朝露，去日苦多。

慨当以慷，忧思难忘。何以解忧？唯有杜康。

青青子衿，悠悠我心。但为君故，沉吟至今。

呦呦鹿鸣，食野之苹。我有嘉宾，鼓瑟吹笙。

明明如月，何时可掇？忧从中来，不可断绝。

越陌度阡，枉用相存。契阔谈䜩，心念旧恩。

月明星稀，乌鹊南飞。绕树三匝，何枝可依？

山不厌高，海不厌深。周公吐哺，天下归心。

"乐府"变为一种诗歌体裁，被称为"曲""辞""歌""行"等。《短歌行》是汉乐府的旧题，曹操《短歌行》属于运用乐府旧曲来补作新词的"拟乐府"。"长歌""短歌"是指依歌词音节的长短而言。曹操《短歌行》既有短歌的微吟低徊的特色，又有曹操独特的"慷慨悲凉"的风格。这首诗感慨光阴易逝、功业难成，抒发了作者求贤若渴、共图大业的急切心情，表现出作者建功立业的强烈愿望和积极进取的人生态度。

诗眼是"忧"字，全篇充满了作者的"忧思""忧愁""忧虑"。作者抒情述志，把直叙衷情与化用《诗经》成句、用典糅合在一起，表现一忧"人生苦短"，二忧"求贤不得"，三忧"功业未就"。作者先是感叹岁月匆匆，号召青年才俊，珍惜时光，建功立业；接着详写了求才若渴的真挚情感，表现了作者文治武功，统一天下的雄心壮志。全诗感情深沉，语言质实。

【思考题】

1. 诗中"忧"字多次出现，其中"忧思难忘"的"忧"是什么？"忧从中来"的"忧"又是什么？请结合诗句加以分析。

2. 曹操忧人生短暂，因而借酒浇愁。这样一来，全诗的基调是不是消极的、低沉的？说说你的看法。

3. 请结合诗句，简要赏析这首诗的艺术特色。

学习活动（二）

【互学】

特色化"展"——合作学习，相互营养——同伴对话，合作交流；取长补短，绽放精彩。

——精读《归园田居·其一》，于有疑处质疑，于无疑处生疑。

归园田居（其一）（东晋·陶渊明）

少无适俗韵，性本爱丘山。误落尘网中，一去三十年。

羁鸟恋旧林，池鱼思故渊。开荒南野际，守拙归园田。

方宅十余亩，草屋八九间。榆柳荫后檐，桃李罗堂前。

暧暧远人村，依依墟里烟。狗吠深巷中，鸡鸣桑树颠。

户庭无尘杂，虚室有余闲。久在樊笼里，复得返自然。

《归园田居》是陶渊明辞官后的田园诗，写于归隐后一年。《归园田居》一共有五首，分别从辞官场、聚亲朋、乐农事、访故旧、欢夜饮五个方面描写作者丰富充实的隐居生活。《归园田居·其一》中，人、事、景、物全有，在叙事和描写之外，则体现出作者的情、理、趣。

诗题"归园田居"明确了陶渊明要回到园田生活。作者紧扣诗眼"归"字，按照"从何而归""为何而归""归向何处""归去如何"的思路连缀成诗。《归园田居·其一》抒发了陶渊明质性自然、乐在其中的情趣。全诗虽有感情的动荡、转折，但那种欢愉、达观的明朗色彩是辉映全篇的。

作品语言平淡，又富于诗意。作者用自然的笔墨，使情景融为一体。笔墨之淡与意境之浓，笔墨之自然与意境之深远，妙含其间，大大增强了作品的艺术感染力。

【思考题】

"归"是诗眼，标题"归园田居"明确了陶渊明要回到园田生活。围绕着"归"，你觉得作者写了哪些内容呢？试做赏析。

📖 学习活动（三）

【研学】

针对性"教"——探究学习，思想交融——师生对话，质疑问难；学法指导，点拨规律。

拟行路难（其四）（南朝宋·鲍照）

泻水置平地，各自东西南北流。

人生亦有命，安能行叹复坐愁？

酌酒以自宽，举杯断绝歌路难。

心非木石岂无感？吞声踯躅不敢言。

【读懂】

就像往平地上倒水，水会向不同方向流散一样，人生贵贱穷达是不一致的。人生命运是既定的，怎么能行时叹息坐时愁呢？

喝点酒来宽慰自己，歌唱《行路难》，歌声因举杯饮酒而中断。人心又不是草木，怎么会没有感情？欲说还休，欲行又止，那就不再多说什么了。

【悟透】

《行路难》乐府旧题，主要是抒发世路艰难和离别悲伤的感情。有些模仿汉魏乐府的作品的题前多冠一"代"或"拟"字。《拟行路难·其四》是南北朝时期诗人鲍照创作的一首乐府诗。写鲍照在门阀制度重压下的怀才不遇，抒发愁苦的感叹，表达了深感世路艰难激发起的愤慨不平之情，其思想内容与原题妙合无痕。起首两句，通过对泻水的寻常现象的描写，形象地揭示出了现实社会里门阀制度的不合理性。接下四句，作者转向自己的心态剖白。伴随感情曲折婉转的流露，五、七言诗句错落有致地相互搭配，韵脚由"流""愁"到"难""言"灵活的变换，这一切，便自然形成了全诗起伏跌宕的气势格调。

全篇构思迂曲婉转，托物寓意，蕴藉深厚。作者抓住一个"愁"字，抒发作者怀才不遇的愤懑之情。诗作突出愁的内容是命——门第决定人生；提出消愁之法——酌酒为消愁，悲歌为断愁；指出愁的结果——吞声踯躅不敢言，不敢言者更添愁。所以，诗中有对不平等现象的愤慨，对门阀制度的不满，传达了寒门志士有志难伸的慷慨不平的呼声，达到了启人思索、耐人品味的艺术境界。

【答对】

1.开头一、二句运用了什么表现手法？揭示了什么道理？

2.第三句中的"命"是指什么？结合全诗看，作者对此有怎样的看法？

3.这首诗的感情基调是什么？第五、六句塑造了一个怎样的诗人形象？

4."安能行叹复坐愁"和"心非木石岂无感"两个反问句，在表现作者情感变化过程中起到了什么作用？

第五板块　检测与作业

——学生真的学会了吗？如何检测或巩固学生已学会的东西？

学习活动（四）

【习学】

科学化"练"——学以致用，在做中会——问题对话，学以致用；拓展延伸，融合生活。

1.阅读曹操《短歌行》，然后完成（1）~（2）题。（8分）

（1）对这首诗的赏析不恰当的一项是（　　）（3分）

A.本诗是曹操晚年所作，表现出作者渴望得到贤才、建功立业的强烈愿望。

B."青青子衿"以下八句写思念贤才，忧思绵绵；"明明如月"以下八句写得到贤才，热情款待。两部分，一正一反抒发了对贤才的渴望。

C."山不厌高"以下四句，以借代和引用，深化了作者渴求贤才的热望和得到贤才、统一天下的雄心。

D.通篇运用了比兴手法来达到寓理于情，以情感人的目的。诗中比喻用得多而贴切，化用《诗经》成句自然而不露痕迹。

（2）清人吴淇读曹操《短歌行》后说："盖一厢口中饮酒，一厢耳中听歌凭空作想，想出这曲曲折折，絮絮叨叨，若连贯，若不连贯，纯是一片怜才意思。"你同意"怜才"一说吗？谈谈你的理解。（5分）

2.阅读陶渊明《归园田居·其一》，然后完成（1）~（2）题。（8分）

（1）对本诗的理解与分析不正确的一项是（　　）（3分）

A.羁鸟恋旧林，池鱼思故渊：笼中鸟留恋原来飞翔栖息过的树林，池中鱼思念以往自由生活过的深潭。

B.开荒南野际，守拙归园田：在村南的野外开荒，固守愚拙，回乡过田园生活。

C.这首诗表现了作者摆脱污秽官场，来到农村之后的自由生活和愉快的心情。

D.全诗写出了作者从少年进入官场到多年后退出官场的全过程。

（2）作者归隐田园后的心情是怎样的？这种心情是如何表达出来的？（5分）

3.（挑战题，供选做）阅读鲍照《拟行路难·其四》，完成（1）~（2）题。（11分）

（1）下面对这首诗思想内容和艺术手法的赏析，不恰当的两项是（　　）（5分）

A.本诗开头两句中，作者恰当地运用了借代手法，用流向东西南北不同方位的"水"，代指社会生活中有着不同地位的人。

B.本诗三、四两句以宿命论观点来解释社会与人生的错位现象，并表明据此从"行叹复坐愁"的苦闷中求解脱的渴望。

C.作者一直在直接诉说自己的悲哀，胸中积累的块垒无法借酒浇除，便着笔于从怅惘中求得解脱，在烦忧中获得宽慰。

D.诗的结尾写人心非草木，不可能没有感情，心中的愤懑似乎到了随时都会爆炸的程度，但到了嘴边却突然被克制住了。

E.作者从普通自然现象顿悟出了与之相类似的某种人生哲理，全诗托物寓意，突显出含蓄不露、蕴藉深厚的艺术效果。

（2）清代沈德潜评说其"妙在不曾说破"，此诗表达了哪些思想情感？请结合诗句加以分析。（6分）

第六板块　学后反思

——学生反思自己是如何学会的？还需要通过怎样的反思
来管理自己的学习？

学习活动（五）

【悟学】

个性化"悟"——在悟中学，涌动成长——内心对话，悦纳自我；自我反思，感悟成长。

【评价方式】

反思静悟，体验成长；在学习中反思，在反思中提升。

1. 学习报告

请阅读鉴赏汉魏晋南北朝诗歌，完成《汉魏晋南北朝诗歌阅读鉴赏学习报告》。

2. 自评表

表2　"汉魏晋南北朝诗歌"群课堂学习等级自评表

学习环节	学习活动	达成程度					备注
课前	读诗讲诗——腹有诗书气自华	1	2	3	4	5	
一	自主学习——自主性"学"	1	2	3	4	5	
二	合作学习——特色化"展"	1	2	3	4	5	
三	探究学习——针对性"教"	1	2	3	4	5	
四	学以致用——科学化"练"	1	2	3	4	5	
五	在悟中学——个性化"悟"	1	2	3	4	5	

（说明：请打"√"选择：1表示我学习过；2表示我能读懂；3表示我会鉴赏；4表示我能答对；5表示我会指导别人读诗。）

第三章　初唐诗歌阅读鉴赏学历案

第一板块　学习主题与学时

——在多少时间内学生学习什么？

【学习内容】

初唐诗歌：张若虚《春江花月夜》。

【学时】

3学时。

第二板块　学习目标

——学生期望学会什么？

【学习目标】

1. 语言素养目标

因声求气，吟咏诗韵，熟读成诵，读出《春江花月夜》音律美和意境美。了解和把握唐代诗人借助意象述志达情的主要文脉，提高唐诗阅读的语感能力和"诗家语"的建构及运用能力，领会春江花月夜深沉、寥廓、宁静、惆怅的意境美。

2. 思维素养目标

阅读鉴赏风神初振的初唐诗歌，置身诗境，缘景明情，涵泳含蓄隽永、景理情浑然天成的画意诗情，体会蕴含在作品中的感情、思想和哲理，捕捉其思维脉搏，提升思维品质和语文素养，促进个性自由和谐地发展。

3. 审美素养目标

强化音律、意象、哲理和情感的审美体验，品味感受初唐诗歌刚健而飞动的抒情风格，深刻领悟《春江花月夜》中所抒发的游子思妇的相思之情和所体现的宇宙与人生的哲理，形成正确的价值判断、自觉的审美意识和高尚的审美情趣。

4. 文化素养目标

熟读精研诗歌、体悟"哀而不伤"的文化格调，学习对人生追求与热爱的态度，培养健康高尚的审美情趣和树立远大的生活理想，深刻认识中华优秀传统文化的价值与意义，增强文化自觉和文化自信。

第三板块 评价任务

——学生何以知道是否学会了？

课前检测

阅读陈子昂《登幽州台歌》，完成1～2题（9分）

1. 下面各项中，关于本诗的赏析不正确的一项是（　　）（3分）

A. "古人""来者"指的是像燕昭王那样求贤若渴、礼贤下士的明君。

B. "念天地之悠悠"是以空间的广阔来衬托作者博大的胸襟和乐观的态度。

C. "悠悠"与"独"相对照，更加突出作者的孤独寂寞之情。

D. 诗眼"独"字，渲染了作者心中不可名状的孤独悲凉之感。

2. 这首诗在遣词造句上没什么特殊之处，千百年来却一直不减它动人的力量。试谈谈你对这首诗的理解，并分析它在艺术表现上的特色。（6分）

参考答案：

1. B（B项，不是"以空间的广阔衬托作者博大的胸襟和乐观的态度"，作者感念天地，怆然涕下。背景浩瀚辽远，人与天地相比不由怆然泪下。）（3分）

2.（1）陈子昂《登幽州台歌》传达出时间的绵长无尽以及个人置身其中的孤独感，唤起的是人类共有的那种在广袤时空中常不知自己置身何处且何去何从的茫然感。（2分）（2）在艺术表现上最大特色是直抒胸臆。不借助具体的景或事，而靠感情本身的力量来打动人。（2分）（3）作者登上幽州的蓟北楼远望，悲从中来，以慷慨悲凉的调子，表现了作者生不逢时、怀才不遇、不能实现远大政治理想的悲凉、压抑感和孤独感。（2分）

📖 **课堂练测**

学习活动（一）参考答案：

1.（1）全诗扣紧春、江、花、月、夜来写，重点写"月"。（2）春、江、花、夜都围绕着"月"做陪衬。诗从月生开始，继而写月下的江流、芳甸、花林、沙汀，然后就月下的思妇反复抒写，最后以月落收结。（3）诗歌意象有主有从，主从巧妙配合，构成了完整的诗歌形象，形成了美妙的艺术境界。

2.（1）（1~8句）描绘春、江、花、月、夜的美景。（2）（9~16句）引发对宇宙和人生的哲理思考。（3）（17~36句）抒写思妇、游子的两地相望相思情。

3.（1）寓情于景。（2）作者描绘了浩瀚澄澈的江，绚烂耀眼的花，明亮空灵的月，营造了幽美邈远、清幽静谧的意境。（3）抒发了作者美好、兴奋、快乐的情感。

4.（1）作者由"江畔何人初见月？江月何年初照人？"发问，不禁对空中这轮孤月发出奇想：究竟是谁最先在江畔看见这明月呢？江月又在什么时候开始照着人呢？并由此引发"宇宙永恒，明月常在"的感喟。（2）作者从描写景色转向观照宇宙人生。既有对人生短暂，宇宙无穷的惆怅；又有人类"代代无穷已"与"年年望相似"的明月共存于天地的欣慰。（3）总之，感情哀而不伤，作者虽有对人生短暂的感伤，但并不是颓废与绝望，而是缘于对人生的追求与热爱，充盈着热烈、达观之气。

5.（1）从"白云一片去悠悠"到"何处相思明月楼？"总写游子思妇的两地相望相思之情。（2）从"可怜楼上月徘徊"到"鱼龙潜跃水成文"写思妇怀人。（3）从"昨夜闲潭梦落花"到"落月摇情满江树"写游子想家。

学习活动（二）参考答案：

1.（1）核心意象：月。（2）作用：①从结构上看，以月亮升起到坠落的过程作为全诗的外在线索；②从内容上看，月亮不仅是写景的主要对象，也是作者引发哲理思考的因由与抒写离愁别绪的依托。

2.（1）拟人手法。（2）作者把"月"和思妇做伴，为她解愁，把柔和的月光洒在玉户帘上、捣衣砧上。思妇触景生情，反而思念尤甚。她想赶走这恼人的月色，可是月色却"卷不去""拂还来"，真诚地依恋着她。（3）"卷不去""拂还来"的既是月色，又是绵绵不断的相思，生动地表现出思妇内心的惆怅和迷惘。

3.（1）①"只"字好。②"只"字写出了月圆而缺，月缺而圆，年年相望，从来没有两样的明月，人哪里比得上明月之长久永恒的情景；而且与"无"字相对，个人的生命是短暂即逝的，但丰富多彩的人生却是"代代无穷已"的，如此就与"年年只相似"的明月一样获得了永恒。"望"字虽写出了望月的动作神态，也包蕴了望月之人的怅惘之情；但未传达出人生短暂、明月永恒的哲思。③从前后对应、简洁来说，还是选"只"好。（2）①"待"字好。②"待"字表现了明月徘徊，像是在等待什么人，但又永远不能如愿的情境；而"照"字只表现出月光照人的情景，缺乏"待"字的悠远和怅惘的意境。③自古"明月"都是离愁别绪的代名词。诗句用"待"字意味着等待，意境更能体现优美凄清。因此，还是选"待"好。

学习活动（三）参考答案：

1. 春江的潮水涌动，浩茫茫一片仿佛和大海连在一起。这时一轮明月伴着潮头冉冉而升，万顷江波之上笼罩了一层空灵、迷蒙的月色，水光粼粼，月光莹莹。江水宛然前行，环绕着一处芳草萋萋、繁花满树的郊野流淌。溶溶月色弥漫在这开满鲜花的树林里，柔柔的月光在花瓣上浮动，像是撒了一层洁白的雪。月光皎洁，天空中飘洒、飞舞的流霜，沙滩上洁白、柔软的细沙都与月色融成了白茫茫的一片。

2.（1）起到了过渡作用，将诗情推向更深远的境界。（2）"江天一色无纤尘，皎皎空中孤月轮"是对前面景色的总结，江天无尘，明月孤寂。清明澄澈的天地宇宙，仿佛使人进入了一个纯净世界，这就自然地引起了作者的遐思冥想。③江月有恨，流水无情，作者自然地把笔融由上半篇的大自然景色转到了对人生的思索上，并从白云孤飘的眼前景中引发出了下半篇男女相思的离愁别恨。

3.（1）思妇怀人："白云一片去悠悠"到"鱼龙潜跃水成文"，月光无处不在，玉户帘上是月，捣衣砧上是月。那一轮可爱的明月总是照在她的妆镜台上，似乎想要安慰她，但是思妇见月，更增加了悲苦。她想把捣衣砧上的月光拂去，又想把帘子卷起来，以便把上面的月光卷去，可是这恼人的月光"卷不去""拂还来"，笼罩着一切。鸿雁不停地飞，仍然飞不出无边的月光去，水底鱼龙泛起阵阵波纹，思妇只好托月华来遥寄相思了。（2）游子想家："昨夜闲潭梦落花"到"落月摇情满江树"，作者用落花、流水、残月来烘托他的思归之情，渲染他的孤寂。"扁舟子"连做梦也念念不忘归家——昨夜梦中，花落进悠悠江水，春要归去了，自己却还不能回家。花已经落去，月亮也快落了，江水流春，就像是流送落花。西斜的月亮沉入茫茫的海雾，碣石、潇湘，望不尽山山水水的路。到底有几个人能踏着月色归去？落月摇荡着愁人的情思、满江的树。

4.（1）写景：幽美深远的"春江花月夜"的良辰美景。作者把游子与思妇之间的离愁放到春江花月夜的背景上，"春江潮水""海上明月""芳甸""花林"等形成了寥廓、宁静的意境。（2）明理：短暂人生与永恒宇宙的哲理思考。以江月与人生对比，显示人生的短暂，而在短暂的人生里那离愁就越发显得浓郁。"人生代代无穷已，江月年年只相似"，此句展示了大自然的美，表现了作者对青春年华的珍惜以及对美好生活的向往，那种对于宇宙和人生的真挚的探索，深沉而有意味。（3）抒情：凄清婉转的思妇、游子的思念离情。以良辰美景衬出游子与思妇之间的离愁之苦，

"谁家今夜扁舟子？" "何处相思明月楼！" 足见游子思妇的满腹怅惘；又以细节描绘 "玉户帘中卷不去，捣衣砧上拂还来" 表现一种愁苦。

5. 示例：春潮浩荡，与东海齐平，明月伴潮而生。波浪沿江上溯，将月光推行遥远。江流绕沙洲，林花如冰霰，月光似轻霜，江天一色，空中只有那轮孤月。究竟谁最早在江畔上看到她，她又是从何年普照世人？人生无穷无已，江月亘古恒常。不知她在为谁而照，只看见江流滚滚向前。莫非是为着那扁舟上思乡的游子，此刻的月光正照在他故乡的小楼上，照到了妆台，门帘和恋人洗衣服的砧石上。他们都仿佛借明月看到了彼此，可无法听到对方倾诉衷肠，此刻，爱人也多想他呀，可怜音信无法相传。青春过半，韶光将尽，落月西沉，茫茫海雾，他依然不能回家。哎，遥不可期的故乡呀。

📖 课后评测

学习活动（四）参考答案：

1.（1）A（A项，四句一换韵，共换九韵。）（3分）

（2）①四句诗中 "白云" "青枫浦" 托物寓情。其中白云飘忽，象征 "扁舟子" 的行踪不定。"青枫浦" 为地名，但枫、浦在诗文中又常用为离别的景物、处所。（2分）②"谁家" "何处" 二句互文见义。正因不止一家、一处有离愁别恨，作者才提出这样的设问，一往一复，诗情荡漾，曲折有致。（2分）③这四句诗抒发了游子的羁旅之愁，思妇的相思之苦。（2分）

2.（1）A（A项，春季；B项，夏季；C项，秋季；D项，冬季。）（3分）

（2）①虚实结合（或双关、比喻、象征、托物言志、借物抒情皆可）。（2分）②既写了蝉受到露水和风的摧残而无法高飞，无法高歌的处境，也表现了作者因为受到陷害而无法施展个人抱负，即使有口也难辩不白之冤的处境。（2分）③字字写蝉，意不在蝉。借 "飞难进" "响易沉" 表达作者品行高洁，不被重用反被诬陷入狱的沉痛悲愤之情，以及希望有人为己辩白申冤的哀怨悲伤之情。（2分）

3.（1）B（B项，诗中 "怨" 指长夜漫漫，夜不能寐。）（3分）

（2）①《望月怀远》若用 "升" 字，明月共潮水而升，只是把意思表达清楚而已，乃平时习见之景，淡而无味；而用 "生" 字，虚实结合，即景抒情，形象生动地写出了明月从海面冉冉升起的景象，既写活了景物又表达了望月而生怀远之情；不但富有动感，而且点染了海和月同生共命的缠绵，赋予海水与明月以鲜活的生命和活力，别有情趣。（2分）②《春江花月夜》中 "生" 字，赋予了明月与潮水活泼的生命，意境雄浑阔大，感情深切，致思高远，创造了一幅宁静空灵、清新淡雅的画面，为后面的描写抒情做好了铺垫，烘托了一个有情人的高大形象。（4分）③总之，两个

"生"字有异曲同工之妙，象征着作者的情愫随海潮与明月油然而生，把诗写活了，诗歌的亲和力、感染力也就随之产生。（1分）

（3）①这两首诗清丽脱俗，缠绵悱恻，望月思人。（2分）②张九龄《望月怀远》以月夜为背景，感怀远人，描写在满室的月光下无法独眠思念远方亲人的情景。语言自然浑成而不露痕迹，情意缠绵而不见感伤，意境幽静秀丽，构思巧妙，情景交融，细腻入微，感人至深。（2分）③张若虚《春江花月夜》是乐府吴歌的旧辞，共三十六句，每四句一换韵，以春江月夜为背景，创造性地再现了江南春夜的景色，如同月光照耀下的万里长江画卷，同时寄寓着游子思归的离别相思之苦。诗篇意境空明，缠绵悱恻，以富有生活气息的清丽之笔，洗净了六朝宫体的浓脂腻粉，词清语丽，韵调优美，脍炙人口，乃千古绝唱，素有"孤篇盖全唐"之誉。（2分）

第四板块　学习过程

——学生需要经历怎样的学习过程才能学会？

一、资源与建议

【学习流程】

自学——互学——研学——习学——悟学。

【学习策略】

读懂（"泡"）——悟透（"品"）——答对（"抠"）。

【初唐诗歌简史】

唐代是我国诗歌史上的黄金时代，一本《全唐诗》九百卷，四万二千八百六十三首诗，二千五百二十九个诗人，诉说着唐诗的荣耀。唐诗是中国古典文学的瑰宝，其体裁之完整、技巧之纯熟、风格之遒上、境界之高远，都达到了完美与辉煌，堪称中国传统诗歌之集大成者。

初唐（618—713年），唐诗的酝酿形成时期。初唐诗歌尽管不够成熟，诗风仍留有齐梁的浮艳，却充满了乐观、积极、昂扬向上的生命激情。王勃、杨炯、卢照邻和骆宾王同时入霸诗坛，称为"初唐四杰"。王勃说他们"徒志远而心屈，遂才高而位下"，都是年少而才高，官小而名大的作家，都颇有风骨。卢、骆擅长七言歌行，王、杨擅长五律，他们开拓了新诗风，在古诗向律诗的过渡中起到了开创作用。

初唐时期形成了一种新诗体，史称"近体诗"。初唐时期真正彻底廓清华靡浮艳诗风，标志着唐代诗风的革新和转变，奠定盛唐诗歌基础的是武后时期的陈子昂。

公元683年，24岁的陈子昂考中进士。有着游侠气质的陈子昂，写诗豪迈大方，一扫六代纤弱之态，高雅之风大显。他力反齐梁诗风，主张恢复"汉魏风骨"和"风雅"兴寄"的传统，在永明体的基础上创造了新体诗——律诗。

初唐诗歌发展的脉络是从宫廷御用转向个人抒情。在人才辈出、群星璀璨的唐代诗坛，有这样一位诗人，因为一轮明月而成就了诗坛的千秋美名，他，就是张若虚。上承齐梁，下启盛唐，把大唐引进诗歌朝代的，正是张若虚及其《春江花月夜》。

张若虚（约660—约720年），唐代诗人。扬州（今属江苏）人，曾任兖州兵曹。开元初年与贺知章、张旭、包融并称"吴中四士"。他在诗风上厌恶六朝以来的空洞艳体，追求自由豪放，富有理想的高远意境。一生有记载的诗歌就两首，说不上高产，但赶上了唐朝去旧革新的时代，一首独具韵味的《春江花月夜》名传千古。清末学者王闿运谓之"孤篇横绝，竟为大家"，闻一多赞它"这是诗中的诗，顶峰上的顶峰"。张若虚《春江花月夜》对盛唐诗歌以意境取胜的审美标准，提供了成功的范式。的确，全诗九段三十六句，四句一韵，结构严谨，字雕句琢，形式与内容完美结合，对个人生命经验上升到宇宙意识的哲学思考，使这首诗无愧于"孤篇盖全唐"的美誉。

初唐诗坛的三股力量，互相鼓荡，共同作为，有力地扭转了初唐诗坛贞观诗风和上官体的流弊。"四杰"反对纤巧，提倡刚健；陈子昂主张"比兴言志"；张若虚诗歌兴象玲珑。而"刚健""言志""兴象玲珑"正是盛唐诗歌的突出气象。因此，可以说盛唐诗歌的诞生，不是"忽如一夜春风来"那么轻松浪漫，而是有其艺术上的继承发展的，初唐"四杰"、陈子昂、张若虚等都为盛唐诗歌的到来做了重要的艺术准备，盛唐诗歌的大幕是由他们共同开启的。

公元659年出生的贺知章，是李白的酒中知己，科举状元及第，官至太子宾客，"少小离家老大回""二月春风似剪刀"成为千古绝唱。他是盛唐的前言，预示着最繁华的时代将至。

二、课堂与活动

📖 情境导入

唐诗，浪漫、瑰奇，清明如月。

"风神初振"的初唐诗歌，为盛唐诗歌的繁荣奠定了基础。其中"孤篇盖全唐"的《春江花月夜》一直被模仿，从未被超越，经典永流传！

登幽州台歌（唐·陈子昂）

前/不见/古人，后/不见/来者。

念/天地/之/悠悠，独/怆然/而/涕下。

【译读】

放眼望，哪有像燕昭王那样的古代贤君的踪影；回头看，也不见一个效法古贤的贤君。想那天悠悠而高远、地悠悠而广袤的天地间，唯独我一人登台感怀，更觉凄怆心酸，禁不住泪流满面沾湿了衣襟！

【赏读】

《登幽州台歌》是怀古诗的绝唱。武则天万岁通天元年（696），陈子昂接连受到挫折，眼看报国宏愿成为泡影，因此登上蓟北楼，慷慨悲吟，写下了《登幽州台歌》。前二句开门见山，直叙登高台俯仰古今，写出时间漫长；第三句登楼眺望，写出空间辽阔；第四句在广阔无垠的时空背景中描绘了作者孤独寂寞苦闷的情绪，两相映照，分外动人，读来酣畅淋漓又余音缭绕。作者采用对比手法，塑造了千古以来正直却遭排斥的知识分子孤独苦闷的共性形象，抒发了作者抑郁已久的苦闷与沉思，深刻地揭示了那些怀才不遇的知识分子遭受压抑的境遇，突出了作者孤独遗世、独立苍茫的落寞情怀。

苍凉辽阔，哀而不伤，一曲吊古伤今的生命悲歌。本诗采取长短参错的楚辞体句法，语言苍劲奔放，结构紧凑连贯，富有感染力。作者不着力于古事古迹的叙写而直抒胸怀，显得质朴坦直，昂然大气且包蕴丰富，别具一格。

📖 **学习活动（一）**

【自学】

自主性"学"——自主学习，链接知识——文本对话，主动学习；整合资源，激发灵感。

春江花月夜（唐·张若虚）

春江潮水连海平，海上明月共潮生。滟滟随波千万里，何处春江无月明！江流宛转绕芳甸，月照花林皆似霰。空里流霜不觉飞，汀上白沙看不见。

江天一色无纤尘，皎皎空中孤月轮。江畔何人初见月？江月何年初照人？人生代代无穷已，江月年年只相似。不知江月待何人，但见长江送流水。

白云一片去悠悠，青枫浦上不胜愁。谁家今夜扁舟子？何处相思明月楼？可怜楼上月徘徊，应照离人妆镜台。玉户帘中卷不去，捣衣砧上拂还来。此时相望不相闻，愿逐月华流照君。鸿雁长飞光不度，鱼龙潜跃水成文。昨夜闲潭梦落花，可怜春半不还家。江水流春去欲尽，江潭落月复西斜。斜月沉沉藏海雾，碣石潇湘无限路。不知乘月几人归，落月摇情满江树。

【思考题】

1. 诗题"春江花月夜"五个字，代表五种事物。你认为作者重点写的是哪一个字？为什么？

2. 想一想，你觉得如何划分层次更契合作者的思路？请简要概括。

3. 阅读1～8句，作者选用了哪些意象？营造了怎样的意境，抒发了怎样的情感？

4. 阅读9～16句，面对良辰美景，作者提出了什么样的问题？睹月思情，引发了作者怎样的人生思考？

5. 阅读17～36句，这一部分是总分结构，请具体划分出来，并概括内容。

学习活动（二）

【互学】

特色化"展"——合作学习，相互营养——同伴对话，合作交流；取长补短，绽放精彩。

——精读《春江花月夜》，于有疑处质疑，于无疑处生疑。

【思考题】

1. 全诗的核心意象是什么？在全诗中起什么作用？

2. 请赏析"玉户帘中卷不去，捣衣砧上拂还来"两句。

3. 下面两句诗中，在流传的不同版本中出现了不同的用字，请结合你对诗中的情境和意象的理解，为它们选择最为妥帖的字，并简要说明理由。

（1）"人生代代无穷已，江月年年只相似。"这句中的"只"字，有些版本作"望"，你觉得作"只"好还是作"望"好？

（2）"不知江月待何人，但见长江送流水。"这句中的"待"字，有些版本作"照"，你觉得作"待"好还是作"照"好？

学习活动（三）

【研学】

针对性"教"——探究学习，思想交融——师生对话，质疑问难；学法指导，点拨规律。

春江花月夜（唐·张若虚）

【读懂】

春天的江潮水势浩荡，与大海连成一片，一轮明月从海上升起，好像与潮水一起涌出来。月光照耀着春江，随着波浪闪耀千万里，什么地方的春江没有明亮的月光。江水曲曲折折地绕着花草丛生的原野流淌，月光照射着开遍鲜花的树林好像细密的雪珠在闪烁。月色如霜，所以霜飞无从觉察。洲上的白沙和月色融合在一起，看不分明。

江水、天空成一色，没有些微灰尘，明亮的天空中只有一轮孤月高悬。江边上什么人最初看见月亮，江上的月亮哪一年最初照耀着人？人生一代代地无穷无尽，只有江上的月亮一年年地总是相像。不知江上的月亮等待着什么人，只见长江不断地一直输送着流水。

游子像一片白云缓缓地离去，只剩下思妇站在离别的青枫浦不胜忧愁。哪家的游子今晚坐着小船在漂流？什么地方有人在明月照耀的楼上相思？可怜楼上不停移动的月光，应该照耀着离人的梳妆台。美好的闺房中的门帘卷不去月光，在捣衣石上拂去月光但它又来了。这时互相望着月亮可却听不到声音，我希望随着月光流去照耀着您。鸿雁不停地飞翔，但不能随月光飞到您身边；鱼龙潜游很远，但不能游到您身边，只能在水面激起阵阵波纹。昨天夜里梦见花落闲潭，可惜的是春天过了一半自己还不能回家。江水带着春光将要流尽，水潭上的月亮又要西落。斜月慢慢下沉，藏在海雾里，碣石与潇湘的离人距离无限遥远。不知有几人能趁着月光回家，唯有那西落的月亮摇荡着离情，洒满了江边的树林。

【悟透】

诗题"春江花月夜"，全诗紧扣的背景是春、江、花、月、夜，而又以"月"为主体，以江为场景。月在一夜之间经历了升起——高悬——西斜——落下的过程。描绘了一幅幽美邈远、惝恍迷离的春江月夜图，抒写了游子思妇真挚动人的离情别绪以及富有哲理意味的人生感慨，表现了一种迥绝的宇宙意识，创造了一个深沉、寥廓、宁静的境界。洗净了六朝宫体的浓脂腻粉，具有极高的审美价值，素有"孤篇盖全唐"之誉。

"春江潮水连海平，海上明月共潮生。"作者首先从春江月夜的美景写起。月色中烟波浩淼而透明纯净的春江远景展现出大自然的美妙神奇。在感受无限美景的同时，作者睹物思情又情不自禁地引出对宇宙人生的思索。"江畔何人初见月？……但见长江送流水。"时空无限，生命无限，表现出一种辽阔深沉的宇宙意识，可是光阴似流水，一去不复返，作者此时又陷入了无限的感伤和迷惘。接下来从"白云一片去悠悠，青枫浦上不胜愁"开始叙写人间游子思妇的离愁别绪，明静的诗境中融入了作者淡淡的哀伤。这种忧伤随着月光、流水的流淌徐徐改变。全诗以"不知乘月几人归？落月摇情满江树"结尾，深情缅邈，令读者陷入了对宇宙人生的深思。

《春江花月夜》沿用陈隋乐府旧题，章法结构，以整齐为基调，以错杂显变化。

全诗共三十六句，每四句一换韵，在句式上大量使用排比句、对偶句和流水对，顶真与反复的运用，推动了时空的推移转换，起承转合皆妙，文章气韵无穷。在结构上，以景物描写、人生思索、思妇游子为基本着眼点，以月亮升起到月亮坠落的过程为全诗起止的外在线索，同时又以月亮为景物描写的主体和引发感喟、抒写情思的依托，表里兼顾，通篇融诗情、画意、哲理为一体，意境空明清丽，想象奇特，语言自然隽永，韵律宛转悠扬。

本诗借景抒情，情景交融，在表达游子思妇相思之情时，运用了比喻、拟人、双关、暗示、烘托和铺垫等多种手法，作者细致地描绘了江南春江花月之夜幽静的自然景色，并由此而生发出对宇宙永恒、人生短暂的思索和人情难圆的感叹，表现了思妇游子缠绵悱恻的离情别绪。于悠悠惆怅中交织着对岁月生命的依恋，对青春的珍惜，对"人生代代无穷已"以及得以与明月长久共存相伴的一丝欣慰。

【答对】

1. 阅读1～8句，请展开联想和想象，用散文化的语言描绘出这幅画面。

2. 阅读9～16句，指出"江天一色无纤尘，皎皎空中孤月轮"在整首诗中的作用？

3. 阅读17～36句，请用自己的话描述作者刻画的游子和思妇两个形象的诗句？

4. 体会诗中深沉寥廓、宁静怅惘的艺术境界并结合诗句加以简要赏析。

5. 将张若虚《春江花月夜》用现代文改写，要符合诗歌意境，字数在200左右。

第五板块　检测与作业

——学生真的学会了吗？如何检测或巩固学生已学会的东西？

学习活动（四）

【习学】

科学化"练"——学以致用，在做中会——问题对话，学以致用；拓展延伸，融合生活。

1. 阅读张若虚《春江花月夜》，然后完成（1）～（2）题。（9分）

（1）下列对《春江花月夜》的解说，不正确的一项是（　　）（3分）

A. 全诗共三十六句，共换八韵。全诗随着韵脚的转换变化，平仄交错运用，一唱三叹，前呼后应，音乐节奏感强烈而优美。

B. 作者仰望明月，不由自主地对宇宙生成、人类本源、人的生存状态进行追问。这种追问是人类永恒的哲学命题，使得诗境浑厚博大，深沉旷远。

C. "白云"四句总写在春江花月夜中思妇与游子的两地思念之情。"白云""青枫浦"托物寓情，白云飘忽，象征"扁舟子"的行踪不定。

D. 全诗以月为主体。"月"是诗中情景交融之物，诗情随着月轮的升落而起伏曲折。月在一夜之间经历了升起——高悬——西斜——落下的过程。

（2）"白云一片去悠悠……何处相思明月楼？"四句诗运用了哪些表现手法？具有怎样的表达效果？刻画了哪几种人物形象，抒发了怎样的内心情感？（6分）

2. 阅读骆宾王《在狱咏蝉》一诗，然后完成（1）~（2）题。（9分）

在狱咏蝉（唐·骆宾王）

西陆蝉声唱，南冠客思深。

不堪玄鬓影，来对白头吟。

露重飞难进，风多响易沉。

无人信高洁，谁为表予心。

注释：本诗作于唐高宗仪凤三年（公元678年）。骆宾王因上疏论事触犯武则天，被诬而下狱。

（1）下列与本诗描述的季节相同的一项是（　　）（3分）

A. 天街小雨润如酥，草色遥看近却无。

B. 接天莲叶无穷碧，映日荷花别样红。

C. 停车坐爱枫林晚，霜叶红于二月花。

D. 墙角数枝梅，凌寒独自开。

（2）颈联"露重飞难进，风多响易沉"历来为人称道，请简要分析。（6分）

3. （挑战题，供选做）阅读张九龄《望月怀远》，然后完成（1）~（3）题。（16分）

望月怀远（唐·张九龄）

海上生明月，天涯共此时。

情人怨遥夜，竟夕起相思。

灭烛怜光满，披衣觉露滋。

不堪盈手赠，还寝梦佳期。

（1）对下面这首诗的理解不恰当的一项是（　　）（3分）

A. 首联前句写景，辽阔无边的大海上升起一轮皎洁的明月；后句即景生情，写作者想起了远在天涯海角的友人，此时此刻他也和"我"同望着一轮明月。前句写"望月"，后句写"怀远"，紧扣诗题，丝毫不露痕迹。

B. 颔联直接抒发思念之情。"怨"因思而生，"情人"相思之深、相思之极、因而埋怨"远方的人"不常回家看看；"竟夕"，通宵都在思念，极言相思之烈。

C. 颈联通过动作和细节描写传达感情，具体描绘了作者彻夜难眠的情形。"灭烛"，吹灭灯烛，满屋的月光，柔柔静静，使人怜爱，催人联想，逗起了相思之情；"披衣"，到庭院走走，时间一久，不觉露水打湿了衣裳，而相思之情更为浓重。

D. 尾联"不堪盈手赠，还寝梦佳期"，月光虽美，可无法捧在手中送给远方思念的人，还不如回屋睡觉，在梦里与思念的人团聚。寄希望于梦中，足见思念之切。

（2）这是一首月夜怀念远人的诗，意境幽静秀丽，情感真挚。开头两句"海上生明月，天涯共此时"，作者写月亮不用"升"，却用"生"；张若虚《春江花月夜》开头也是"春江潮水连海平，海上明月共潮生"。请说说你的理解。（7分）

（3）张九龄《望月怀远》和张若虚《春江花月夜》都是经典名作，试比较其异同并做简要分析。（6分）

第六板块　学后反思

——学生反思自己如何学会的？还需要通过怎样的反思来管理自己的学习？

📖 **学习活动（无）**

【悟学】

个性化"悟"——在悟中学，涌动成长——内心对话，悦纳自我；自我反思，感悟成长。

【评价方式】

反思静悟，体验成长；在学习中反思，在反思中提升。

1. 学习报告

请阅读鉴赏初唐诗歌，完成《初唐诗歌阅读鉴赏学习报告》。

2. 自评表

表3 "初唐诗歌"群课堂学习等级自评表

学习环节	学习活动	达成程度					备注
课前	读诗讲诗——腹有诗书气自华	1	2	3	4	5	
一	自主学习——自主性"学"	1	2	3	4	5	
二	合作学习——特色化"展"	1	2	3	4	5	
三	探究学习——针对性"教"	1	2	3	4	5	
四	学以致用——科学化"练"	1	2	3	4	5	
五	在悟中学——个性化"悟"	1	2	3	4	5	

（说明：请打"√"选择：1表示我学习过，2表示我能读懂，3表示我会鉴赏，4表示我能答对，5表示我会指导别人读诗。）

第四章　盛唐诗歌阅读鉴赏学历案

第一板块　学习主题与学时

——在多少时间内学生学习什么？

【学习内容】

盛唐诗歌：（1）王维《山居秋暝》；（2）李白《蜀道难》；（3）李白《梦游天姥吟留别》；（4）李白《将进酒》；（5）高适《燕歌行》；（6）杜甫《蜀相》；（7）杜甫《客至》；（8）杜甫《登高》；（9）杜甫《登岳阳楼》。

【学时】

6学时。

第二板块　学习目标

——学生期望学会什么？

【学习目标】

1. 语言素养目标

因声求气，吟咏诗韵，读出盛唐诗音律美和意境美，达到熟读成诵。了解唐诗格律，掌握联想想象、对比衬托、比喻和情景交融的艺术手法，嚼字析词、体味感情，领会意境，提高唐诗阅读的语感能力和"诗家语"的建构及运用能力。

2. 思维素养目标

阅读鉴赏立意高远，出语豪迈的盛唐诗歌，涵泳体会诗意之美，进而触摸诗人灵魂，捕捉其思维脉搏，感触那雄壮浑厚的盛唐气象，感悟盛唐诗人的情感和自由、傲岸、负责的人生态度，获得生成性思维能力的发展和思维品质的提升。

3. 审美素养目标

整体感受和体验气象恢宏、声律风骨兼备的盛唐诗歌，深刻领悟王维的"闲适恬淡"，李白的"豪放飘逸"、杜甫的"沉郁顿挫"、高适的"雄浑悲壮"等，形成基于正确情感、态度和价值观的审美体验、审美评价和盛唐文化感受力。

4. 文化素养目标

"知人论世"，走近激情、浪漫、诗性和放达的盛唐世界，欣赏盛唐诗歌的灿烂，感悟家国情怀，积淀人文素养，彰显文化融合。进一步认同古代知识分子报国济世的人生追求，增强民族使命感，更好地传承与弘扬中华优秀传统文化。

第三板块　评价任务

——学生何以知道是否学会了？

课前检测

阅读王维《山居秋暝》，完成1～2题。（8分）

1. 下列对这首诗的赏析，不正确的一项是（　　）（3分）

A. 首联点题，为全诗勾勒出空旷静寂的背景，表达了作者隐居的闲适和对山水田园的喜爱之情。

B. 颔联之所以有名，因为用了"照""流"两个动词，富有清新的生活气息。

C. 颈联，写人，以动写静，以有声衬无声，传达出作者喜爱这自然生活中人的美。

D. 尾联，作者尽情欣赏，独享其美，留恋此处景美、人美、留恋隐居生活的心声。

E. 这首诗写出了清幽静美的意境。是一幅色彩冲淡的山水画，具有鲜明的画面感，于诗情画意中寄托作者的高洁情怀和对理想的追求。

2. 北宋苏轼称赞王维"诗中有画，画中有诗"，王维《山居秋暝》这一特点是如何体现的？于诗情画意中抒发了作者怎样的思想情感？（5分）

参考答案：

1. B（B项，颔联妙在一静一动，一光一声，先视觉后听觉，写出了山间自然景物的幽静。B项表述有误，故选B。）（3分）

2.（1）情景交融（以动写静，动静结合等）。（1分）（2）以空山、秋雨、明月、松林、清泉、山石、竹林、浣女、莲花、渔舟等意象，描绘了一幅清新幽静、恬

淡优美的雨后秋山晚景图，营造出恬静幽美的意境，整首诗充满了诗情画意。（2分）

（3）作者于诗情画意中抒发了对大自然的喜爱，对山水田园生活的向往，寄托了高洁的情怀和对理想境界的追求。（2分）

📖 **课堂练测**

学习活动（一）参考答案：

1.（1）三部分：第一部分（第1段）：梦由（入梦之由）；第二部分（第2段）：梦境（梦游之境）；第三部分（第3段）：梦醒（惊梦之叹）。（2）感情变化：入梦缘由（向往）——梦游历程（陶醉）——梦中仙境（惊异）——梦中惊醒（失落）——梦后留别（慷慨）。其中，作者入梦追寻天姥山的原因是"海客谈瀛洲，……对此欲倒东南倾"；作者由现实转入梦境的过渡句是"我欲因之梦吴越"；由梦境转入现实的过渡句是"忽魂悸以魄动，……失向来之烟霞"；揭示主题的诗句："安能摧眉折腰事权贵，使我不得开心颜"。（3）本诗描写作者对梦境中天姥仙境的向往，表现了作者憎恶现实、蔑视权贵、敢于反抗的斗争精神和向往自由、追求乐土的美好愿望。

2.（1）因为"烟涛微茫"的瀛洲与"云霞明灭"的天姥山同样神秘而又美妙。瀛洲的"信难求"让人却步，而天姥山的"或可睹"则成了一种强烈的诱惑。作者以瀛洲陪衬天姥山，以虚衬实，给天姥山增添了神秘美妙的色彩，勾起了作者神游天姥山的念头。（2）还提到了五岳、赤城和天台。运用对比、夸张和衬托等手法，与天空、五岳、赤城、天台四处对照衬托天姥山，突出天姥山的雄峻巍峨，进一步勾起了作者神游天姥的强烈愿望。

3.（1）作者描绘了一个离奇变幻、五彩缤纷、其乐融融的梦境。（2）与现实世界的冷酷、黑暗形成了强烈对比，寄寓了作者怀才不遇的苦闷，表达对自由的追求和对现实黑暗的强烈不满。（3）梦中仙境象征作者追求的理想境界。写仙境的美妙是为了反衬现实的丑恶，写对神仙世界的向往正是为了表明对黑暗现实的厌恶。其实前后都是在写作者对自由生活的向往，只是前用梦的形式曲折地表达出来；而后直抒胸臆，直接唱出"安能摧眉折腰事权贵，使我不得开心颜"。

4.（1）结句反映了作者蔑视权贵、追求自由的性格特点。（2）全诗前两段侧重写景，主要表达出不满现实，不趋炎附势，蔑视权贵，傲岸不屈的反抗精神；同时也流露出人生如梦的虚无感伤的情绪和逃避现实的消极避世的思想。（3）最后一段议论抒情，直接表达作者的理想追求，即主旨所在。结句点睛，升华了主题。

5. 李白的豪放飘逸首先表现在构思上想象奇特。为了借别离之情来表现自己不事权贵的思想，作者不是直接描写现实生活中景物，而是以丰富的想象，借助梦游的形式来展示一个个奇景，塑造出一个个梦幻中的生动形象，具有浓厚的浪漫主义色彩。其次，大量的衬托（如用瀛洲、天台来衬天姥山）、比喻（如"身登青云梯"）、夸张（如"天台一万八千丈"）、对比（如将仙境与人事比、理想与现实比）等手法，使幻想中的景物活灵活现，也更好地表达了作者的内在感情。

学习活动（二）参考答案：

1.（1）征战生活：辞家去国、出师伐敌、浴血厮杀、重围难解、感情煎熬、短兵相接等。尤其是描写士兵的效命死节与汉将的怙宠贪功；士兵辛苦久战、室家分离与汉将临战失职、纵情声色。（2）作者谴责边地将领骄傲轻敌，荒淫失职，造成战争失败，使广大兵士遭受极大的痛苦并付出巨大的牺牲。作者笔下的边塞战争重点不在于民族矛盾，而是同情兵士，讽刺和批判不恤兵士、无视国家安危的将军。

2.（1）金鼓、旌旆、碣石、羽书、猎火、狼山、大漠、塞草、孤城、铁衣、征人、刁斗、白刃、沙场等多种意象有机组合成一幅荒漠沙场画面，荒芜衰败、冷落凄凉、雄浑深远的意境，有着鲜明的边塞特点的萧瑟悲壮的景色，烘托出残兵败卒心境的凄凉。（2）诗歌前四句塑造了出战前英勇霸气的将军形象；第六句塑造的是战争中的英勇和不幸的将士与昏庸无能的将军形象；第八句塑造的是战争失败无能的将军形象；第九、第十两句塑造的是辛苦与无奈的士兵与深情孤苦的思妇形象；第十四句塑造的是英明神勇的李广将军与现在昏庸的将军形象。（3）唐军战败原因：自然条件和气候条件恶劣，敌人凶猛善战，将领与士兵的矛盾。其中唐军官兵的矛盾，尤其是为官的寻欢作乐，不爱惜士兵是战败的主要原因。

3.（1）①对比手法。②千古名句"战士军前半死生，美人帐下犹歌舞！"将士兵的为国死战和将领的寻欢作乐对照来写，表现出作者对士兵的同情，对将军昏聩的不满。③这种对比，突出了形象，虽无任何议论，但情感和观点却得以显露，充满了愤怒和讽刺。（2）①鲜明的对比。②从段落层次来看，出师时金鼓震天的铺张扬厉与战败后的困苦凄凉是鲜明的对比；从贯穿全篇的描写来看，士兵的效命死节与汉将的怙宠贪功，士兵辛苦作战、室家分离与汉将临战失职，纵情声色都是鲜明的对比。从诗歌结尾提及李广来看，则又是古今对比。李广骁勇善战，身先士卒，体恤爱护士卒；唐军将领无勇无谋，恃勇轻敌，远离前线，寻欢作乐，好大喜功，不顾士兵死活。③这种对比，矛头所指明显，因而大大增强了诗歌讽刺的力量。

4.（1）此诗虽是古风，但气势畅达，笔力矫健，多采用律句。（2）"校尉羽书飞瀚海，单于猎火照狼山""少妇城南欲断肠，征人蓟北空回首"等对仗工整，作者惨淡经营而却自然无迹，有平仄交替、抑扬相交的效果，表现出格律盛行的年代古风的特征。（3）语言有气势，被誉为"金戈铁马之声"；贯注着雄健奔放的气势、激昂慷慨的精神。

学习活动（三）参考答案：

1.（1）首联，描绘了草堂环境的清幽和景色的秀丽，点明时令、地点和环境。

（2）其中"皆"字写出春江水势涨溢的情景，给人以江波浩渺、茫茫一片之感。"但见"一词含弦外之音：群鸥固然可爱，而不见其他的来访者，凸显单调，表现作者闲适而有些寂寞的心境。（3）首联景中含情，透露出作者在江村春景中闲逸惬意和无人相依的寂寞心情，为下文表达客至的喜悦营造氛围，巧妙地做了铺垫！

2.（1）颔联由外转内，从户外的景色转到院中的情景，引出"客至"。用与客人谈话的口吻，增强了生活实感，表现了作者喜客之至，待客之诚。（2）颈联，仿佛看到作者延客就餐、频频劝饮的情景，听到作者抱歉酒菜欠丰盛的话语：远离街市不方便，菜肴很简单，买不起美酒佳肴，只好用家酿的陈年浊酒，请随便进用吧！

3.（1）作者选取了最能显示宾主情意的生活场景着意描画。诗中的家常话语听来十分亲切，读者很容易从中感受到主人竭尽诚意的盛情和力不从心的歉疚，也可以体会到主客之间真诚相待的深厚情谊。（2）①细节描写；②以邀请邻翁对饮的细节，逼真地刻画酒宴已至高潮，作者隔篱呼邻，醉态毕露；③表现了作者在率真纯朴的人际关系中所领略的绝弃虚伪矫饰的自然之乐，烘托出老友相逢时酒兴之高，情意之浓，言有尽而意无穷。

📖 课后评测

学习活动（四）参考答案：

1.（1）D（D项，"关注社会、关注人生的一贯诗风"错。李白诗中尽管确实有一些是关注社会、关注人生的内容，但这并不是其一贯诗风。）（3分）

（2）①"蜀道之难，难于上青天"，极言蜀道之难。统观全诗，作者之叹重复有三：一叹蜀道之高峻；二叹蜀道之险恶；三叹蜀中战祸之惨烈。这三叹其实也蕴含在作者的具体描写和直抒胸臆中。（2分）②《蜀道难》是以山川之险言蜀道之难，给人以回肠荡气之感，充分显示了作者的浪漫气质和热爱祖国河山的感情。随着感情的起伏和自然场景的变化，"蜀道之难，难于上青天"的咏叹以复沓的形式，夸张的手法和感叹的句式，形成了以此为主旨句而贯穿始终、内容层层深入的格局。（2分）③以感情强烈的咏叹点出主题，奠定了全诗的咏叹基调。（2分）

（3）作者正是以变化莫测的笔法，淋漓尽致地刻画蜀道之难，艺术地展现了古老蜀道逶迤峥嵘、高峻崎岖的面貌，描绘了一幅色彩绚丽的山水画卷。（1分）

① 神话传说："五丁开山""六龙回日"，写出历史上蜀道不可逾越之险阻。

② 虚写映衬："黄鹤之飞尚不得过，猿猱欲度愁攀援"，映衬人行走难上加难。

③ 摹写神情、动作：手扪星辰，呼吸紧张，抚胸长叹，步履艰难，神情惶恐，困

危之状如在眼前。

④借景抒情：古木荒凉，鸟声悲凄，使人闻声失色，渲染了旅愁和蜀道上的空寂、苍凉，有力地烘托了蜀道之难。

⑤运用夸张："连峰去天不盈尺，枯松倒挂倚绝壁。"极言山峰之高，绝壁之险，渲染了惊险的气氛。（只需写对3点，给6分）

2.（1）C（C项，无"给人一种空洞浮夸感"，因为有充实深厚的内在感情，表现了豪放飘逸的诗风。）（3分）

（2）①人生在世每逢得意之时，理应及时行乐，尽情欢乐畅饮，切莫让金杯空对皎洁的明月。表达了作者面对人生的无奈，怀才不遇，壮志难酬，还是借酒消愁来得更痛快一些。②"人生得意"不是仕途抱负上的得意，而是指二三知己心意相通，适性快意而饮。既然人生短暂，功业未成，有无限悲感压在心头，那么遇有得意之时，就应当努力排遣，尽情欢乐。③作者从"悲白发"中突围而出，在用世愿望未能实现的悲感中，学会脱卸精神负担而自我拼搏。（5分）

（3）不矛盾。（1分）①所谓"抽刀断水水更流，举杯消愁愁更愁"，喝酒本为排忧，却反如火上浇油。借酒消愁是面对愁苦的人常常采用的方法，其实酒并不能消愁。所以，"举杯消愁愁更愁"的说法更符合实际。（2分）②李白之所以说出"与尔同销万古愁"的话，是因为把所有勃发之情都凝聚成"愁"了，真是肝胆欲裂，写尽内心的痛楚和绝望。（2分）③李白"抱用世之才而不遇合"，借酒兴诗情，抒发对世态的愤懑不平之情。貌似消极中流露出怀才不遇而又渴望用世的积极人生态度，只不过是为了表达一种豪放、乐观的情绪而已。（1分）

3.（1）C（C项，"两朝"应指蜀先主刘备和后主刘禅两代。）（3分）

（2）①意象碧草、黄鹂，强调春色之怡目，渲染好音之悦耳。然而作者进入丞相祠堂，看到殿宇之巍巍塑像之凛凛，百感交集，才越发觉察到满院萋萋碧草，寂寞之心难言；才越发感受到数声呖呖黄鹂，荒凉之境无限。（2分）②作者面对"碧草春色""黄鹂好音"，用"自""空"二字寄情于景，一感叹碧草娇莺无人赏玩，显出英雄长逝，遗迹荒落；二惋惜与英灵做伴的草木禽鸟不解人事代谢，不懂凭吊先贤诸葛亮。（2分）③以乐写哀，流露出作者因国家分裂而悲怆伤怀及期盼早日平叛、实现统一的思想感情，抒发了作者对诸葛亮的仰慕之情及对其功业未竟的惋惜，也表达了自己报国无门、理想难以实现的悲哀。（2分）

4.（1）B（B项，《登高》和《登岳阳楼》在时空上都较雄浑久远。）（3分）

（2）①意象：《登高》急风、高天、哀猿、清渚、白沙、归鸟、落木、长江；《登岳阳楼》洞庭水、岳阳楼、吴楚、乾坤日月、孤舟。（2分）②意境：《登高》沉郁悲凉，雄浑开阔；《登岳阳楼》沉雄悲壮、博大深远。（2分）③情感：《登高》长

年漂泊，老病孤愁，时世艰难，忧国伤时；《登岳阳楼》身世之悲、家国之忧。（2分）

第四板块　学习过程

——学生需要经历怎样的学习过程才能学会？

一、资源与建议

【学习流程】

自学——互学——研学——习学——悟学。

【学习策略】

读懂（"泡"）——悟透（"品"）——答对（"抠"）。

【盛唐诗歌简史】

盛唐（713—766年）玄宗开元、天宝年间，经济繁荣，国力强盛，诗歌全面繁荣，名家辈出，形成不同风格的诗人群体，所作诗歌"既多兴象，复备风骨"。壮阔的山河，优美的田园，繁华的都市，苍凉的边塞，惨烈的战争，都在代表中国古典诗歌的最高成就的唐诗中得到充分表现，从一个方面体现了"盛唐气象"。

盛唐诗歌的成功，首先表现在名家辈出，宏篇迭现。"李杜文章在，光焰万丈长。"李白和杜甫是盛唐诗歌最高成就的杰出代表。田园山水诗人以王维、孟浩然、储光羲、常建最知名，多反映闲适、退隐的思想情绪，色彩清淡，意境深幽，多用五言律绝和五言古体，其中以王维成就最高。边塞诗派以高适、岑参、李颀、王昌龄（"七绝圣手"）为代表，其作品气氛浓郁、情调悲壮，多用七言歌行或七绝。高适是盛唐边塞诗派的代表作家，与岑参齐名。文学史上把他们称为"高岑"。高适的边塞诗，气骨遒劲，笔力浑厚，生动地反映了当时的征战生活和他报效国家的热情。对唐朝军队内部的黑暗现象，揭露得也很深刻。《燕歌行》是高适所有边塞诗中最为杰出的一篇。

王维和李白同年（公元701年）出生，去世也仅比李白早一年（公元761年），但他成名却比李白早得多。王维于开元九年（公元721年）20岁时即进士及第，21岁的王维就试吏部拔得头筹，是唐朝诗人里最年轻的状元，也是开元朝声名最盛的诗人。李白直至天宝元年（公元742年）42岁时才被征召入京。王维是唐代诗人中少有的诗、画、乐都达到超一流水平的全才，是李白入京以前当然的文坛领袖。他的诗歌，既体现了盛唐前期文人积极进取，希望建功立业的昂扬之气（边塞诗），又表现了人们热爱山水田园的生活情趣（田园诗）。王维的诗歌非常美，甚至被苏轼称为"诗中有画，画中有诗"。但是他一生好佛，"安史之乱"时被迫受伪官，虽然并没有被治罪，晚年更是潜心事佛。他以画家的眼光、音乐家的听觉、诗人的感觉、佛家的心态来看人生百态，留下了一系列颇有禅意的诗歌名作。王维存诗400余首，代表诗作有：《九月九日忆山东兄弟》《相思》《山居秋暝》《使至塞上》《从军行》等。

诗中大家"诗佛"王维、"诗仙"李白、"诗圣"杜甫生活于同一时代，若从三人生前的情景来说，王维名声最大，"天宝中诗名冠代"。在李白未出川前，王维名满天下，尤为京城贵族所重。就连安禄山也久闻其大名，素爱其才，攻占长安，俘获王维后，就逼迫他出任伪职。而此时杜甫还是个无足轻重的普通诗人，李白也是初到长安，贺知章颇为欣赏《蜀道难》和《乌栖曲》，赞叹不已，惊为"谪仙人"，荐之于唐玄宗，应诏进宫供奉翰林，由此才诗名大振。三年后被唐玄宗"赐金放还"。但王维即使在"安史之乱"后，仍星光闪烁，官衔远在李、杜之上。

而以军功封侯的诗人唯有高适。且诗如其人，气势奔放，读其诗可近距离感受盛唐气象，他生性乐观，即使送别都无愁绪，"莫愁前路无知己，天下谁人不识君"。

李白（701－762年），字太白。出生于西域碎叶城（今吉尔吉斯斯坦境内），四岁再随父迁至剑南道绵州昌隆青莲乡。开元十三年（725），李白出蜀，"仗剑去国，辞亲远游"。唐玄宗天宝元年（742），李白的朋友道士吴筠向玄宗推荐李白，玄宗于是召他到长安来，命他供奉翰林。天宝元年至三年（742至744）李白在长安时为送友人王炎入蜀而写下乐府古题《蜀道难》，目的是规劝王炎不要羁留蜀地，早日回归长安。公元744年，李白在如日中天时得玄宗赠金放还，与高适、杜甫同游天下，游梁、宋、齐、鲁。后在梁宋娶妻宗氏，客居梁园十年，再无入仕机会。这一时期，李白多次与友人岑勋（岑夫子）应邀到嵩山另一好友元丹丘的颍阳山居为客，三人登高饮宴，借酒放歌，乃作《将进酒》。其间也曾离别东鲁家园和朋友，南游吴越，创作了《梦游天姥山别东鲁诸公》。安史之乱起，李白避战乱隐于庐山。高适和崔颢同年出生，崔颢早早地就考中了进士，而高适一直到46岁，才应有道科及第授官。后辞官，西入哥舒翰幕府。不久，于兵乱中逃跑，投奔了玄宗，官拜谏议大夫。杜甫仕途曲折，后来高适入蜀期间对杜甫也是多方接济。

天宝十五年（公元756），太子李亨在灵武自立为帝，即唐肃宗；而永王李璘反叛，欲割据东南称帝。高适投奔唐肃宗，官拜淮南节度使，与淮南西道节度使来瑱，江东节度使韦陟三面合围，预先对永王李璘做好了防范。杜甫也投奔唐肃宗李亨，官拜左拾遗。而李白在永王三顾庐山之后，加入了永王李璘幕府。不料永王李璘起兵江陵被杀，李白入狱。经多方活动，终于免了死罪，被贬夜郎。李白运气也还行，还没到夜郎，就遇到天下大赦放还。那首著名的《早发白帝城》最能反映他当时的心情，这才有了"两岸猿声啼不住，轻舟已过万重山"的轻快、开心的传世七绝。不久，李白又回到宣城、金陵旧游之地。在金陵，他的生活相当窘迫，不得已只好投奔了他的族叔、当时在当涂（今属安徽省马鞍山）当县令的李阳冰。公元762年，李白病重，在病榻上把手稿交给了李阳冰，赋《临终歌》而与世长辞，终年62岁。李白命运多舛，但是在诗歌创作上，他却是无人能及的天才，"绣口一吐就是半个盛唐"。"谪仙人"李白诗风雄奇豪放，从24岁出蜀，终其一生都在漫游的路上。

公元745年，另一位伟大诗人杜甫第二次见李白，二人饮酒赋诗，访问隐士。公元747年，赴长安应试落第。寓居长安近十年，转走权贵之门，投赠干谒，均无果。这期间他写了《兵车行》《丽人行》等批评时政、讽刺权贵的诗篇，以《自京赴奉先县咏怀五百字》尤为著名。直到安史之乱爆发的次年，到灵武投奔唐肃宗李亨却被叛军俘虏，押至长安，与王维关在一起。公元757年，逃至凤翔，谒见肃宗，官左拾遗，故世称"杜拾遗"。由于忠言直谏，上疏为宰相房琯事被贬华州司功参军。公元759年，从洛阳回华县途中，作"三吏""三别"。公元759年，西去甘肃天水，几经辗转，最后到了成都，生活相对安定，筑草堂于浣花溪上，世称"杜甫草堂"。后做了严武的检校工部员外郎，后人又称杜甫为"杜工部"。此后因剑南兵马使反，成都混乱，杜甫寄人篱下，生活困苦，写了《茅屋为秋风所破歌》。公元765年，严武死，他再度漂泊，留滞夔州（今重庆奉节）两年。这一时期诗人杜甫创作达到高潮，作诗四百三十多首，占现存作品的百分之三十，名作有《春夜喜雨》《蜀相》《登高》《秋兴八首》《咏怀古迹》等。

公元768年，杜甫自夔州乘舟出峡，漂泊鄂、湘一带，写下了《登岳阳楼》《旅夜书怀》等。杜甫本打算到郴州去投靠舅父崔伟，不料途中阻水，风痹加剧，病倒船中，公元770年病逝于小船上。

"安史之乱"（755—763年）是唐由盛而衰的转折点，盛唐王朝一去不复返。饱受"安史之乱"之苦，后来流寓西南的杜甫因此写下了无数深刻反映当时社会现实和民生疾苦的诗歌，使盛唐诗坛不但没有因"安史之乱"而沉寂，反而更加辉煌壮丽。

二、课堂与活动

情境导入

读唐诗千古，品诗境高妙。

盛唐气象，使诗人都有一种恢宏之气，有一种昂扬向上的精神。这种精神，在边塞诗中，是一种壮美异常的豪情；在田园诗中，是一种宁静幽远的恬静；在李白诗中，是一种大鹏展翅般的恣肆浪漫；在杜甫诗中，是一种忧国忧民的顿挫沉郁。

📖 读诗讲诗

山居秋暝（唐·王维）

空山新雨后，天气晚来秋。

明月松间照，清泉石上流。

竹喧归浣女，莲动下渔舟。

随意春芳歇，王孙自可留。

【译读】

新雨过后山谷里空旷清新，初秋傍晚的天气特别凉爽。明月映照着幽静的松林间，清澈泉水在山石上淙淙流淌。竹林中浣女喧笑洗衣归来，莲叶轻摇是上游荡下轻舟。任凭春天的美景消歇，眼前的秋景足以令人流连徜徉。

【赏读】

王维《山居秋暝》大约是作者隐居终南或辋川别墅时所作，是山水田园诗的代表作之一，描绘了秋雨初晴后傍晚时分山村的旖旎风光和山居村民的淳朴风尚以及融怡陶醉的心境，表现了作者寄情山水田园，对隐居生活怡然自得的满足心情。首联写山居秋日薄暮之景，山雨初霁，幽静闲适，清新宜人。颔联写皓月当空，青松如盖，山泉清冽，流于石上，清幽明净的自然美景。颈联写听到竹林喧声，看到莲叶分披，发现了浣女、渔舟。末联写此景美好，是洁身自好的所在。

这首诗唱出了隐居者的恋歌。中间两联同是写景而各有侧重。颔联侧重写物，以物芳而明志洁；颈联侧重写人，以人和而望政通。二者互为补充，青松、翠竹、青莲，都是作者高尚情操的写照和理想境界的环境烘托。诗人以空山、新雨、明月、清泉、翠竹、荷花等意象，营造出清新淡雅的悠远意境，充分体现了作者"诗中有画"的创作特点，表现作者归隐林下的志趣，以境写心，了无痕迹，象外有象，韵外有致。表面看来，这首诗只是用"赋"的方法模山范水，实际上通篇都是比兴。于诗情画意中寄托作者的高洁情怀和对理想的追求，含蕴丰富，耐人寻味。

📖 学习活动（一）

【自学】

自主性"学"——自主学习，链接知识——文本对话，主动学习；整合资源，激发灵感。

梦游天姥吟留别（唐·李白）

海客谈瀛（yíng）洲，烟涛微茫信难求；越人语天姥，云霞明灭或可睹。天姥连天向天横，势拔五岳掩赤城。天台（tāi）一万八千丈，对此欲倒东南倾。

我欲因之梦吴越，一夜飞度镜湖月。湖月照我影，送我至剡（shàn）溪。谢公宿处今尚在，渌（lù）水荡漾清猿啼。脚著（zhuó）谢公屐（jī），身登青云梯。半壁见海日，空中闻天鸡。千岩万转路不定，迷花倚石忽已暝。熊咆龙吟殷（yǐn）岩泉，栗深林兮惊层巅。云青青兮欲（yù）雨，水澹澹兮生烟。列缺霹雳，丘峦崩摧。洞天石扉，訇（hōng）然中开。青冥浩荡不见底，日月照耀金银台。霓为衣兮风为马，云之君兮纷纷而来下。虎鼓瑟兮鸾（luán）回车，仙之人兮列如麻。忽魂悸以魄动，恍（huǎng）惊起而长嗟（jiē）。惟觉（jué）时之枕席，失向来之烟霞。

世间行乐亦如此，古来万事东流水。别君去兮何时还？且放白鹿青崖间，须行即骑（qí）访名山。安能摧眉折腰事权贵，使我不得开心颜！

诗题"梦游天姥吟留别"，另名《梦游天姥山别东鲁诸公》。"梦游"，梦中游览，说明内容的虚实；"天姥"，指天姥山，是所梦的内容；"吟"本指吟咏，即作诗，后为"歌行体"的一种形式。内容多有悲愁感叹之意，形式上自由活泼。"留别"是临行前留下这首诗向朋友话别的意思，说明本诗写作目的。

这是一首记梦诗（游仙诗）。李白以记梦为由，运用丰富奇特的想象和大胆夸张的手法，组成一幅亦虚亦实、亦幻亦真的梦游图，表达自己对自由乐土的向往和对理想境界的热烈追求。神仙世界的五彩缤纷，反衬出人间社会的极端丑恶，作者借此表达对黑暗现实的强烈不满和憎恶。也正是这种追求自由的内心要求，使作者蔑视权贵，唱出了时代的最强音。

全诗构思精密，意境雄伟，内容丰富曲折，形象辉煌流丽，感慨深沉激烈，富有浪漫主义色彩。《梦游天姥吟留别》是用梦游天姥的诗向朋友话别，不过本诗主要内容并无惜别之感，而是借题发挥，它的主观意图本来在于宣扬"古来万事东流水"这样颇有消极意味的思想，而其格调却是昂扬振奋的，潇洒出尘的，有一种不卑不屈的气概流贯其间，并无消沉之感。

【思考题】

1. 全诗以"梦"为线索，分为三大部分，请概括每部分大意？作者思想感情有哪几次变化？请做简要赏析。

2. 既然题为"梦游天姥"为何开篇要"谈瀛洲"？除了瀛洲外，作者还提到了哪些山？用了什么表现手法？有何作用？

3. 作者描绘了一个怎样的梦境？为什么要花如此多笔墨来描写梦境？简析其对表现主题的作用。

4. 结句"安能摧眉折腰事权贵，使我不得开心颜"历来都被评家认为是诗眼，反映了作者什么样思想性格？

5. 你从诗中的哪些诗句读出了李白诗歌的豪放飘逸？请简要赏析。

学习活动（二）

【互学】

特色化"展"——合作学习，相互营养——同伴对话，合作交流；取长补短，绽放精彩。

——精读《燕歌行》，于有疑处质疑，于无疑处生疑。

燕歌行（唐·高适）

开元二十六年，客有从御史大夫张公出塞而还者；作《燕歌行》以示适，感征戍之事，因而和焉。

汉家烟尘在东北，汉将辞家破残贼。

男儿本自重横行，天子非常赐颜色。

摐金伐鼓下榆关，旌旆逶迤碣石间。

校尉羽书飞瀚海，单于猎火照狼山。

山川萧条极边土，胡骑凭陵杂风雨。

战士军前半死生，美人帐下犹歌舞。

大漠穷秋塞草腓，孤城落日斗兵稀。

身当恩遇常轻敌，力尽关山未解围。

铁衣远戍辛勤久，玉箸应啼别离后。

少妇城南欲断肠，征人蓟北空回首。

边庭飘飖那可度，绝域苍茫更何有。

杀气三时作阵云，寒声一夜传刁斗。

相看白刃血纷纷，死节从来岂顾勋。

君不见沙场征战苦，至今犹忆李将军。

《燕歌行》，乐府《相和歌辞平调曲》旧题，多为思妇怀念征夫之意。"燕"是战国时期燕国（今河北省北部）。"歌行"属古体诗，句数字数无定，音节格律较自由，易于叙事抒情，一般篇幅较长。高适沿用了乐府旧题，却因时事而作，有感于开元二十四年以后的两次战败，是唐人六言歌行中运用律句很典型的一篇。

诗大体可分四段：首段八句写出师。第二段八句写战斗经过。第三段八句写征人、思妇两地相望，重会无期。末段四句，两句写战士在生还无望的处境下，已决心以身殉国；两句诗人感慨，对战士的悲惨命运深寄同情，再次点明主题。诗意在慨叹征战之苦，谴责将领骄傲轻敌、荒淫失职，造成战争失利，使战士受到极大痛苦和牺牲，反映了士兵与将领之间苦乐不同，庄严与荒淫迥异的现实。

《燕歌行》作于开元年间。开元二十六年（公元738年）唐军正大打其周边少数民族，有人据此指出高适歌颂的是"不义之战"。不过，诗虽叙写边战，但重点不在民族矛盾，而是讽刺和愤恨不恤战士的将领。同时，也写出了为国御敌之辛勤。主题雄健激越，慷慨悲壮。此诗是高适的"第一大篇"，更是整个唐代边塞诗中的杰作。

【思考题】

1. 这首诗写了征战生活中的哪些内容？作者对此持何种态度？

2. 作为边塞诗，作者描写了哪些边塞意象？塑造了几种人物形象？分别在哪些诗句里呈现？唐军战败的原因有哪些？其主要原因又是什么？

3. 赏析千古名句"战士军前半死生，美人帐下犹歌舞"并结合全诗，分析作者采用什么样的表现手法来塑造人物形象，增强诗歌讽刺力量的？

4. 本诗运用律句很典型，充满"金戈铁马之声"，试做简要赏析。

📖 学习活动（三）

【研学】

针对性"教"——探究学习，思想交融——师生对话，质疑问难；学法指导，点拨规律。

客至（唐·杜甫）

舍南舍北皆春水，但见群鸥日日来。

花径不曾缘客扫，蓬门今始为君开。

盘飧市远无兼味，樽酒家贫只旧醅。

肯与邻翁相对饮，隔篱呼取尽馀杯。

【读懂】

草堂的南北涨满了春水，只见鸥群天天结队飞来。长满花草的庭院小路未曾因为迎客而打扫过；自家的柴门不曾为客开过，而今天特地为您打开。距离集市太远，盘中没更多的好菜肴，家境贫寒只有陈年的薄酒招待您。您肯不肯与邻家老翁举杯对饮？如肯，那我就隔着篱笆将他唤来一起喝尽余杯！

【悟透】

杜甫《客至》作于成都草堂落成之后。作者自注"喜崔明府相过"，诗题"客至"中的"客"即崔明府。"明府"，唐人对县令的尊称。"相过"，探望，相访。这首至情至性的纪事诗，刻画了门前景、家常话、故人情等富有情趣的生活场景，洋溢着浓郁的生活气息和人情味，流露出作者诚朴恬淡的情怀和好客的心境。

《客至》前两联写客至，有空谷足音之喜，后两联写待客，见村家真率之情。篇首以"群鸥"引兴，篇尾以"邻翁"陪结。在结构上，作者兼顾空间顺序和时间顺序。从空间上看，从外到内，由大到小，从时间上看，则写了迎客、待客的全过程。衔接自然，浑然一体。但前两句先写日常生活的孤独，从而与接待客人的欢乐情景形成对比。这两句又有兴的意味：用"春水""群鸥"意象，渲染出一种充满情趣的生活氛围，流露出主人公因客至而欢欣的心情。

七律《客至》工整而流畅，除"盘飧""兼味""樽酒"之外，其余语句都没有太大的障碍，尤其是尾联虚字"肯与"和俗语"呼取"的运用，从诗的结构来看，在押韵、平仄调、对仗上堪称完美。另外，采用第一人称，表达质朴流畅，自然亲切，与内容非常协调，形成欢快淡雅的情调，独具浅切平易的风格。

【答对】

1. 请简要赏析首联"舍南舍北皆春水，但见群鸥日日来"。

2. 颔联写景，在空间上有何变化？颈联传达出了哪些信息？请细细体味其情味。

3. 全诗主要写"客至"，作者待客选取了哪些生活细节？尾联运用什么描写手法表达了作者怎样的思想感情？

第五板块　检测与作业

——学生真的学会了吗？如何检测或巩固学生已学会的东西？

学习活动（四）

【习学】

科学化"练"——学以致用，在做中会——问题对话，学以致用；拓展延伸，融合生活。

1. 阅读李白《蜀道难》，然后完成（1）～（3）题。（16分）

蜀道难（唐·李白）

噫吁嚱，危乎高哉！蜀道之难，难于上青天！蚕丛及鱼凫，开国何茫然！尔来四万八千岁，不与秦塞通人烟。西当太白有鸟道，可以横绝峨眉巅。地崩山摧壮士死，然后天梯石栈相钩连。上有六龙回日之高标，下有冲波逆折之回川。黄鹤之飞尚不得过，猿猱欲度愁攀援。青泥何盘盘，百步九折萦岩峦。扪参历井仰胁息，以手抚膺坐长叹。

问君西游何时还？畏途巉岩不可攀。但见悲鸟号古木，雄飞雌从绕林间。又闻子规啼夜月，愁空山。蜀道之难，难于上青天，使人听此凋朱颜！连峰去天不盈尺，枯松倒挂倚绝壁。飞湍瀑流争喧豗，砯崖转石万壑雷。其险也如此，嗟尔远道之人胡为乎来哉！

剑阁峥嵘而崔嵬，一夫当关，万夫莫开。所守或匪亲，化为狼与豺。朝避猛虎，夕避长蛇，磨牙吮血，杀人如麻。锦城虽云乐，不如早还家。蜀道之难，难于上青天，侧身西望长咨嗟！

（1）对于《蜀道难》有关内容的赏析，不正确的一项是（　）（3分）

A.“上有六龙回日之高标”，引用古代神话，极写山之高峻，山之愈高，则愈可见路之难行。

B.“悲鸟号古木，子规啼夜月”，自然景观中富有浓郁的感情色彩，渲染了旅愁和蜀道上空寂苍凉的氛围，有力地烘托了蜀道之难。

C.“连峰去天不盈尺，枯松倒挂倚绝壁”，运用夸张与衬托的手法，写出了山峰之高、绝壁之险。

D. 作者展开丰富的想象，着力描绘了蜀道上瑰丽惊险的山川，表现了蜀道艰险，实则是写仕途坎坷，从中透露对社会的某些忧虑与关切，恰好反映了作者美好善良的情怀及关注社会、关注人生的一贯诗风。

（2）“蜀道之难，难于上青天”有什么含意？重复出现三次，有何作用？（6分）

（3）作者运用了哪些写法来表现蜀道的雄奇险峻？请做简要分析（7分）

2. 阅读李白《将进酒》，然后完成（1）~（3）题。（14分）

将进酒（唐·李白）

君不见黄河之水天上来，奔流到海不复回。君不见高堂明镜悲白发，朝如青丝暮成雪。人生得意须尽欢，莫使金樽空对月。天生我材必有用，千金散尽还复来。烹羊宰牛且为乐，会须一饮三百杯。

岑夫子，丹丘生，将进酒，杯莫停。与君歌一曲，请君为我倾耳听。钟鼓馔玉不足贵，但愿长醉不复醒。古来圣贤皆寂寞，惟有饮者留其名。陈王昔时宴平乐，斗酒十千恣欢谑。主人何为言少钱，径须沽取对君酌。五花马，千金裘，呼儿将出换美酒，与尔同销万古愁。

（1）下列对这首诗的赏析，不正确的一项是（　）（3分）

A. 劝酒歌《将进酒》，作者借题发挥，尽吐郁积在胸中的不平之气，表达了施展抱负的愿望。主旨句“钟鼓馔玉不足贵，但愿长醉不复醒”，有统摄全诗的作用。

B. 全篇基调是愤激的，诗情忽张忽翕，大起大落，由悲转乐，转狂放、转愤激、再转狂放，最后结穴于"万古愁"，回应篇首，奔放跌宕。

C. 诗中起兴夸张的手法运用颇具特色。如诗篇开头的两组夸张的长句，就有抓风海雨而来之势，具有惊心动魄的艺术力量。诗中屡用巨额数字"十千""千金裘""万古愁"表现了一种豪迈诗情，但也给人一种空洞浮夸感。

D.《将进酒》原为汉乐府的曲调，诗句以七言为主，间以三、五、十言"破"之，长短不一，参差错综，节奏快慢多变，一泻千里，语势昂扬豪迈。

（2）如何理解"人生得意须尽欢，莫使金樽空对月"的思想内容？（5分）

（3）李白在另一首诗中说"抽刀断水水更流，举杯消愁愁更愁"，而在《将进酒》中又说"五花马，千金裘，呼儿将出换美酒，与尔同销万古愁"，这两种说法是否矛盾？对此，你是怎样理解的？（6分）

3. 阅读杜甫《蜀相》，然后完成（1）~（2）题。（9分）

蜀相（唐·杜甫）

丞相祠堂何处寻？锦官城外柏森森。

映阶碧草自春色，隔叶黄鹂空好音。

三顾频烦天下计，两朝开济老臣心。

出师未捷身先死，长使英雄泪满襟。

（1）对这首诗中词句的解释，不恰当的一项是（   ）（3分）

A."蜀相"是蜀汉丞相诸葛亮。"锦官城"是成都的别称。"柏森森"柏树茂盛之意，营造出一种庄严、肃穆的氛围，表达出作者对蜀相的崇敬之情。

B."映阶"二句的意思是阶前的草一到春天便是一片绿色，年年如此，可它为谁而绿呢？隔着树叶，传来黄鹂动听的歌声，可有谁听呢？

C."频烦"即频繁，连续。"天下计"主要指统一中国、兴复汉室。"两朝"指东汉和蜀汉。"开"指开创基业，"济"是渡过难关。

D."长使英雄"一个"长"字则更是扩大了其范围，自古至今又有多少像诸葛亮一样壮志未酬而含恨终身的英雄人物，也包括杜甫自己。

（2）谈谈你对《蜀相》"映阶碧草""隔叶黄鹂"两个意象的理解。作者用"自""空"二字表达了怎样的思想感情？结合全诗做简要赏析。（6分）

4.（挑战题，供选做）阅读杜甫《登高》和《登岳阳楼》，完成（1）~（2）题。（9分）

登高（唐·杜甫）

风急天高猿啸哀，渚清沙白鸟飞回。

无边落木萧萧下，不尽长江滚滚来。

万里悲秋常作客，百年多病独登台。

艰难苦恨繁霜鬓，潦倒新停浊酒杯。

登岳阳楼（唐·杜甫）

昔闻洞庭水，今上岳阳楼。

吴楚东南坼，乾坤日夜浮。

亲朋无一字，老病有孤舟。

戎马关山北，凭轩涕泗流。

（1）下面是对《登高》和《登岳阳楼》的分析，错误的一项是（　）（3分）

A.两首诗都很好地体现了杜诗"沉郁顿挫"的风格。

B.《登高》在空间上很阔大，《登岳阳楼》在时间上颇久远，各具雄浑之韵。

C.二诗的语言非常精粹传神，动态感十足；还有对举之美。

D.作者即使在漂泊中仍然心系国事，这在二诗中都能找到注脚。

（2）《登高》是杜甫56岁，重九日在夔州登高时所作。《登岳阳楼》是杜甫57岁，登岳阳名楼所写。请比较两诗分别选用了哪些意象，营造了怎样的意境，抒发了怎样的感情？（6分）

第六板块　学后反思

——学生反思自己是如何学会的？还需要通过怎样的反思
来管理自己的学习？

学习活动（五）

【悟学】

个性化"悟"——在悟中学，涌动成长——内心对话，悦纳自我；自我反思，感悟成长。

【评价方式】

反思静悟，体验成长；在学习中反思，在反思中提升。

1. 学习报告

请阅读鉴赏盛唐诗歌，完成《盛唐诗歌阅读鉴赏学习报告》。

2. 自评表

表4 "盛唐诗歌"群课堂学习等级自评表

学习环节	学习活动	达成程度					备注
课前	读诗讲诗——腹有诗书气自华	1	2	3	4	5	
一	自主学习——自主性"学"	1	2	3	4	5	
二	合作学习——特色化"展"	1	2	3	4	5	
三	探究学习——针对性"教"	1	2	3	4	5	
四	学以致用——科学化"练"	1	2	3	4	5	
五	在悟中学——个性化"悟"	1	2	3	4	5	

（说明：请打"√"选择：1表示我学习过，2表示我能读懂，3表示我会鉴赏，4表示我能答对，5表示我会指导别人读诗。）

第五章　中晚唐诗歌阅读鉴赏学历案

第一板块　学习主题与学时

——学生在多少时间内学习什么?

【学习内容】

中晚唐诗歌:(1)白居易《琵琶行(并序)》;(2)李贺《李凭箜篌引》;(3)温庭筠《菩萨蛮·小山重叠金明灭》;(4)李商隐《锦瑟》。

【学时】

4学时。

第二板块　学习目标

——学生期望学会什么?

【学习目标】

1. 语言素养目标

因声求气,吟咏诗韵,读出创新求变的中晚唐诗歌音律美和意境美。积累意象和典故,嚼字析词来品味形象之美,因文联想来总览意境之美,提高中晚唐诗阅读的语感能力和"诗家语"的建构及运用能力。

2. 思维素养目标

涵泳、品味中晚唐诗歌,感触伤感无奈、颓然消极,追求语言典丽、空灵飘逸的感伤诗风,体悟白居易感伤诗的谪居之恨,李贺歌行体诗的不遇之伤,温庭筠思乡诗的困顿之苦,李商隐无题诗的爱情之痛,提升思维品质和语文素养。

3. 审美素养目标

体悟中晚唐诗歌风骨顿衰，崇尚疏旷澹然之美；多忧时悯乱、感叹身世的伤感色彩。深刻领悟白居易"浅易通俗"、李贺"幽峭冷艳"、温庭筠"绮丽香艳"、李商隐"朦胧隐晦"等，形成中晚唐文化感受力和智慧与精神的生成。

4. 文化素养目标

体会姿态横生的中晚唐诗歌中那追寻的执着、失落的怅惘、定国安邦的壮志、忧国忧民的慨叹、凄迷难解的苦闷，感受中晚唐诗歌的感伤情怀。培养学生对民族文化的认同及爱国主义思想，提高民族自信心和自尊心，传承与弘扬中华优秀传统文化。

第三板块　评价任务

——学生何以知道是否学会了？

课前检测

阅读刘禹锡《乌衣巷》，完成1～2题。（9分）

1. 品读全诗，描绘"朱雀桥边野草花，乌衣巷口夕阳斜"所展现的画面。本诗借怀古抒发了作者怎样的感情？（4分）

2.《乌衣巷》在表达情感上体现了"诗贵含蓄"的特点，请简要赏析。（5分）

参考答案：

1.（1）一派荒凉冷落衰败的景象：六朝著名的朱雀桥边长满了野花杂草，夕阳的余光淡淡地斜照着昔日繁华的乌衣巷。（2分）（2）作者通过对乌衣巷的今昔对比，抒发了沧海桑田、兴衰无常、人生多变的深沉感慨。（2分）

2.（1）刘禹锡《乌衣巷》，怀古伤今，兴亡之叹，蕴藉含蓄之美。（1分）（2）乌衣巷昔日繁华鼎盛，而今野草丛生，荒凉残照。以燕栖旧巢唤起人们想象，含而不露；以"野草花""夕阳斜"涂抹背景，寓情于景，美而不俗。（2分）（3）语虽极浅，味却无限。三、四句燕子仍入此堂，王谢零落，已化作寻常百姓。如此感慨，含蓄深沉，用笔极曲。（2分）

课堂练测

学习活动（一）参考答案：

1.（1）小序内容：扼要地交代时间、地点、人物和故事的主要经过，以及琵琶女的身世和诗人的心情。（2）小序作用：说明了《琵琶行》的写作原因和命名，定下了凄切伤怀的感情基调。

2.（1）比喻（通感）。"大弦嘈嘈如急雨，小弦切切如私语"，比喻把抽象无形的音乐变成形象可感的实体。"嘈嘈切切错杂弹，大珠小珠落玉盘"，通感赋形于声，把对客观事物的描述转移到听者主观的感觉之中，启发想象和联想，余韵无穷。（2）叠词和联绵词的使用。"弦弦""声声""续续""嘈嘈""切切"等叠词，"间关"（叠韵）、"幽咽"（双声）等联绵词，使音节悦耳动听。（3）正面描摹与侧面烘托相结合。①正面描摹，如"转轴拨弦三两声，未成曲调先有情""银瓶乍破水浆迸，铁骑突出刀枪鸣""曲终收拨当心画，四弦一声如裂帛"等，直接描摹琵琶曲感人的艺术效果。②侧面烘托，如"东船西舫悄无言，唯见江心秋月白""忽闻水上琵琶声，主人忘归客不发""凄凄不似向前声，满座重闻皆掩泣""座中泣下谁最多，江州司马青衫湿"等，通过听众的反映，烘托琴声的优美动听、深切感人。琵琶女在琵琶声中流露出低沉抑郁的情调，不得志的哀怨、悲愤之情，暗示她的身世悲惨。（4）曲中带情。琵琶曲如此感人，除了琵琶女演技高超，那便是感情。"未成曲调先有情"，琵琶女以情演曲；"别有幽愁暗恨生，此时无声胜有声"，诗人以情绘声，带着感情聆听和描摹。

3.（1）因为作者与琵琶女遭遇相似，情感相通，"同是天涯沦落人"。作者泪洒青衫伤人伤己，既是对被压迫妇女的同情与尊重，又是对当时社会的控诉。所以，作者才发出"同是天涯沦落人，相逢何必曾相识"的共鸣。（2）①都来自京都——"本是京城女"和"去年辞帝京"；②皆有出色才华——名满京都的艺人和才华横溢的诗人；③如今都落泊失意——因年长色衰而嫁商人和因直言进谏而遭贬谪。（3）①是音乐（琵琶声）。②因为一个独守空船，借乐诉怨；一个送客江头，有酒无乐。一个善弹，一个善听善写。③作者通过描写琵琶女高超的弹奏技巧和沦落天涯的悲凉身世，表现了对琵琶女的深切同情，抒发了自己谪居江州后的失意心情。

4.（1）全篇三次描写音乐及其写法：

①第1节，一闻琵琶（暗写、侧面烘托）——作者送客闻琴，移船相邀相见——一弹琵琶，闻声不见人，情相触；

②第2节，再闻琵琶（明写、详写）——弹奏《霓裳》和《六幺》，诉沦落——二弹琵琶，见人再闻声，情相通；

③第5节，三闻琵琶（明写、略写、侧面烘托）——感言却坐促弦，青衫湿——三弹琵琶，知人重闻声，情相融。

（2）作用：①音乐描写起到贯穿全诗的作用。②琵琶声中塑造出作者自身横遭贬谪、抑郁寡欢的形象和琵琶女漂流沦落、凄苦哀怨的形象。③青衫泪中表现出作者与琵琶女"同是天涯沦落人"的平等心情，弹者和听者的感情得到了共鸣和交流。

5. 三句诗以"月"为意象，将作者送客的凄清之感，琵琶女演奏音乐后给众人的清冷之感，琵琶女回忆起往昔繁华时的落寞之感，琵琶女当下的寂寞之情及白居易当下谪居的愁苦之思巧妙地串联起来，营造出让人难以忘怀的艺术意境。

（1）情景交融，月色弥漫着作者的离愁别绪。"醉不成欢惨将别，别时茫茫江浸月。"即将分别时，一弯冷清的月亮倒映在茫茫大江，幽冷孤寂，水中的这一弯清月可以说包含了主客双方分别时的所有情绪，构成了一种强烈的压抑感。

（2）音乐与月色互相渗透，令人回味不已。"东船西舫悄无言，唯见江心秋月白。"以景结情，一曲虽终，而荡气回肠的音乐魅力，却并没有消失。只见江心那轮秋月变得更为明亮清冷，月亮的清寒仿佛正像琵琶声中那幽咽的声音，作者用月亮的清冷来衬托声响的幽怨愁苦，清冷的秋月照射在澄澈的江水中，与琵琶女的愁绝之词互相映衬，共同营造出凄冷的氛围，给读者留下了涵泳回味的广阔空间。

（3）渲染琵琶女凄清心境，使人恍若沉浸在浔阳江头那忧郁的月光里，感伤莫名。"去来江口守空船，绕船月明江水寒。"描写了琵琶女在江边期待丈夫早日归来时的场景。身为商人的丈夫一去无消息，只留琵琶女孤独地"守空船"，一轮清寒之月照射在水中愈发凄冷，正如琵琶女那凄伤的心境。

学习活动（二）参考答案：

1.（1）①开门见山，起句从乐师李凭演奏的乐器落笔，写物亦即写人，一箭双雕。②"吴丝蜀桐"指代箜篌，借写箜篌的精致以衬托演奏者技艺的高超。"高秋"一语点明了演奏时间，含有秋高气爽之意，既突出了演奏环境，又表现了音乐的高雅，传达出一种清澈澄洁的高远境界。③"张"字意为弹奏，不仅是演奏的动作，且很容易引起读者对音乐情韵的理解，产生直上云天的联想。

（2）①"昆山玉碎凤凰叫，芙蓉泣露香兰笑"一句直接正面描写乐声，形神兼备，又各具特色。②"昆山"句，以声写声，表现乐声的昂扬起伏多变。"芙蓉"句，以形写声，渲染乐声的优美动听。"昆山玉碎"写乐音之强，具有很强的爆发力和压倒一切的气势，表现乐声极其昂扬壮观；"凤凰叫"写乐音之弱，栖居昆仑山上的凤凰叫声凄厉婉转，表现乐声柔和幽怨、空灵哀婉，起伏多变。"芙蓉泣露"摹写乐声的悲抑凄清，似哭泣的声音；"香兰笑"描绘出乐音的流丽爽朗，就像盛开的兰花张口欲笑，显示乐声的欢快愉悦，优美动听。③运用比喻、通感、夸张和拟人等手法，从不同角度唤起音乐的形象感，并以视觉的美来写听觉的美，化柔媚的音乐声为娇美形象，感受到箜篌乐曲丰富的层次和优美动听的乐声竟使芙蓉哭泣、使香兰微笑，从而真切地表现作者的情感由激昂转为忧伤、由悲戚转为欢快。

（3）①这首诗最大特点是想象奇特，形象鲜明，充满浪漫主义色彩。②作者致力于把自己对于箜篌声的抽象感觉、感情与思想借助联想转化为具体的物象，使之可见可感。诗歌没有对李凭的技艺做直接的评判，也没有直接描述作者的自我感受，只是对于乐声及其效果的摹绘。③作者于乐声及其效果的摹绘中，寄托着自己的情思，表达了对乐曲的感受和评判，想象奇特，形象鲜明。

2.（1）①"画蛾眉""弄妆梳洗"表现出女主人公的爱美之情和"女为悦己者容"的心态。②一个"懒"字，把她怅惘若失的情态传达出来，女主人公萧疏的意态在娇慵之状的描写中跃然纸上。"弄"反复摆弄欣赏之意，把女主人公极度要美，又无限幽怨的情态表现出来了。"迟"字呼应了前面的"懒"字，进而渲染了女主人公无情无绪的神态。③"懒""弄""迟"三字相互照应，刻画人物神态、动作，暗示人物心情，巧妙地传达出女主人公娇慵、惆怅、百无聊赖之情，表现出她无人赏爱的苦闷和内心的孤独寂寞。

（2）①反衬手法。②懒得起来，画一画蛾眉，整一整衣裳，梳洗打扮，慢吞吞，意迟迟。独处深闺，满怀惆怅的女主人公，面对象征爱情甜蜜美满的成双成对的金鹧鸪，在哀怨的心绪添上几分酸楚和难堪。③鹧鸪双双，反衬女主人公的孤独；容貌服饰的描写，反衬女主人公寂寞空虚；"新贴绣罗襦，双双金鹧鸪"反衬出了女主人公对美好生活的渴望与期盼。

（3）①全词通过写一个女子早晨自娇卧未醒，宿妆已残而懒起梳妆，妆毕簪花照镜，穿上新罗襦的过程，刻画了一个因无人赏爱而寂寞孤独、娇柔慵懒、自怜自赏的闺中思妇的形象。②此词写闺怨之情，却不着一字点破，而是通过主人公起床前后一系列动作和服饰的描写，展现出闺中女子的深闺寂寞，幽怨相思。③联系作者累举不第、坎坷终生的遭遇，思妇形象是作者怀才不遇生活的真实写照，既表达了作者的同情之心，也抒发了自己内心无人赏识的孤独寂寞之情。

学习活动（三）参考答案：

1.（1）首联，起兴之笔。开篇以"锦瑟"起兴，作者听锦瑟之繁弦，思华年之往事。一种惋惜、伤感和无可名状的情绪涌上心头。"思华年"为全篇主旨，下文皆因此生发出来。（2）中间两联，是全诗的主体部分，也是作者追忆的内容。颔联，关键在一"迷"字，"迷"字既形容梦境的迷离恍惚，梦中的如痴入迷，也写出梦醒后的空虚幻灭，惘然若迷。用"庄周梦蝶""杜鹃啼血"之典，表现出对美好事物或美好情感的怀念，抒发哀怨、惆怅、迷惘之情。颈联，明珠在沧海月下泣泪，美玉在重山之上生烟。写才美不外现或美好事物不能常在、美好愿望不能实现，寄寓了悲伤嗟悼之情。（3）尾联，以感叹作结，流露出无可奈何的哀怨情怀。"此情可待成追忆"，表明作者到老还很珍重这份"感情"。"只是当时已惘然"，当时身处其境，已是凄迷难辨；而今思之，更是捉摸不到。全诗就在这种无限怅惘的情绪中结束，余音袅袅，言尽而意不止。

2.（1）构思精巧：这首诗是作者追忆华年往事，不胜惘然之作。开头写锦瑟"一弦一柱思华年"，声声诉述思念之切。尾句"当时惘然""追忆此情"使悲欢离合之情更令人断肠。（2）朦胧之美：作者用"庄生"梦中的浪漫神奇想象，把人带入美好的梦幻景象，令人神往；又用"望帝"把心托给"杜鹃"，仿佛置身于"杜鹃啼血"的氛围中，更感受到离别后的思念之深。梦中的朦胧美如画，美人落泪，蓝田美玉在阳光下闪光，仿佛燃烧出缕缕轻烟，冉冉飘拂。（3）境界扑朔迷离，情感深长绵藐。一个垂暮老人回首锦瑟华年所唱出的一曲哀婉凄美的歌，"晓梦"之痴迷、"春心"之深挚、"珠泪"之哀伤与"玉烟"之迷惘。其意境高远，感情真挚，可意会不可言传，可感悟不可支离。

3.（1）内容之眼（诗眼）：思华年。情感之眼（诗眼）：惘然。（2）全诗词藻华美，含蓄深沉，情真意长，感人至深。诗人隐去了平生所历具体之事，缘情造物，借用庄生梦蝶、杜鹃啼血、沧海珠泪、良田生烟等典故，采用比兴和象征手法，运用联想与想象，把听觉的感受转化为视觉形象，以片段意象的组合创造朦胧的境界，从而借助可视可感的诗歌形象来传达其真挚浓烈而又幽约深曲的深思。（3）李商隐含蓄委婉地从多个不同角度寄托了自己华年流逝、抱负成空的伤痛之情，对往昔美好生活的眷恋、怀念的怅惘之情，以及对美好往事的追怀，理想境界的向往和渴望。（言之成理即可）

📖 课后评测

学习活动（四）参考答案：

1.（1）①主题思想：作者抓住清明时节的"细雨""行人""牧童""酒家""杏花村"等意象，描写了一幅凄迷哀伤的清明图景。作者触景伤怀，通过描述清明时节杏花雨中赶路的愁苦心境和问询牧童的瞬间情形，表达其无限苦闷、落寞与惆怅以及深深的思乡之情，同时抒发了满腹愁绪和一点希冀。（3分）②"言有尽而意无尽"的特点主要表现在最后一句。春寒料峭，细雨纷飞，绵绵不绝，行人赶路，雨湿衣衫，心情凄哀。诗到"牧童遥指"戛然而止，剩下的闻讯而喜、加快赶路、找到酒家、借酒御寒、避雨消愁等，作者一概不管了，赋予想象，给了读者远比文字广阔的天地。（3分）

（2）（5分，完成其一即可）三言诗：清明节，雨纷纷，路上人，欲断魂。问酒家，何处有？牧童指，杏花村。

四言诗：清明时节，行人断魂。酒家何处？指杏花村。

五言绝句：清明时节雨，行人欲断魂。酒家何处有？遥指杏花村。

六言诗：清明时节雨纷，路上行人断魂。借问酒家何处？牧童遥指杏村。

下篇 古诗鉴赏学历案

193

长短句：清明时节雨，纷纷路上行人，欲断魂。借问：酒家何处？有牧童，遥指杏花村。

独幕剧：时间——清明时节。

布景——雨（纷纷）。

地点——路上。

幕启——行人：（欲断魂）"借问：酒家何处有？……"

牧童：（遥指）杏花村。（幕落）

2.（1）闺情诗（闺阁诗或爱情诗）、孤独寂寞（4分）

（2）①温词下阕"新贴绣罗襦，双双金鹧鸪"借容貌服饰的描写，反衬人物内心的寂寞空虚；借鹧鸪双双，反衬人物的孤独，委婉含蓄地揭示了人物的内心世界；（2分）②李词下阕"此情无计可消除，才下眉头，却上心头"则是直接抒情，将相思与离愁溢于言表，以浅近明白的语言，表达深思挚爱之情。（2分）

3.（1）①角度：正面比喻、通感写琴声，侧面渲染（烘托）写感受。既不乏巧妙的夸张，丰富的联想，新颖的比喻，又突出个人感受，侧面烘托。②正面描写中运用通感，"百鸟群""孤凤凰""跻攀分寸"，以视觉写听觉。③侧面描写中通过描写听众感受表现乐声美妙，诗中的琴音忽高忽低，起伏缓急，忽远忽近，难以捉摸。既有正面摹写，又有听琴感受；选取的画面有"起坐"不安，有"推手止之""泪雨滂沱""冰炭置肠"。大喜大悲，冷暖刺激实叫人无法承受。这种情绪上的强烈震荡，作者凭真切的感知，用生动的文字描摹得穷形尽相。

（2）①不同技法：《李凭箜篌引》主要通过幻想境界的反响，从侧面烘托出箜篌声。作者巧妙地运用神话传说，通过大胆的联想、瑰艳的色彩，再现了箜篌演奏的美妙乐声和强烈的艺术魅力。对于音乐旋律本身的起伏跌宕着墨并不多，只有"昆山玉碎凤凰叫，芙蓉泣露香兰笑"两句直接正面描写乐声。《琵琶行》主要通过一连串的比喻（通感）描摹音色的强弱缓急及琵琶曲的声韵情调，为正面描写的手法，只有"江州司马青衫湿"为侧面烘托。《听颖师弹琴》前十句运用形象的比喻摹写琴声的起落变化，并且描摹出音乐所表现的意境，是直接描写；后八句用抒情的方式表达听琴的感受，是侧面烘托。

总之，三首诗各有千秋而又互相渗透。《琵琶行》以声摹乐好比喻，通过人们所能想象到的声音来描绘琵琶曲；《李凭箜篌引》以感状乐衬妙音，利用听者的感官理解来描写箜篌的绝妙；而《听颖师弹琴》则以形喻乐传佳音，通过对形的描绘而让读者想象出音乐的绝妙；三者皆写音韵，手法互相渗透，令人称道。（4分）

②风格迥异：《李凭箜篌引》纯为描摹音乐，没有作者的情感寄托，用自身的想象来衬托乐曲的美妙，风格凄寒冷艳、浪漫瑰丽。《琵琶行》是一首叙事长诗，注

重对声音的描写，用联想来表现声音的美妙。在描摹音乐时也在叙事和抒情，琵琶女弹奏时的情态动作和作者的身世体验都穿插其中，其风格平易感伤。《听颖师弹琴》前十句写琴声，后八句写作者听乐的感受，至于琴声引发了怎样的人生体验，并未直言，因而此诗风格悲怆含蓄。

总之，白诗怡人，琵琶曲使人心动神怡；李诗泣鬼，箜篌曲使鬼神动情落泪；韩诗惊天，琴声使天地为之惊叹。（4分）

第四板块　学习过程

——学生需要经历怎样的学习过程才能学会？

一、资源与建议

【学习流程】

自学——互学——研学——习学——悟学。

【学习策略】

读懂（"泡"）——悟透（"品"）——答对（"抠"）。

【中晚唐诗歌简史】

中晚唐，唐诗从兴盛转入衰微的时代。

中唐前期的代表人物是刘长卿和韦应物。前者语言典雅，诗风近王维；后者古体近体皆有佳作，诗中颇有奇气，堪称大家。中唐中期的代表流派有以白居易、元稹的为代表的平易派，以贾岛、孟郊为代表的苦吟派。"诗鬼"李贺凄艳诡激，韩愈险峻雄奇、怪诞晦涩，柳宗元似枯实膏，刘禹锡名歌之清新、咏史之深重。晚唐诗人群体：一是继承贾岛、姚合、张籍、孟郊的穷士诗人群，工于穷苦之言，诗风收敛、淡冷、着意；二是以李商隐、温庭筠、杜牧为代表的在心灵世界与绮艳题材的开拓上作出重大贡献的诗人群，诗风悲怆、绮丽、委婉。

中唐（766—835年）诗歌：中唐之初，刘长卿和大历十才子诗学王维，精致秀润，但内容多浮浅。到元和年间进入高潮。诗界名家辈出、流派分立，最具影响的是韩孟诗派和元白诗派。

永贞革新和元和中兴使诗坛重新活跃。刘禹锡的诗精练含蓄，意境优美，韵律和谐，代表作有《乌衣巷》《秋词》《竹枝词》等；柳宗元的诗或澹泊雅丽、或哀怨激越、或峻洁清幽，个性鲜明。公元805年，爆发了"永贞革新"的二王八司马事件，满朝重臣竟然被宦官斥贬，其中就有柳宗元和刘禹锡。

又一杰出诗人是韦应物，其田园山水诗高雅闲淡，而其乐府歌行则于婉丽流美中颇寄讽喻。其中刘长卿、韦应物的山水诗，是王维、孟浩然一派的继续；卢纶、李益的边塞诗，是高适、岑参一派的余绪。

"诗到元和体变新"，以白居易、元稹、李绅、张籍、王建等为代表的"元白诗派"，倡导新乐府运动，写下大量反映现实、批评时政的政治讽喻诗。追求通俗写实，情韵不匮，语言通俗易懂是其共同特色。

白居易，字乐天，晚年号香山居士。是中唐时期最杰出的现实主义诗人，唐代新乐府运动的倡导者，提出"文章合为时而著，歌诗合为事而作"的进步主张，领导并亲自参加了"新乐府运动"，他的诗歌题材广泛，形式多样，明白晓畅，通俗易懂，深受群众喜爱，有"诗魔"和"诗王"之称。白居易有《白氏长庆集》传世，其代表作有《卖炭翁》《长恨歌》《琵琶行》等。

公元787年，著作左郎顾况家里，来了一个十六岁的少年，他叫白居易。顾况看了看这个少年的名字，当场笑道："长安米贵，居大不易。"但当他读到"离离原上草，一岁一枯荣。野火烧不尽，春风吹又生"时，禁不住拍案称绝："你这孩子，你想住哪儿都可以！"16岁的少年，就此扬名京城。

公元810年，韩愈写信给一个年轻人，催他上京应试。这个少年，就是公元790年出生的李贺，写作风格魔幻，18岁那年，拿着那首《雁门太守行》去拜见赫赫有名的韩愈，凄美绝艳的诗风得到韩愈的喜欢，开始走上中唐舞台。

李贺作为中唐到晚唐诗风转变期的一个代表，其人生是悲剧性的。先是父亲病逝，因回家奔丧守孝，失去参考机会。三年孝期满前去赴考，有人说他爹名"晋肃"与"进士"谐音，应考即为不孝，最终未能下场科考。科考无望，26岁的他准备从军，奈何未能得胜。归乡后，27岁那年因病去世，惊才绝艳也抵挡不住命运坎坷。李贺一生抑郁不得志，于是形成了凄艳诡谲的诗风，与"诗仙""诗圣""诗佛"齐名，被称为"诗鬼"，其作品创造出一种新奇瑰丽的境界，形成了自己独特的风格。其名篇有《天上谣》《梦天》《金铜仙人辞汉歌》《李凭箜篌引》等。

公元846年，75岁的白居易逝世。唐宣宗李忱写诗悼念："缀玉连珠六十年，谁教冥路作诗仙？浮云不系名居易，造化无为字乐天。童子解吟《长恨》曲，胡儿能唱《琵琶》篇。文章已满行人耳，一度思卿一怆然。"（《吊白居易》）

晚唐（835—907年）诗歌：随着唐王朝日趋腐败衰弱，诗歌感伤的情调益浓，辞藻繁缛的风气渐盛，以温庭筠、李商隐为代表；同时对现实黑暗的揭露也更加尖锐，风格也更加直白怒张，有黄巢起义前后出现的一批继承中唐新乐府精神的现实主义诗人，代表人物主要是皮日休、罗隐、陆龟蒙、杜荀鹤、聂夷中、韩偓等。还出现了一些沉湎于歌舞声色或隐遁于山水田园的诗人，如韦庄、司空图。而杜牧与许浑则别有一格，自有风姿。

温庭筠是晚唐最重要的诗人之一。温庭筠是唐初宰相温彦博之后裔，出生于没落贵族家庭，富有天赋，文思敏捷，每入试，押官韵，八叉手而成八韵，故有"温八叉"或"温八吟"之称。然恃才不羁，又好讥刺权贵，多犯忌讳，不受羁束，纵酒放浪。因此得罪权贵，屡试不第，一生坎坷，终身潦倒。唐宣宗朝试宏辞，温庭筠代人作赋，因扰乱科场，贬为隋县尉。他与李贺有相似之处，但没那奇诡幽峭的意境；他有与李商隐一样的浓丽清秀，却没李诗的晦涩。他对后世影响较大的不是诗，而是词。其词与韦庄齐名（"温韦"），多写闺情，词风以浓丽绵密为主，为"花间派"首要词人，被尊为"花间鼻祖"，名作有《菩萨蛮》《梦江南》等。

晚唐时期的诗歌感伤气氛浓厚，代表诗人是李商隐、杜牧，世称"小李杜"。晚唐的诗坛一开始也是沉寂的，因杜牧和李商隐两人的出现而大放异彩。

李商隐以无题诗见长。七律学杜甫，用典精巧，对偶工整；七言绝句也很有功力，以爱情诗见长，名篇有《无题》《锦瑟》《夜雨寄北》等。

而杜牧以七绝见长，其诗声情流美，伤时忧国，哀怨深沉，可与盛唐"七绝圣手"王昌龄并肩，其名篇有《山行》《泊秦淮》《过华清宫》等。

840年开始，李党领袖李德裕的权力达到巅峰。26岁时，李商隐得令狐父子之援而中进士，次年入泾原节度使王茂元幕府，后娶其女为妻，琴瑟和谐。但当时的牛（僧孺）李（德裕）党争激烈，恩师令狐楚属牛党，王茂元则属李党。李商隐此举被视为投靠王茂元，因此被令狐楚之子令狐绹指责为"忘家恩，放利偷合"而受牛党排挤。此后一生在牛、李两党的倾轧中度过，困顿凄凉，这让他的诗风神秘莫测，隐喻颇多。854年，在梓州，作《夜雨寄北》。858年，李商隐郁郁而逝。此年留下诗史上最晦涩难解的《锦瑟》，一千多年来，无人解得其真正的含义。

大唐的繁华与灿烂已日暮途穷，犹如李商隐的《锦瑟》，往昔盛景只可追忆。公元907年，朱温逼唐哀帝李柷禅位，改国号梁，大唐灭亡。姿态横生的中晚唐诗歌向着词的意境与词藻移动。

二、课堂与活动

📖 情境导入

中晚唐，唐代诗歌的秋天。

映着诗国落日余晖的中晚唐诗歌，既有萧瑟肃杀的风雨，又有浪漫冷艳的秋花。

读诗讲诗

乌衣巷（唐·刘禹锡）

朱雀/桥边/野草/花，乌衣/巷口/夕阳/斜。
旧时/王谢/堂前/燕，飞入/寻常/百姓/家。

【译读】

朱雀桥边一些野草开花，乌衣巷口唯有夕阳斜挂。当年王导、谢安屋檐下的燕子，如今已飞进寻常百姓家中。

【赏读】

这是一首怀古诗，写作者对盛衰兴败的深沉感慨。金陵城乌衣巷，原是六朝贵族居住的地方，最为繁华。作者凭吊东晋时南京秦淮河上朱雀桥和南岸的乌衣巷的繁华鼎盛，而今野草丛生，荒凉残照，暗含作者对荣枯兴衰和人生多变的敏感体验。

本诗表达技巧的显著特点：今昔对比和以小见大。诗中没有一句议论，而是将野草开花、夕阳斜照这些自然现象构成的荒凉寂寞背景与乌衣巷、朱雀桥的往昔繁华进行强烈的对比，以燕子作为盛衰兴亡的见证。作者将自己感叹时世变幻无常和对后人"引古鉴今"的告诫之情都藏在了"野草""夕阳""燕子"这些小小的意象之中，以小见大，寓意深刻。

学习活动（一）

【自学】

自主性"学"——自主学习，链接知识——文本对话，主动学习；整合资源，激发灵感。

琵琶行（并序）（唐·白居易）

元和十年，予左迁九江郡司马。明年秋，送客湓浦口，闻舟中夜弹琵琶者，听其音，铮铮然有京都声。问其人，本长安倡女，尝学琵琶于穆、曹二善才，年长色衰，委身为贾人妇。遂命酒，使快弹数曲。曲罢悯然，自叙少小时欢乐事，今漂沦憔悴，转徙于江湖间。予出官二年，恬然自安，感斯人言，是夕始觉有迁谪意。因为长句，歌以赠之，凡六百一十六言，命曰《琵琶行》。

浔阳江头夜送客，枫叶荻花秋瑟瑟。主人下马客在船，举酒欲饮无管弦。
醉不成欢惨将别，别时茫茫江浸月。忽闻水上琵琶声，主人忘归客不发。
寻声暗问弹者谁？琵琶声停欲语迟。移船相近邀相见，添酒回灯重开宴。
千呼万唤始出来，犹抱琵琶半遮面。转轴拨弦三两声，未成曲调先有情。
弦弦掩抑声声思，似诉平生不得志。低眉信手续续弹，说尽心中无限事。

轻拢慢捻抹复挑，初为霓裳后六幺。　　大弦嘈嘈如急雨，小弦切切如私语。

嘈嘈切切错杂弹，大珠小珠落玉盘。　　间关莺语花底滑，幽咽泉流冰下难。

冰泉冷涩弦凝绝，凝绝不通声暂歇。　　别有幽愁暗恨生，此时无声胜有声。

银瓶乍破水浆迸，铁骑突出刀枪鸣。　　曲终收拨当心画，四弦一声如裂帛。

东船西舫悄无言，唯见江心秋月白。　　沉吟放拨插弦中，整顿衣裳起敛容。

自言本是京城女，家在虾蟆陵下住。　　十三学得琵琶成，名属教坊第一部。

曲罢曾教善才服，妆成每被秋娘妒。　　五陵年少争缠头，一曲红绡不知数。

钿头银篦击节碎，血色罗裙翻酒污。　　今年欢笑复明年，秋月春风等闲度。

弟走从军阿姨死，暮去朝来颜色故。　　门前冷落鞍马稀，老大嫁作商人妇。

商人重利轻别离，前月浮梁买茶去。　　去来江口守空船，绕船月明江水寒。

夜深忽梦少年事，梦啼妆泪红阑干。　　我闻琵琶已叹息，又闻此语重唧唧。

同是天涯沦落人，相逢何必曾相识！　　我从去年辞帝京，谪居卧病浔阳城。

浔阳地僻无音乐，终岁不闻丝竹声。　　住近湓江地低湿，黄芦苦竹绕宅生。

其间旦暮闻何物？杜鹃啼血猿哀鸣。　　春江花朝秋月夜，往往取酒还独倾。

岂无山歌与村笛，呕哑嘲哳难为听。　　今夜闻君琵琶语，如听仙乐耳暂明。

莫辞更坐弹一曲，为君翻作琵琶行。　　感我此言良久立，却坐促弦弦转急。

凄凄不似向前声，满座重闻皆掩泣。　　座中泣下谁最多？江州司马青衫湿。

《琵琶行》创作于元和十一年（公元816年）。白居易任谏官时，直言敢谏，同情民间疾苦，写了大量的讽谕诗，触怒了唐宪宗，得罪了权贵被贬。先被贬为江州刺史，又被贬为江州司马。被贬的第二年秋天，作者送客湓浦口，遇到琵琶女，正是借琵琶女的遭遇共鸣自身天涯沦落的不幸。

"行"，又叫歌行，乐府名曲之一，是一种具有铺叙记事性质的乐府歌辞。作为一首乐府叙事长诗，《琵琶行》结构严谨缜密，错落有致，情节曲折，波澜起伏，是一首脍炙人口的现实主义杰作。

全诗采用以人物为线索的双线结构，一是以琵琶女的三次弹奏为主线，二是以白居易的感受为副线。歌女的悲惨遭遇写得很具体，是明线；作者的感情渗透在字里行间，随琵琶女的弹奏和她身世的不断变化而荡起层层波浪，是暗线。双线结构塑造了琵琶女和作者两个人物形象，二者心灵沟通，怨恨交织，谪情离恨奔涌而出，唱出了"同是天涯沦落人，相逢何必曾相识"的主题。"江州司马青衫湿"更是对主题的形象阐释，是作者同情琵琶女沦落之泪，也是作者伤感自己遭贬之泪。一明一暗，一实一虚，虚实相生，使情节波澜起伏，将情、景、事高度融合在一起。

谁解琵琶声，谁解青衫泪，谁解风物意？"枫叶四弦秋，枨触天涯迁谪恨；浔阳千尺水，句留江上别离情。"音乐是一种看不见摸不着的抽象艺术，然而作者用比喻

（通感）、侧面渲染烘托等手法将乐曲的美妙表现得淋漓尽致。作者借对琵琶女高超弹奏技艺和不幸经历的描述，揭露了封建社会官僚腐败、民生凋敝、人才埋没等不合理现象，表达了对琵琶女的深切同情，抒发了对自己无辜被贬的愤懑之情。

【思考题】

1. 请概述小序的内容及作用。

2. 作者用了哪些手法来描摹音乐？这些手法有何好处？请简要赏析。

3. 作者为何认为自己和琵琶女"同是天涯沦落人，相逢何必曾相识"，又同在何处？是什么使萍水相逢的作者和琵琶女联系在一起？请做简要赏析。

4. 全诗共写了几次音乐？怎样写的？请赏析其对篇章结构和塑造人物的作用。

5.《琵琶行》中"醉不成欢惨将别，别时茫茫江浸月""东船西舫悄无言，唯见江心秋月白""去来江口守空船，绕船月明江水寒"三处关于江月的描写，其意象不同，内涵各异，试做简要赏析。

📖 学习活动（二）

【互学】

特色化"展"——合作学习，相互营养——同伴对话，合作交流；取长补短，绽放精彩。

1. 精读《李凭箜篌引》，于有疑处质疑，于无疑处生疑。

李凭箜篌引（唐·李贺）

吴丝蜀桐张高秋，空山凝云颓不流。

江娥啼竹素女愁，李凭中国弹箜篌。

昆山玉碎凤凰叫，芙蓉泣露香兰笑。

十二门前融冷光，二十三丝动紫皇。

女娲炼石补天处，石破天惊逗秋雨。

梦入神山教神妪，老鱼跳波瘦蛟舞。

吴质不眠倚桂树，露脚斜飞湿寒兔。

"箜篌引"乐府旧题，属《相和歌·瑟调曲》。箜篌：古代弦乐器，形状有多种。据诗中"二十三丝"，可知李凭弹的是竖箜篌。引：一种古诗体裁，篇幅较长，音节、格律一般比较自由，形式有五言、七言、杂言。李凭是梨园弟子，因善弹箜篌，名噪一时。此诗大约作于公元811年（唐宪宗元和六年）至公元813年（元和八年），当时李贺任职于长安，官奉礼郎（执掌祭祀的九品小官）。此篇想象丰富，设色瑰丽，艺术感染力很强。清人方扶南将它与白居易《琵琶行》、韩愈《听颖师弹琴》相提并论，推许为"摹写声音至文"。

全诗可分为三部分：第一部分（1~4句）先声夺人，李凭出场；第二部分（5、6句）正面描写乐声，各具特色；第三部分（7~14句）描写音响效果，侧面烘托技艺高超。

这首诗辞采瑰丽，运用侧面烘托、比喻、通感、拟人、夸张和浪漫主义创作手法，驰骋自由的想象力，并通过瑰丽的神话传神地再现了乐工李凭创造的诗意浓郁的音乐境界，生动地记录下李凭弹奏箜篌的高超技艺，描摹了听乐的感受，把一首悲戚的乐曲描写得惊天动地。全诗语言峭丽、构思新奇、独辟蹊径，于乐声及其效果的摹绘中寄托诗人的情思，充满浪漫主义色彩。

【思考题】

（1）试赏析作者写"吴丝蜀桐张高秋"的独特之处。

（2）请结合"昆山玉碎凤凰叫，芙蓉泣露香兰笑"两句谈谈你的理解。

（3）请简要分析《李凭箜篌引》的艺术特色。

2. 精读《菩萨蛮·小山重叠金明灭》，于有疑处质疑，于无疑处生疑。

菩萨蛮·小山重叠金明灭（唐·温庭筠）

小山重叠金明灭，鬓云欲度香腮雪。懒起画蛾眉，弄妆梳洗迟。照花前后镜，花面交相映。新贴绣罗襦，双双金鹧鸪。

此词约作于大中（唐宣宗年号，847—860年）后期，正值温庭筠屡试不第之时。温庭筠《菩萨蛮》写的是一个独处闺中的女子，早晨自娇卧未醒，宿妆已残而懒起梳妆，妆毕簪花照镜，穿上新罗襦的过程。开头两句是写她退了色、走了样的眉晕、额黄和乱发，是隔夜残妆。三四两句写刚起床时"弄妆"，用一"懒"一"迟"由外表进入人物内心的描写。下阕开头两句写妆成之后的明艳，极写其人之美。最后两句写穿衣时忽然看见衣服上有新贴的"双双金鹧鸪"，全词戛然而止。

作者运用反衬、比喻、借代等手法，通过描写闺中女子懒起后梳洗、画眉、簪花、照镜、穿衣等系列动作和细节刻画，塑造了一个娇美却无人赏爱因而满怀幽怨的女子形象，表达了女主人公幽怨相思、深闺寂寞的情感，流露出诗人怀才不遇之感。

【思考题】

1. "懒起画娥眉，弄妆梳洗迟。"分析"懒""迟""弄"三字之妙。

2. 末句"新贴绣罗襦，双双金鹧鸪"别有意味，请做简要赏析。

3. 《菩萨蛮》不仅称物芳美，也具有"其文约，其词微"的特点。说说你从作者"约文微词"中所体会到的女主人公的情怀，其中是否有所寄托？

📖 学习活动（三）

【研学】

针对性"教"——探究学习，思想交融——师生对话，质疑问难；学法指导，点拨规律。

锦瑟（唐·李商隐）

锦瑟/无端/五十/弦，一弦/一柱/思/华年。

庄生/晓梦/迷/蝴蝶，望帝/春心/托/杜鹃。

沧海/月明/珠/有泪，蓝田/日暖/玉/生烟。

此情/可待/成/追忆？只是/当时/已/惘然。

【读懂】

精美的瑟为什么竟有五十根弦，一弦一柱都令我追忆青春年华。庄周翩翩起舞睡梦中化为蝴蝶，望帝把自己的幽恨哀怨托身于杜鹃。明月沧海鲛人流下了滴滴眼泪，蓝田日暖玉石化作青烟。悲欢离合为什么要现在才追忆，只因为当时心中只是一片茫然。

【悟透】

《锦瑟》是李商隐晚年回忆之作，大约作于唐宣宗大中十二年，这年作者46岁，罢盐铁推官后回郑州闲居。诗的内容是回忆往事，情调低沉，给人迷惘的感觉。虽然有些朦胧，却历来为人传诵。对该诗创作意旨历来众说纷纭，莫衷一是。有人说是写给令狐楚家一个叫"锦瑟"的侍女的爱情诗；有人说睹物思人，写给故去的妻子王氏的悼亡诗；也有人认为中间四句诗可与瑟的适、怨、清、和四种声情相合，从而推断为描写音乐的咏物诗；此外还有影射政治、自叙诗歌创作等许多种说法。大体而言，以"悼亡"和"自伤"说者为多。

诗题"锦瑟"用了起句的头两个字。但并非咏物，不过是按古诗的惯例以篇首二字为题，实是借瑟以隐题的一首无题诗。李商隐幼年失怙，怀才不遇，妻子早亡，卷入党争，仕途灰暗。本诗属于作者一生经历，有难言之痛，至苦之情，郁结中怀，发为诗句，往复低回。作者追忆了自己的青春年华，伤感自己不幸的遭遇，寄托了悲慨、愤懑的心情。

首联：锦瑟牵情，回首往事。颔联：往事如梦，感伤深沉。颈联：对月而泣，美梦如烟。尾联：追忆此情，当时惘然。作者借用庄生梦蝶、杜鹃啼血、沧海珠泪、良玉生烟等典故，采用比兴和象征手法，运用联想与想象，把听觉转化为视觉形象，以片段意象的组合创造朦胧的境界，借助可视可感的形象来传达真挚浓烈而又幽曲的深思。哀怨的基调，凄迷的意境，华美的语言，含蓄深沉，情真意长，感人至深。

【答对】

1.揣摩《锦瑟》各联所传达的意蕴，结合自己的理解，加以简要描述。

2.这首诗构思新奇，有一种朦胧美。结合全诗，试加以简要赏析。

3.《锦瑟》内容晦涩，意境迷离。请从诗中找出表明主要内容的三个字和表明作者情感的两个字？《锦瑟》一诗的主旨和情感该怎样理解？请做简要分析。

第五板块　检测与作业

——学生真的学会了吗？如何检测或巩固学生已学会的东西？

学习活动（四）

【习学】

科学化"练"——学以致用，在做中会——问题对话，学以致用；拓展延伸，融合生活。

1.阅读杜牧《清明》，然后完成（1）~（2）题。（11分）

清明（唐·杜牧）

清明时节雨纷纷，路上行人欲断魂。

借问酒家何处有，牧童遥指杏花村。

（1）概括《清明》的主题思想并简析其"言有尽而意无尽"的表达技巧。（6分）

（2）请将七绝《清明》改编成五言绝句、长短句或短剧等。（5分）

2.阅读下面两首词，然后完成（1）~（2）题。（8分）

菩萨蛮（唐·温庭筠）

小山重叠金明灭，鬓云欲度香腮雪。懒起画蛾眉，弄妆梳洗迟。照花前后镜，花面交相映。新贴绣罗襦，双双金鹧鸪。

一剪梅（宋·李清照）

红藕香残玉簟秋，轻解罗裳，独上兰舟。云中谁寄锦书来？雁字回时，月满西楼。花自飘零水自流，一种相思，两处闲愁。此情无计可消除，才下眉头，却上心头。

（1）两首词内容都属于题材，都描写了一个的抒情主人公形象。（4分）

（2）试比较两首词的下阕在抒情方式上的差异。（4分）

3.（挑战题，供选做）比较阅读李贺《李凭箜篌引》、白居易《琵琶行》和韩愈《听颖师弹琴》，完成（1）~（2）题。（11分）

听颖师弹琴（唐·韩愈）

昵昵儿女语，恩怨相尔汝。划然变轩昂，勇士赴敌场。浮云柳絮无根，天地阔远随飞扬。喧啾百鸟群，忽见孤凤皇。跻攀分寸不可上，失势一落千丈强。嗟余有两耳，未省听丝篁。自闻颖师弹，起坐在一旁。推手遽止之，湿衣泪滂滂。颖乎尔诚能，无以冰炭置我肠！

注释：①颖师：是当时一位善于弹琴的和尚②尔汝：对话时你来我去，不讲客套，是关系亲密的表现。③划然：忽地一下。

（1）阅读韩愈《听颖师弹琴》，诗中从什么角度描写音乐的？（3分）

（2）李贺《李凭箜篌引》、白居易《琵琶行》和韩愈《听颖师弹琴》都是描绘绮彩缤纷音乐的名作，比较音乐描写时的不同技法并赏析各自艺术风格。（8分）

第六板块　学后反思

——学生反思自己是如何学会的？还需要通过怎样的反思
来管理自己的学习？

学习活动（五）

【悟学】

个性化"悟"——在悟中学，涌动成长——内心对话，悦纳自我；自我反思，感悟成长。

【评价方式】

反思静悟，体验成长；在学习中反思，在反思中提升。

1.学习报告

请阅读鉴赏中晚唐诗歌，完成《中晚唐诗歌阅读鉴赏学习报告》。

2. 自评表

表5 "中晚唐诗歌"群课堂学习等级自评表

学习环节	学习活动	达成程度					备注
课前	读诗讲诗——腹有诗书气自华	1	2	3	4	5	
一	自主学习——自主性"学"	1	2	3	4	5	
二	合作学习——特色化"展"	1	2	3	4	5	
三	探究学习——针对性"教"	1	2	3	4	5	
四	学以致用——科学化"练"	1	2	3	4	5	
五	在悟中学——个性化"悟"	1	2	3	4	5	

（说明：请打"√"选择：1表示我学习过，2表示我能读懂，3表示我会鉴赏，4表示我能答对，5表示我会指导别人读诗。）

第六章　北宋诗词阅读鉴赏学历案

第一板块　学习主题与学时

——在多少时间内学生学习什么？

【学习内容】

北宋诗词：（1）李煜《虞美人·春花秋月何时了》；（2）柳永《望海潮·东南形胜》；（3）王安石《桂枝香·金陵怀古》；（4）苏轼《江城子·乙卯正月二十日夜记梦》；（5）苏轼《念奴娇·赤壁怀古》；（6）黄庭坚《登快阁》；（7）秦观《鹊桥仙·纤云弄巧》；（8）周邦彦《苏幕遮·燎沉香》。

【学时】

6学时。

第二板块　学习目标

——学生期望学会什么？

【学习目标】

1. 语言素养目标

正确、流利、有感情地朗读北宋诗词，读出宋词的音律美和意境美，达到熟读成诵。积累宋词的基本知识，理解与品味闲情离愁别恨的婉约词和诗情意境豁达的豪放词，提高"诗家语"的建构及运用能力。

2. 思维素养目标

品味意境、纵横拓展和活动引领，涵泳满腔的爱国热忱、绵绵的离情别绪、脉脉的儿女情长，品味情景交融的艺术境界，领略大宋王朝优秀传统文化的艺术魅力，提升体验美、鉴赏美和表现美的思维品质及素养。

3. 审美素养目标

整体感受和体验格高韵远的北宋诗词，注重意象语言文化的解读，欣赏、评价李煜的伤感细腻、柳永的缠绵悱恻、王安石的雄健高峻、苏轼的旷达豪迈、黄庭坚的瘦硬新奇、秦观的清丽典雅、周邦彦的富丽精工，养成健康高尚的审美情趣和对北宋文化感受力。

4. 文化素养目标

词作婉约幽隽，诗作思虑深沉，培养学生用历史的眼光和现代的观念审视北宋诗词的思想内容，品鉴北宋诗词的博大与风雅，丰富自己的情感世界，厚植家国情怀，培养文化意识和文化视野，更好地传承与弘扬中华优秀传统文化。

第三板块　评价任务

——学生何以知道自己是否学会了？

📖 课前检测

阅读李煜《虞美人·春花秋月何时了》，完成1~2题。（9分）

1. 下面关于这首诗的理解，不正确的一项是（　　）（3分）

A. "春花秋月"这些美好的事物让人触景生情，首句表达了作者对春花秋月等一切美好事物的喜爱与赞美。

B. "往事知多少"中的"往事"是指作者往昔为人君时的幸福美好的生活，一切都已消逝，化为虚幻。

C. "雕栏玉砌应犹在，只是朱颜改"，故国的江山、旧日的宫殿都还在，只是物是人非，江山易主。怀想时，多少悲恨在其中。

D. 本词多处对比反衬，形象逼真地传达出作者内心的波涛起伏和忧思难平。

2. 词的最后一句"问君能有几多愁？恰似一江春水向东流"运用了什么表现手法？体现了作者怎样的感情？这样写有什么好处？（6分）

参考答案：

1. A（A项，"春花秋月何时了"表明作者身为阶下囚，怕春花秋月勾起往事而伤怀。）（3分）

2.（1）设问和比喻。（2）作者先用发人深思的设问，点明抽象的本体"愁"，接着用生动的喻体奔流的江"水"作答。又以"一江春水"来比喻诗人满腹的愁绪（愁恨），既巧妙地呼应了"春花""东风"等点明季节的意象，又把抽象的愁绪形象化了；既写出了愁绪的汹涌浩荡，又写出了愁绪的连绵不绝。（3）抒发了作者既深且重、无休无尽、难以遏止的亡国之痛和念国之情。（每点2分，共6分）

📖 课堂练测

学习活动（一）参考答案：

1.（1）上阕运用动静结合、比喻、夸张等手法极力铺排，从不同角度表现杭州的繁荣、美丽、富饶。

地理位置： "东南形胜""三吴都会"，杭州是东南的重镇。

历史传统： "钱塘自古繁华"，自古以来，杭州是繁华都市。

自然景观： "云树……，天堑无涯"侧重刻画"形胜"，有钱塘江、西湖。

市井面貌： "烟柳……，参差十万人家"写"都会"建筑设施美观、人口密集。

百姓生活： "市列珠玑，户盈罗绮"突出了杭州的富庶繁华，人们安居乐业。

（2）下阕，首先从湖山胜状、四时风物、昼夜笙歌和湖中人物四个方面穷其美好风貌，极写杭州百姓之安居乐业。在"三秋桂子，十里荷花"四季皆美的西湖上，从早到晚都有游兴颇浓的人群，或"羌管弄晴"或"菱歌泛夜"，无不洋溢着祥和欢乐的气氛。最后盛赞郡守孙何的声势和雅望，"烟霞"照应前边"云树"等自然景色，使对孙何的称颂与全词自然融为一体。

（3）作者通过对杭州都市繁华与山川秀美的描绘，再现一派太平、富庶、安定、祥和的都市生活景象，充分抒发了作者对杭州风物的惊喜与艳羡的情怀。

2.（1）不好。理由：（2）"霜雪"比喻浪花，"怒涛卷霜雪"表现了钱塘江潮来时波滚浪翻，排山倒海的气势。（3）若用"推"则较平板，力度与气势均没有"卷"强；对浪花飞溅的情态描写也不如"卷"形象逼真。

3.（1）因为桂子和荷花是代表杭州典型景物，最能画出西湖的美景，从而展现杭州的风姿。（2）秋天桂花飘香，夏天十里荷花。"三秋"指桂花花期长，馥郁芬芳，长久不散；"三秋桂子"让人联想起西湖灵隐寺和天竺寺，每到中秋，常常有带露的桂子从天飘落的美丽传说，给秀丽的西湖增添了神秘空灵的色彩。"十里"是说湖中广植荷花，逢到花期真可谓"接天莲叶无穷碧，映日荷花别样红"，把杭州美景写到了极致，令人心旷神怡，遐想万千。（3）"三秋桂子，十里荷花"一句运用了对偶、夸张的修辞手法，表现了作者的赞美和艳羡之情。

4.（1）"羌管弄晴，菱歌泛夜"互文见义（或拟人），不论白天或晚上，湖面上都荡漾着优美的笛声和采菱的歌声，生动地描绘了杭州昼夜笙歌的太平景象和百姓欢乐和谐的生活风貌。"嬉嬉钓叟莲娃"，是说渔翁、采莲姑娘都很快乐。"嬉嬉"二字，则将他们的欢乐神态，做了栩栩如生的描绘。（2）词中"图将"是指把杭州美景画出来，"凤驰"指朝廷。后两句结语，希望时任两浙转运使的孙何把杭州美好的景色画出来，等日后升迁，去朝廷做官时，可以把它拿出来，献给朝廷，并夸示于同僚。暗含赞颂孙何政绩卓著，并预祝其早日荣升京官的意思。（3）"羌管"句生动地描绘了一幅国泰民安的游乐画卷；"异日"句写长官醉赏西湖，与民同乐。作为投谒之作，词尾缀以赞颂，只为取得地方长官的召见和赏识，属纯粹的奉承之辞。

5.（1）作者看到了澄澈的长江、苍翠的山峰、来往的船只、残阳、斜插着的酒旗、彩舟和白鹭。（2）作者登上金陵城头，远远望去，六朝故都正值晚秋，秋高气爽。千里奔流的长江澄沏得像一条白绸，青翠的山峰峻伟峭拔犹如一束束箭镞。残阳夕照里，江中船只来来往往，江岸边酒肆的酒帘背负秋风斜插着。淡云蓝天之下，画船游动，洲上白鹭纷纷起舞，仿佛在银河上飞翔，这美丽的景致用图画也难以完美地表现。（3）运用了比喻、拟人、借代等修辞手法并注意描画景物的色彩，采用由远及近、动静结合及用典等表现手法，描绘了一幅肃爽的金陵晚秋图景。

6.（1）作者化用杜牧《泊秦淮》中"商女不知亡国恨，隔江犹唱后庭花"的诗意，指出六朝亡国的教训已被人们忘记了。（2）末句借古讽今，委婉地劝告宋统治者莫蹈六朝灭亡覆辙，应励精图治，富国强兵，抵御外患。（3）用"至今商女"句作结，寓意深刻，催人警醒。意在表明北宋一些人并未吸取南朝灭亡的教训，仍不思进取，安于现状；仍在粉饰太平，寻欢作乐。

7.（1）借古讽今。（2）悲叹六朝统治集团奢侈荒淫导致覆亡的历史，批评人们忘记六朝亡国的教训——千古以来人们登高凭吊，不过是空发兴亡的感慨；商女至今犹唱《后庭》曲。（3）流露出作者对北宋王朝不能励精图治、富国强兵的不满。

学习活动（二）参考答案：

1.（1）题虽"记梦"，全篇并不只是写"梦境"，而是按时间顺序，通过梦前、梦中到梦后的情感变化，将现实、梦境、现实交织起来，虚实结合，抒写了作者对亡妻真挚的爱情和深沉的思念之情。

（2）不能删除。因为上阕是情感铺垫。苏轼作此词时，结发妻王弗已去世十年，苏轼一直没有停止对亡妻的思念。有了上阕"日有所思"，才有下阕"夜有所梦"。

2.（1）不矛盾，相反是加得好。（2）"不思量"即是思量。不是真的不去思量，而是因为相思实在太苦，故而不敢思量，但结果却是"自难忘"。"不"初看自相矛盾，仔细领会，却是作者更深一层的情怀，一种难以中断的无意识的思念。（3）"不思量，自难忘"写生者对死者的思念，更显出思妻之情的深沉。

下篇 古诗鉴赏学历案

3.（1）还是"相顾无言"好。（2）梦中夫妻相见，自有万端感慨；万语千言，无从说起，任何语言都显得苍白无力。正唯"无言"，方显沉痛；正唯"无言"，才胜过了万语千言；正唯无言，才使这个梦境令人感到无限凄凉，满腹的相思化作热泪千行。"无言"包含了千言万语，表现了"此时无声胜有声"的沉痛。（3）"相顾无言，惟有泪千行"刻画梦中悲伤相见的场面，此时酸甜苦辣涌上心头，泪眼凝望，自会读出对方的关切、爱抚，表现了深挚的夫妻情意。

4.全词感情深挚，充满一种凄婉哀伤的调子。（1）想象丰富、构思精巧。作者从漫长的时间与广阔的空间之中来驰骋自己的想象，并把过去与眼前、梦境与未来融为一体，紧紧围绕"思量""难忘"展开描写，以梦前、梦中和梦后为时间线索，将"现实、梦境、现实"交织起来，抒发了作者对亡妻凄婉诚挚的悼亡之情。（2）虚实结合，以情动人。梦是虚幻缥缈的，而梦中人的感情却显得那么真挚、深沉、实在。感情的表现在梦前和梦中前后一致，而随着入梦和梦醒又步步深化：死别相思苦；相思不见，无处话凄凉苦；积思成梦，幽梦话凄凉亦苦；梦醒而只剩得冷月松冈，则更苦。以虚映实，虚中见实，全词对亡妻的悼念凄婉哀伤，出语悲苦。（3）白描手法，语言朴素。如话家常，字字从肺腑镂出，平淡中寄寓真淳，表达了作者怀念亡妻的深情。在对亡妻的哀思中又揉进自己的身世感慨，因而将夫妻之间的情感表达得深婉而真挚，恰当地表现作者心潮激荡、勃郁不平的思想感情。

学习活动（三）参考答案：

1.（1）颔联描绘了一幅意境开阔辽远，景象苍茫明净的暮秋景色图。深秋时节，远远近近无数的山脉，落叶飘零，万木萧疏，天空显得特别高远广阔；朗朗明月笼罩着清澈的江水，江水映着月光，如同一道白练，皎洁明净。（2）两诗都是写登高所见秋景，都写到山、树、江水。但黄诗还写到夜月，写江水的着眼点不同；而杜诗着眼于江水奔流之态，黄诗着眼于江水的明净。（3）两诗都表现了秋景的辽远和阔大的特点，意境开阔。但与杜诗沉郁顿挫、慷慨悲壮的意境相比，黄诗通过辽远阔大、空明澄澈的景物表现出一种如释重负、放达不羁的胸襟，更显轻松明快。

2.（1）作者自称"痴儿"，称处理官事为"了却"，表明作者厌烦官场事务；（2）"倚"字表明自己更喜欢欣赏自然风物；（3）"已""聊"表明世无知音，自己已无意仕途；（4）"弄长笛""与白鸥盟"表明作者远离世俗，过悠闲忘我与世无争的生活，体现了一个"归"字。

3.（1）对官场生活的厌倦和对大自然美好景色的喜爱之情。颔联描写了深秋空阔辽远的天空、澄澈的江水、皎洁的月，无不蕴含喜爱之情，同时诠释了首联从烦琐的案牍中解脱出来的欢快之情。（2）对知音难觅的苦闷惆怅之情。颈联巧用俞伯牙为知音摔琴绝弦的典故表达知音难觅的惆怅。（3）流露出归隐情怀。尾联"归船""白鸥"之想，表达了作者辞官还乡、归隐山林的愿望。

■■ 课后评测

学习活动（四）参考答案：

1.（1）C（C项，"小乔初嫁"是侧面描写，3分）

（2）①描绘出了一幅乱石壁立，高耸入云，怒涛澎湃，雪浪千重的赤壁古战场景象。（2分）②作者先写江岸，后写江水。"乱"写群峰壁立，山崖陡峭；"穿空"形容山高耸入云的动势，"惊"字拟人，写巨浪声势；"拍"写江涛力度，拍击江岸，澎湃有声；"卷"写江浪汹涌，形象真切；"千堆雪"运用借喻描绘浪花千层，绘形绘色，壮观可感。（2分）③寓情于景，情景交融，通过对赤壁的描写和赞美，引起对古代英雄人物的怀念和称颂。（2分）

（3）①苏轼神驰赤壁古战场，倾慕年仅34岁周瑜的破曹伟业，渴望像周瑜那样建功立业。但自己年已47岁却事业无成，所以自讥多情。（2分）②在自讥多情中，包含着浓重的岁月蹉跎、壮志难酬的苦涩心情。（2分）③"人生如梦，一尊还酹江月"，洒酒入江，以酒祭月，希望万古愁怀随江而去，在消极情调之中包含着报国无门的感慨，在感慨和动作中又表现出一种超脱与旷达。（2分）

2.（1）①"忍"：怎忍，岂忍。（1分）②怎么忍心回头看那从鹊桥回去的路？一个"忍"字含有无限惜别之情，含有无限辛酸之泪。（1分）③"忍顾鹊桥归路"巧妙地表现了牛郎织女临别时的依恋和怅惘。（2分）

（2）①拟人。"纤云弄巧，飞星传恨"，在牛郎、织女相会佳期，彩云都来为他们"弄巧"，流星也来为他们"传恨"，为牛郎织女每年一度的相会渲染气氛。（3分）②对比。"一相逢"与"无数"，"久长"与"朝朝暮暮"，表现了牛郎织女忠贞不渝的爱情。（3分）③比喻。"柔情似水"形象地写出了牛郎织女相会时温柔缠绵的情意；"佳期如梦"极言相会时间之短暂，表达了牛郎织女相会时的复杂心情。（3分）（答对任一点得满分，手法1分，举例1分，赏析1分。）

（3）①作者巧妙地利用牛郎、织女悲欢离合的故事，热情歌颂了忠贞不渝的爱情。（2分）②诗句"两情若是久长时，又岂在朝朝暮暮"，揭示了爱情的真谛，即"两情""久长"。只要两人有了坚贞不渝的爱情，即使是天各一方、见难别易，爱情也会与日俱增、历久弥深，远远胜过只追求朝夕不离的男欢女爱。（2分）③全词哀乐交织，熔写景、抒情与议论于一炉，叙写牵牛、织女二星相爱的神话故事，赋予仙侣浓郁的人情味，讴歌了真挚、细腻、纯洁、坚贞的爱情。（2分）

3.（1）C（C项，"五月渔郎相忆否"一句不是"直接抒发"，而是从友人角度落笔，即"反写"。3分）

（2）①"举"，举起，指向上的力。（1分）②荷在风中"举"，随风颤动，十分逼真地写出了荷叶雨后舒展而挺立于水面的勃勃生机，使人眼前浮现出绿荷栩栩如生的动态美。（2分）③既把荷茎修长挺拔、英姿飒爽的精气神表现出来，也表达了作者对荷的喜爱。（2分）

（3）①虚实结合。（2分）②"家住吴门，久作长安旅"是实写自己客居异乡的境况；"小楫轻舟，梦入芙蓉浦"是虚写自己的梦境；"五月渔郎相忆否"不写自己思乡，用虚写的手法从对方的角度写起（即"反写"）。（2分）③这种虚实相生的手法委婉地表达了作者的思乡之情。（2分）

第四板块　学习过程

——学生需要经历怎样的学习过程才能学会？

一、资源与建议

【学习流程】

自学——互学——研学——习学——悟学。

【学习策略】

读懂（"泡"）——悟透（"品"）——答对（"抠"）。

【北宋诗词简史】

宋朝建立于公元960年，两宋时期，诗歌的另一种重要形式——词，在宋代达到顶峰。五代时，中国第一部文人词总集《花间集》问世。词在宋代达到了可以和唐诗相提并论的中国文学的另一座高峰，形成了"婉约""豪放"两大派。

公元975年，南唐灭亡，后主李煜开始了为期三年被监视、软禁的俘虏生涯。对于"违命侯"李煜来说，是无比痛苦的。但是对于词的发展史来说，又是无比幸运的。若没有这三年，就没有"垂泪对宫娥"，没有"一晌贪欢"，没有"剪不断理还乱"，没有"变伶工之词为士大夫之词"，等等。宋词的开篇，试想没有这三年，也就没了那样一个凄美奇绝的前奏。公元978年七夕，41岁的李煜永远停了笔，他所有的爱恨情仇，全都和着那杯毒酒，一饮而尽；"做个才人真绝代，可怜薄命做君王。"他以一己之力，开辟了宋词的一代江山。

公元979年，五代十国中的最后一个政权"北汉"灭亡。公元984年，柳永出生，宋词到此才翻开了第一页。

在宋初的几十年间，词坛还是一片荒凉。崇安（今福建崇安县）人柳永，从柳三变到柳永，从科场考子到白衣卿相，他将词从朝堂官家写进市井巷陌，他填补了宋初词坛的荒凉与曲高和寡，他一举打破一人一生就几首词的境况，以213首词、133种词调、一百多种首创词牌，为后世留下了一座词调的高山和宝库。

才子词人，自是白衣卿相。"奉旨填词"的他也成为了宋朝第一个专业填词人，他一生四处漂泊流浪，走入烟花小巷，为诸多地位低下的歌女填词谱曲，他将宋词的旖旎多情写得入骨三分；虽为男子，却写得一手绝佳的婉约词。他漂泊江湖，倚红偎翠，写下无数动人的词作。他给杭州写的广告语"三秋桂子，十里荷花"至今被人沿用。凡有井水处，皆能歌柳词。在柳永活跃的那个年代，有多少十七八岁的姑娘，拿着红牙板，唱着柳七郎君的慢词，成为歌楼酒肆中的"明星"。没人记得那年黄金榜上状元的姓名，只有那个失意的白衣男子永远定格在时间的记忆中，任凭历史长河风高浪急，他的身影始终不曾淡去。

公元1042年，王安石进士及第。他一生有记录的词仅有29首，诗文反而较多，名句也频出，许多都收入了中小学语文课本，很容易让人想起他的"春风又绿江南岸""不畏浮云遮望眼""总把新桃换旧符"。王安石的仕途极为成功，眼界开阔，仅有的几十首诗词，境界高远，人所不及。虽然他与苏轼是政治上的对手，但在文学的道路上却互相钦佩，互相进步。宋代文坛的包容性极大，政见不合可以，但不上升到对其人品和文学才能的攻击。

公元1057年，科举的主考官欧阳修对一个二十岁出头的青年下了这样的结论："此人可谓善读书，善用书，他日文章必独步天下！"其实何止文章，此人的诗词、书法无一不精，能治大国可烹小鲜，堪称不世"奇才"与"全才"。此人名叫苏轼。

此前，词坛只有"婉约"一派。在人们心中，词应该是柔软的、细腻的，是"晓风残月"的清冷，是"独上高楼"的孤寂。当然，苏轼不但会写婉约词，而且写得很好，一首"十年生死两茫茫，不思量，自难忘"在千百年后依然让人闻之落泪。"千里共婵娟"洗尽了离愁别绪，而一阕"大江东去，浪淘尽，千古风流人物"则开创了豪放派词作的先河。他一改以往清新、柔软又细腻的婉约词风，写下了令人读之酣畅淋漓的豪放词。歌唱"晓风残月"的十七八岁女郎身边，又多了铁板铜琶的关西大汉。从此，苏轼带着宋词走上更辉煌的路。

苏轼，一个传奇。他诗词歌赋，琴棋书画，无所不精。"问汝平生功业，黄州惠州儋州。"在苏轼一生的颠沛流离之中，宋词，终于奏响了史上的最强音！

公元1087年，苏轼引荐了一位叫秦观的太学博士。后来，这个秦观成为了"苏门四学士"之一，在词学上成就极高。有趣的是，老师是豪放派的开创者，而这个得意门生却是婉约派的掌门人。苏轼称他有"屈宋之才"，他的词大都如"柔情似水，佳期如梦""无边丝雨细如愁"一样轻柔，似水做的温柔。一首《满庭芳》让他有了"山抹微云学士"的美称。这一美称便成了秦观在朋友圈里最闪亮的名片。

公元1100年，秦观过世；公元1101年，苏轼过世。这时的词坛，多少有些青黄不接。直到贺铸的《青玉案》横空出世，才让"闲愁"的境界变得无比开阔，掀起了一波唱和的风潮。黄庭坚专门写诗感叹："解道江南断肠句，只今唯有贺方回。"

公元1105年，宋朝新成立了一个负责谱曲作词的音乐机关——大晟府。虽然它只存在了短短15年，却催生了一批"大晟词人"，宋朝从此也有了"奉旨填词"专业谱曲作词的公务员。最为出名的是周邦彦，他写的词既有温庭筠的浓丽、韦庄的清艳，又有冯延巳的缠绵、李后主的深婉，还有晏殊的蕴藉和欧阳修的秀逸。

周邦彦是婉约词之集大成者，周邦彦创出整饬字句的格律派之风，使婉约词在艺术上走向高峰。无意中得罪了宋徽宗的周邦彦被迫离开京城，而一首《兰陵王》让文艺的宋徽宗又将他调回，一开始这个词牌名是歌颂高长恭的《兰陵王入阵曲》。这是一首离别东京汴梁的词，很快就被传唱开来。那个时候没人会想到，不久以后，他们将永远离开那个歌舞升平的北宋王朝。

有人说，历史不过是一个又一个的轮回——当李煜的"三千里地山河"变成了赵佶的"万里帝王家"，百年光阴，仿佛只有一个弹指。公元1126年，宋钦宗靖康元年，金兵攻破汴京；公元1127年，金人俘徽、钦二帝北上，北宋灭亡。

二、课堂与活动

📖 情境导入

宋词，大宋王朝的关键词。

"格高韵远"的北宋词，少了唐诗的一板一眼，"参差不齐"里透着格调和韵律，美在妙不可言；北宋诗词旖旎多情，若空中之音，水中之影，言虽尽而意无穷。

📖 读诗讲诗

上课预备铃响，全班一起读诗；课前5分钟，按学号顺序轮流讲诗。

"国家不幸诗家幸，赋到沧桑句便工。"（清·赵翼《题遗山诗》）今天就让我们走近这位饱经忧患拂逆的末代君王，一起来品味他的风雨人生。

虞美人·春花秋月何时（南唐·李煜）

春花/秋月/何时了？往事/知/多少。小楼/昨夜/又/东风，故国/不堪/回首/月明/中。雕栏/玉砌/应/犹在，只是/朱颜/改。问君/能有/几多/愁？恰似/一江/春水/向东/流。

【译读】

一年一度的春花秋月什么时候才能了结，往事又知道有多少！小楼上昨天夜里又刮来了春风，在这皓月当空的夜晚，怎承受得了回忆故国的伤痛。

精雕细刻的栏杆、玉石砌成的台阶应该还在，只是朱红的颜色已经改变。若要问我心中有多少哀愁，就像这不尽的滔滔春水滚滚东流。

【赏读】

《虞美人·春花秋月何时了》是南唐后主李煜的代表作，也是李后主的绝命词。相传他于自己生日"七夕"之夜，在寓所命歌伎作乐，唱新作《虞美人》词，声闻于外。宋太宗闻之大怒，命人赐药酒，将他毒死。这首词通过今昔交错对比，表现了一个亡国之君的无穷的哀怨。

作者运用春花、秋月、往事、小楼、东风、故国、明月、雕栏、玉砌、朱颜、江河、春水等意象，创设了生动形象的春花秋月图、小楼东风图、故国月明图等。作者竭力将美景与悲情，往昔与当今，景物与人事的对比融为一体，尤其是通过自然的永恒和人事的沧桑的强烈对比，把蕴蓄于胸中的悲愁悔恨曲折有致地倾泻出来，凝成最后的千古绝唱——"问君能有几多愁？恰似一江春水向东流。"作者先用发人深思的设问，点明抽象的本体"愁"，接着用生动的喻体奔流的江水作答。用满江的春水来比喻满腹的愁恨，极为贴切形象，不仅显示了愁恨的悠长深远，而且显示了愁恨的汹涌翻腾，充分体现出奔腾中的感情所具有的力度和深度。

这首词风格凄丽。全词以明净、凝练、优美、清新的语言，运用比喻、对比、设问等多种修辞手法，高度地概括和淋漓尽致地表达了作者的亡国之痛和念国之情。

📖 学习活动（一）

【自学】

自主性"学"——自主学习，链接知识——文本对话，主动学习；整合资源，激发灵感。

望海潮·东南形胜（北宋·柳永）

东南形胜，江吴都会，钱塘自古繁华。烟柳画桥，风帘翠幕，参差十万人家。云树绕堤沙，怒涛卷霜雪，天堑无涯。市列珠玑，户盈罗绮，竞豪奢。

重湖叠巘清嘉，有三秋桂子，十里荷花。羌管弄晴，菱歌泛夜，嬉嬉钓叟莲娃。千骑拥高牙，乘醉听箫鼓，吟赏烟霞。异日图将好景，归去凤池夸。

《望海潮》是一首干谒词。宋代词人柳永写给当时任两浙转运使孙何的赠献之作。上阕主要写杭州的美丽和繁华，下阕主要写西湖美景和杭州人民和平宁静的生活景象。这首词抒发了作者对杭州风物的惊叹、赞美和艳羡之情，以及对旧友、当时的两浙转运使孙何的奉承。据说，这首词流传开来以后，金主完颜亮欣然有慕于"三秋桂子，十里荷花"的杭州美景，产生了投鞭渡江的侵略大宋的野心。

本词结构严谨，层次分明，语言通俗形象，以清新的笔墨，铺陈的手法，从不同角度把杭州景象描绘得富丽非凡。柳永以他最擅长的赋家之笔层层铺写开来，写出了钱江潮的壮观，西湖的美景，杭州市区的繁华富庶。全词以点带面，明暗交叉，铺叙晓畅，形容得体，由宏观而微观，由内而外，由陆而水，由远而近，气势时而博大激越，时而轻柔婉转，淋漓尽致地描绘了杭州城这"人间天堂"的美丽与富庶，处处洋溢着生机与欢乐，仿佛在读者面前展开了一幅和谐盛世的历史画卷。

《望海潮》为柳永所创的新声，其写景之壮伟、声调之激越，与东坡亦相去不远，在柳词中别具神韵。写杭州的富庶与美丽，不但画面美，音律也很美，一反柳永惯常的风格，以大开大合、波澜起伏的笔法浓墨重彩的铺叙展现了杭州的繁荣、壮丽景象。特别是，由数字组成的词组，如"三吴都会""十万人家""三秋桂子""十里荷花""千骑拥高牙"等，或为实写，或为虚指，均带有夸张，有助于形成柳永式的豪放词风。

【思考题】

1. 上阕从哪些方面描写杭州的繁华与美丽？下阕又从几个方面描写杭州风貌？

2. 若把"云树绕堤沙，怒涛卷霜雪，天堑无涯"句中的"卷"改为"推"，好不好，为什么？请做简要赏析。

3. 名句"三秋桂子，十里荷花"采用了什么修辞手法，表现了作者怎样的思想感情？西湖有许多景物，为何独写"桂子"和"荷花"？

4. "羌管弄晴，菱歌泛夜，嬉嬉钓叟莲娃"表现了怎样的生活情景？"异日图将好景，归去凤池夸"有何深意？

桂枝香·金陵怀古（北宋·王安石）

登临送目，正故国晚秋，天气初肃。千里澄江似练，翠峰如簇。归帆去棹残阳里，背西风，酒旗斜矗。彩舟云淡，星河鹭起，画图难足。

念往昔，繁华竞逐，叹门外楼头，悲恨相续。千古凭高对此，谩嗟荣辱。六朝旧事随流水，但寒烟衰草凝绿。至今商女，时时犹唱，后庭遗曲。

王安石再次罢相，出知江宁府，在六朝故都登高远眺，赏秋色，伤晚景，叹兴衰，抒胸臆，唱出了这首沉雄悲壮的《桂香枝·金陵怀古》。情景交融，作者以壮丽的山河为背景，历述古今盛衰之感，立意高远，笔力峭劲，体气刚健，豪气逼人。

"登临送目"，总启全章。上阕写登临金陵故都之所见。"澄江""翠峰""征帆""斜阳""酒旗""西风""云淡""鹭起"，依次勾勒水、陆、空的雄浑场面，境界苍凉。下阕写在金陵之所想。"蓬"字做转折，今昔对比，时空交错，虚实相生，对历史和现实，表达出深沉的抑郁和沉重的叹息。"至今商女，时时犹唱，后庭遗曲"，不是商女忘记了亡国之恨，而是统治者的醉生梦死、不思进取，才使亡国的靡靡之音充斥在金陵的市井之上。在对金陵景物的赞美中，在对历史兴亡的感叹中，寄托了作者对当时朝政的担忧和对国家政治大事的关心。

【思考题】

1. 作者登临金陵看到了哪些景象？请试着描述一番，并简析其写作特点。

2. 作者在词的末句写"至今商女，时时犹唱，后庭遗曲"，有何用意？

3. 这首金陵怀古词采用借古讽今的手法，表达了词人怎样的思想感情？

📖 学习活动（二）

【互学】

特色化"展"——合作学习，相互营养——同伴对话，合作交流；取长补短，绽放精彩。

——精读《江城子·乙卯正月二十日夜记梦》，于有疑处质疑，于无疑处生疑。

江城子·乙卯正月二十日夜记梦（北宋·苏轼）

十年生死两茫茫。不思量，自难忘。千里孤坟，无处话凄凉。纵使相逢应不识，尘满面，鬓如霜。夜来幽梦忽还乡。小轩窗，正梳妆。相顾无言，惟有泪千行。料得年年肠断处，明月夜，短松冈。

《江城子·乙卯正月二十日夜记梦》是宋代大文学家苏轼为悼念结发妻子王弗而写的一首悼亡词，表现了绵绵不尽的哀伤和思念。题为记梦，实际是通过梦前、梦中到梦后的情感变化来抒写对于亡妻深挚的思念之情。

苏轼一生共有三个伴侣：结发妻王弗、继室王闰之、侍妾王朝云。结发妻王弗十六岁与苏轼结婚，她聪明贤惠又有见识，夫妻感情一向笃厚，但不幸于宋英宗治平二年（1065）二十七岁时便在汴京（今开封）谢世，次年归葬于故乡四川祖茔。公元1075年，东坡出任密州（今山东诸城县）知州，这一年正月二十日，他梦见爱妻王氏，便写下了这首传诵千古的悼亡词。此时诗人四十岁，其妻王弗去世整十年。

全词情意缠绵，字字血泪。上阕写作者对亡妻的深沉的思念，写实；下阕记述梦境，抒写了作者对亡妻执着不舍的深情，写虚。虚实结合，既写了王弗，又写了词人自己，衬托出对亡妻的思念，加深了全词的悲伤基调。另外，白描手法的运用，平淡中寄寓着真淳，感情凄婉哀伤，境界层出，脍炙人口。

【思考题】

1. 标题"记梦"，作者全篇是否写"梦境"？为了开门见山，上阕的内容可否删除？请简要分析。

2. 上阕"不思量"与"自难忘"是否矛盾？试做简要赏析。

3. 下阕记梦。作者与妻子相见却没有卿卿我我，也没有共诉衷肠，想象"相顾无言，惟有泪千行"的画面，你更喜欢哪一种，为什么？

4. 悼亡词《江城子·乙卯正月二十日夜记梦》，作者是怎样把这种深挚的情感表达得如此凄婉哀伤的？请简要赏析其艺术手法。

📖 学习活动（三）

【研学】

针对性"教"——探究学习，思想交融——师生对话，质疑问难；学法指导，点拨规律。

登快阁（北宋·黄庭坚）

痴儿了却公家事，快阁东西倚晚晴。

落木千山天远大，澄江一道月分明。

朱弦已为佳人绝，青眼聊因美酒横。

万里归船弄长笛，此心吾与白鸥盟。

【读懂】

我办完公事之后，倚在快阁的栏边，迎接傍晚的晴光。登上快阁，放眼过去，山上的树木叶子都脱落了，天地显得广阔无边。在广阔的天地间，一道澄清的江水，将月光映衬得更加分明。琴弦已经为知音而绝，只有见到美酒，眼里才会再流露出喜色。我愿泛舟隐居，弄笛船上，与逍遥自在的白鸥做伴。

【悟透】

这首诗是宋代黄庭坚于宋神宗元丰五年（1082）在吉州太和县（今属江西吉安）任职时所写的。赣江边上的快阁，是因为游人登临楼阁后心"快"神怡而得名。百姓的困苦，官吏的素餐，使作者有志难展，于是产生孤独寂寞之感。因此诗写在开朗空阔的背景下的忘怀得失的"快"意，终因知音难觅而产生归欤之思。

起首处从"痴儿了却官家事"说起，自称"痴儿"的黄庭坚透露了对官场生涯的厌倦和对登快阁亭欣赏自然景色的渴望；然后作者陶醉在落木千山，澄江月明的美景之中，与起首处对"公家事"之"了却"形成鲜明对照；五、六句巧用典故，前句用伯牙捧琴谢知音的故事，后句用阮籍青白眼事，流露出因世无知音、怀才不遇而借酒浇愁的苦闷和感慨。尾句引出了"归船""白鸥"之想，呼应了起首，顺势作结，给人以"一气盘旋而下之感"。

全诗意味隽永，想象无穷。先叙事，再写景，结以弄笛盟鸥，余韵无穷。作者通过倚阁观望江天的描述，勾勒了一幅深秋傍晚的图画，抒发的是为官在外的一种无可奈何、孤寂无聊的思乡之情，咏叹的是世无知己之感慨。

【答对】

1. 颔联"落木千山天远大，澄江一道月分明"描绘了一幅怎样的画面？请比较赏析其与杜甫《登高》"无边落木萧萧下，不尽长江滚滚来"在写景上的异同。

2. 有人说这首诗意旨落在"归"字上，请结合全诗赏析哪里体现了"归"字？

3. 联系全诗，具体赏析这首诗表现了作者怎样的思想感情？

第五板块　检测与作业

——学生真的学会了吗？如何检测或巩固学生已学会的东西？

学习活动（四）

【习学】

科学化"练"——学以致用，在做中会——问题对话，学以致用；拓展延伸，融合生活。

1. 阅读苏轼《念奴娇·赤壁怀古》，然后完成（1）～（3）题。（15分）

念奴娇·赤壁怀古（北宋·苏轼）

大江东去，浪淘尽、千古风流人物。故垒西边，人道是，三国周郎赤壁。乱石穿空，惊涛拍岸，卷起千堆雪。江山如画，一时多少豪杰！

遥想公瑾当年，小乔初嫁了，雄姿英发。羽扇纶巾，谈笑间，樯橹灰飞烟灭。故国神游，多情应笑我，早生华发。人生如梦，一尊还酹江月。

（1）下面对诗句内容解说不当的一项是（　　）（3分）

A."大江东去，浪淘尽，千古风流人物。"总领全词，为下文赞美周郎埋下伏笔，创造出雄浑的气氛。

B."乱石穿空，惊涛拍岸，卷起千堆雪。"用词形象生动，绘声绘色地描绘了赤壁奇景。

C."小乔初嫁""羽扇纶巾，谈笑间"等词句从正面多角度赞美周郎年少得志、指挥若定的从容神态。

D."江山如画"承上总括，"一时多少豪杰"呼应"千古风流人物"，为赞美周郎蓄势而过渡到下阕。

（2）"乱石穿空，惊涛拍岸，卷起千堆雪。"描绘出一幅什么样的画面？请做简要赏析。（6分）

（3）苏轼为什么自讥多情？如何理解"人生如梦，一尊还酹江月"？（6分）

2.阅读秦观《鹊桥仙·纤云弄巧》，然后完成（1）~（3）题。（13分）

鹊桥仙·纤云弄巧（北宋·秦观）

纤云弄巧，飞星传恨，银汉迢迢暗度。金风玉露一相逢，便胜却人间无数。柔情似水，佳期如梦，忍顾鹊桥归路。两情若是久长时，又岂在朝朝暮暮。

（1）请简要分析"忍顾鹊桥归路"的"忍"字的表达效果。（4分）

（2）这首词运用的最典型的修辞手法是什么？请简要分析。（3分）

（3）结合"两情若是久长时，又岂在朝朝暮暮"，简析本词中的爱情观。（6分）

3.（挑战题，供选做）阅读周邦彦《苏幕遮·燎沉香》完成（1）~（3）题。（14分）

苏幕遮·燎沉香（北宋·周邦彦）

燎沉香，消溽暑。鸟雀呼晴，侵晓窥檐语。叶上初阳干宿雨，水面清圆，一一风荷举。故乡遥，何日去？家住吴门，久作长安旅。五月渔郎相忆否？小楫轻舟，梦入芙蓉浦。

（1）下列对这首宋词解说不正确的一项是（　　）（3分）

A."鸟雀呼晴"中"呼"字很传神，借描写小鸟的欢叫声来表达词人轻快心情。

B.上阕写景，突出风荷；下阕抒情，"梦入芙蓉浦"，融情于景。联系两阕之间感情纽带的意象"风荷"。

C.下阕"故乡遥……久作长安旅"四句，抒发了作者有家难归的羁旅之情。"五月渔郎相忆否"一句，直接抒发了作者对家乡亲朋的思念之情。

D.全词明白如话，不加雕饰，意境深远，在艺术上达到了炉火纯青的高度。

（2）王国维认为词中"水面清圆，一一风荷举"两句"真能得荷之神理者"，请从炼字的角度赏析此句中的"举"字。（5分）

（3）词的下阕主要采用了什么表现手法？请结合诗句简析其作用。（6分）

第六板块　学后反思

——学生反思自己是如何学会的？还需要通过怎样的反思
来管理自己的学习？

学习活动（五）

【悟学】

个性化"悟"——在悟中学，涌动成长——内心对话，悦纳自我；自我反思，感悟成长。

【评价方式】

反思静悟，体验成长；在学习中反思，在反思中提升。

1. 学习报告

请阅读鉴赏北宋诗词，完成《北宋诗词阅读鉴赏学习报告》。

2. 自评表

表6　"北宋诗词"群课堂学习等级自评表

学习环节	学习活动	达成程度					备注
课前	读诗讲诗——腹有诗书气自华	1	2	3	4	5	
一	自主学习——自主性"学"	1	2	3	4	5	
二	合作学习——特色化"展"	1	2	3	4	5	
三	探究学习——针对性"教"	1	2	3	4	5	
四	学以致用——科学化"练"	1	2	3	4	5	
五	在悟中学——个性化"悟"	1	2	3	4	5	

（说明：请打"√"选择：1表示我学习过，2表示我能读懂，3表示我会鉴赏，4表示我能答对，5表示我会指导别人读诗。）

第七章　南宋诗词阅读鉴赏学历案

第一板块　学习主题与学时

——在多少时间内学生学习什么？

【学习内容】

南宋诗词：（1）李清照《声声慢·寻寻觅觅》；（2）陆游《书愤》；（3）陆游《临安春雨初霁》（4）张孝祥《念奴娇·过洞庭》；（5）辛弃疾《永遇乐·京口北固亭怀古》；（6）辛弃疾《菩萨蛮·书江西造口壁》；（7）辛弃疾《青玉案·元夕》；（8）刘克庄《贺新郎·国脉微如缕》；（9）姜夔《扬州慢·淮左名都》。

【学时】

6学时。

第二板块　学习目标

——学生期望学会什么？

【学习目标】

1. 语言素养目标

正确、流利、有感情地读出南宋诗词音律美和意境美，达到熟读成诵。熟读精研、玩味嚼字析词品味形象之美，因文联想总览意境之美，从而有效地进行诗歌情感的体悟，提高对宋诗词阅读的语感能力和"诗家语"的建构及运用能力。

2. 思维素养目标

阅读鉴赏南宋诗词，领略其"极其工""极其变"的创作风格，捕捉其思维脉搏，充分地感受忧国忧民的悲伤，山河破碎的悲愤以及反抗外侮的悲壮，体会蕴含在作品中的感情、思想和哲理，提升学生的思维品质和语文素养。

3. 审美素养目标

整体感受和重点体会慷慨愤世和感喟哀时的南宋诗词，欣赏、评价南宋独特的慷慨悲凉的文人情怀——李清照的凄婉清丽、陆游的慷慨激昂、辛弃疾的沉郁豪放、姜夔的峭拔雅丽，见出南宋诗词的境界，获得审美体验和对南宋文化的感受力。

4. 文化素养目标

"以意逆志，知人论世"，体会南宋诗词国恨家仇无以报的文化蕴含在作品中的思想感情、哲理和人文精神，重点把握爱国主义的主旋律，唤起对中华文化的热爱，厚植家国情怀，增强传承和弘扬中华优秀传统文化的责任感与使命感。

第三板块　评价任务

——学生何以知道是否学会了？

课堂练测

阅读李清照《声声慢·寻寻觅觅》，完成1～3题。（14分）

1. 下列对这首词的赏析，不正确的一项是（　）（3分）

A. 全词艺术地表现了作者晚年生活状况和失落、孤单、凄凉、悲哀的心灵世界。

B. 上阕写秋天里气候多变、酒难御寒和北雁南飞等，是对开头的阐释与补充。

C. 下阕写菊花"如今有谁堪摘"，表现作者因郁闷已不再为花凋谢感到惋惜。

D. 作者的生活遭遇，能让人产生深深的理解与同情，这是本词动人的重要原因。

2. 请赏析词的开头"寻寻觅觅，冷冷清清，凄凄惨惨戚戚"。（6分）

3. 融情于景，借秋景以渲染愁情是本词最大艺术特色，试做简要赏析。（5分）

参考答案：

1. C（C项，"……已不再为花凋谢感到惋惜"错，应是情景交融）（3分）

2.（1）起句连用七组叠词，富有音乐美和韵律美，为全词定下了感情基调，营造凄冷、悲凉的氛围。（2分）（2）"寻寻觅觅"表现了作者飘泊异地、前路渺茫和孤立无援的失落感。"冷冷清清"描写了只身度日的孤单、清苦的生活状况。"凄凄惨惨戚戚"则是对自己晚年内心情感的直接抒发。整句从精神状态到生活处境，再到内心世界，层次清晰地概括了作者的不幸经历和生活状况，以及身心所受到的摧残。（2

分）（3）开头七组叠词逐层深入地把国破家亡、漂泊异乡、晚景凄凉的愁苦之情淋漓尽致地刻画出来。（2分）

3.（1）融情于景，借秋景以渲染愁情，通过刻画冷清萧索的环境来烘托凄惨悲切的心境。（1分）（2）选取了"淡酒""秋风""秋雁""黄花""梧桐""细雨"等一连串残秋意象，无论忽寒忽暖的天气，还是单薄的酒味、入夜猛起的秋风、天上的大雁、满地的黄花、窗外的梧桐和黄昏的细雨，无一不生愁、助愁、牵愁，营造出凄凉惨淡的意境。（2分）（3）篇末托出一个"愁"字，融合了作者亡国之痛、孀居之悲、沦落之苦，显得格外深广深厚。（2分）

📖 课堂练测

学习活动（一）参考答案：

1.（1）"小楼"是忧伤惆怅的代名词。古诗中"楼"是登高望远的一种凭靠，更是一种特殊感情的寄托。"小楼"除了表悲情之外，还可传闲适之意。（2）"小楼一夜听春雨"一句可以想象：绵绵的春雨带着春的问候，和着柔柔的夜风款款而来，此夜小楼不眠，作者无眠；静下心来抛开功名利禄等一切烦恼，细细谛听春雨的呢喃，小楼的私语。（3）陆游在"小楼"听了一夜的春雨，正是惆怅所致，抒发了自我落寞的情怀。

2.（1）颔颈两联表面不是真有闲情逸致，不过是聊作消遣罢了；实则表现了作者旅居京城时郁闷、孤寂和壮志难酬的感伤和无奈。（2）颔联，写得更为含蓄深沉。"一夜"暗示了作者一夜未曾入睡，国事家愁，伴着这雨声而涌上了心头。作者正是以明媚的春光为背景与自己郁闷惆怅的落寞情怀构成了鲜明的对照，用较为明快的字眼表达了自己的郁闷与惆怅。（3）颈联，作者无事而作草书，晴窗下品着清茗。表面上看是极闲适恬静，而其背后正藏着作者人生无奈的惆怅感慨。

3.（1）《临安春雨初霁》诗风含蓄蕴藉婉深，恬淡静雅之中隐含惆怅沉郁。（2）貌似写恬淡、闲适的临安春雨杏花景致，实际上抒写了作者对京华生活的厌倦。无事而作草书，晴窗下品着清茗，表面上看来极写闲适恬静的境界，然而其背后隐藏着无限的感伤与惆怅，即报国无门、壮怀难酬、蹉跎岁月的落寞情怀。（3）诗歌含蓄深蕴，貌似轻松的情调中寄寓了沉重的郁闷。

4.（1）创作背景不同：两首诗均作于宋孝宗淳熙十三年（1186），时年陆游62岁。作《书愤》时，作者被黜，罢官已六年，挂着一个空衔在故乡山阴蛰居。而这年春天，宋孝宗任命陆游权知严州军州事。在赴任之前，奉诏入京观见皇帝，住在西湖边的客栈，漫长的等待让陆游的心中充满了无奈和无聊之感，于是写下了这首《临安春雨初霁》。

（2）表现重点不同：《书愤》以"愤"为意脉，沉郁顿挫，深沉蕴藉。全诗以中原、山岳、楼船、夜雪、铁马、秋风、大散关、塞上长城等有恢宏气势和有力度的意象给人以壮阔的体验。意象以虚为主，回忆过去。写陆游青壮年时期的战斗生活情景，饱含着浓厚的边地气氛和高昂的战斗情绪，引出对抗金英雄的追思。而《临安春雨初霁》中纱、小楼、春雨、深巷、杏花、矮纸、晴窗、细乳、茶、素衣等清新闲淡的意象，隐藏着无限的感伤与惆怅。意象以实为主，叙述现在。借写江南春雨和书斋的闲适生活，表达了对京华生活的厌倦和不得志的忧愤，抒发了作者报国无门、壮怀难酬、蹉跎岁月的落寞情怀。

（3）作品风格不同：《书愤》严肃而激愤，诗风慷慨悲壮。整首诗大气磅礴，多激愤之情；而《临安春雨初霁》诗风含蓄蕴藉婉深，恬淡静雅之中隐含惆怅沉郁。诗篇清淡婉丽，富于情趣，不乏诙谐意味。

学习活动（二）参考答案：

1.（1）①"妙处"的内涵：景象清疏淡远、湖水澄静宽广；月色皎洁，水天相印。作者泛舟湖上，内心澄澈，物我合一。②上阕情景关系：情景交融，描写了广阔的湖面、澄澈的湖水、素洁的月光，营造了幽谧、寥阔的氛围，烘托了作者悠然自在的心情和坦荡旷达的胸襟。

（2）①"表里俱澄澈"承上启下，前后呼应。②总结了上阕写景。概括天上银河璀璨，湖面波光粼粼，月华星辉与波光水色，上下通明，浑然一体的景象。③与下阕"肝胆皆冰雪"呼应，表达了自己因谗言而被贬职到岭南，虽遭困境但依然保持高洁品德，连肝胆都如冰雪般晶莹，胸怀坦荡，光明磊落。

（3）①作者选取"西江""北斗""万象"等宏大的意象，凸显豪放之气。②运用奇特的想象，使诗歌气魄宏大。作者化身为万物之神，把西江水作美酒，把北斗星作酒器，以天下万物为宾客，体现出天人合一的超然境界。③词句源于奇崛的想象之中，表达作者愉悦的心境和豪迈的气度。（夸张手法也可，言之成理即可）

（4）示例1：①我更喜欢《念奴娇·过洞庭》。②因为这首词所写的月色是那样的澄澈，那样的明净，那样的光洁，那样的晶莹。"素月分辉，明河共影，表里俱澄澈。"这三句写水天辉映一片晶莹的景象。"素月分辉"是说皎洁的月亮照在湖上，湖水的反光十分明亮，好像素月把自己的光辉分了一些给湖水。"明河共影"是说天上的银河投映到湖中，十分清晰，上下两道银河同样明亮。"表里俱澄澈"强调洞庭秋色美在"澄澈"上。③而《前赤壁赋》中所描写的月色呈现出一种朦胧之美，是我所不喜欢的。

示例2：①我更喜欢《前赤壁赋》中所描写的月色。②因为这篇赋文中的月亮呈现出一种朦胧之美。"月出于东山之上，徘徊于斗牛之间。""徘徊"二字，生动形象地描绘出柔和的月光似对游人极为依恋和脉脉含情。在皎洁的月光照耀下白茫茫的雾气笼罩江面，天光水色连成一片，正所谓"秋水共长天一色"。而这种朦胧美景更能激发人们的想象，"思接千载，视通万里"，让人领略到一种含蓄美。③而《念奴娇·过洞庭》所描写的月色呈现出一种澄澈美，是我所不喜欢的。

2.（1）①"鹧鸪"因其叫声婉转悲凉给人以哀怨愁苦凄清之感，作为古诗意象常感叹时光流逝之无奈，寄伤时忧国、家国兴亡之思及羁旅乡思之愁等。②词作结句写天色渐渐暗了，黄昏悄然来临，深山中又传来鹧鸪鸣叫，声声悲鸣，吟唱出作者惊悸不安，忧心忡忡的复杂心情，兼有有家难归的飘零之感。③作者借鹧鸪啼鸣寄寓现实中对主和派阻挠恢复大业的不满和无法收复中原的悲痛之情。

（2）结句的思想感情：①追怀当年国事艰危的沉痛；②对金兵入侵使百姓流离失所的同情；③对失去国土的深情怀念；④重山阻隔故园难回的义愤；⑤未能恢复中原壮志难酬的抑郁和苦闷；⑥对当权者一味妥协不思光复的愤懑。

（3）①词中"青山"喻指压制爱国者抗金收复中原的反动势力，主要指主和派。（说"外族入侵者"也可）②人们引用时"青山"指各种阻挠前进的势力。③这里东流的江水比喻词人和广大爱国志士收复中原的坚定意志。作者希望收复中原，还都汴京，可惜有重重阻挠，理想不能实现。全词表达作者克服一切阻力，抵抗外敌，光复山河的坚定意志和信心，抒发了作者极端悲愤忧郁的思想感情。

学习活动（三）参考答案：

1.（1）典故：①长缨（王终军典）——表现了作者渴望杀敌报国的强烈愿望和自信，也慨叹自己不知何时才能一展才干，实现抱负。②韩世忠典（典中典：张良典、李筌典）——呼吁朝廷要不拘一格用人才。（2）上阕先指出国家处于极度危险之中，然后提出世间并不是没有可以力挽狂澜的人才，表达朝廷应该不拘一格选用贤才的主张，最后以韩世忠为例，指出在大敌当前时，应放宽尺度，重用人才。

2.（1）典故：①棋枰联句，登楼揽镜——追忆自己青年时期的军旅生活，表达对从军报国的渴望，感叹年华已逝，功业无成。②苻坚典，张巡、许远典——警告统治者要重视敌人，讽劝朝廷不要以为天堑可凭，而要重用人才。③班超投笔，相如题柱——激励爱国志士投笔从戎，不要只求富贵荣华。（2）下阕抚今追昔，先感叹自己虽有报国之志，但已年老无为；然后指出敌人强大、国势垂危之下，不应幻想依靠天险，须靠能拯世扶倾的英雄；最后激励爱国志士投笔从戎，保家卫国。

3.（1）爱国志士的形象。（2）这首词作于刘克庄50岁左右，字里行间洋溢着济世救国的激情和宏伟志向以及对国家民族的前途和命运的深切忧虑。大量用典，流露出作者对时局的忧心忡忡及想要挽救民族于危亡的爱国热情，也表现出作者怀才不遇、屡屡丧失杀敌报国之机的愤懑之情。同时强调"一贤制难"的个人作用，带有明显的主观色彩。（3）作者忧时丧乱、请缨报国的心志跃然纸上；垂暮之年却志在千里，其高尚的情操与民族气节令人肃然起敬。

📖 课后评测

学习活动（四）参考答案：

1. （1）C（C项，"空"字感叹自己空有自许"塞上长城"的豪气和现在虽然年老而壮志犹存的爱国情怀都已成空，满是悲怆、愤慨。）（3分）

（2）①"愤"是题眼，诗眼，"愤"为愤慨、愤懑之意。"书愤"，抒发胸中郁愤之情。（1分）②"愤"字包含了丰富的内容，一愤"世事艰"，二愤"空自许"，三愤"鬓先斑"，四愤"国无人"。既有对金兵南侵践踏大好河山的民族愤怒；又有对南宋统治者腐败无能、妥协投降、压制打击抗战派将领的义愤和激愤；还有自己壮志未酬的悲愤。（2分）③对比手法。（1分）通过昔年之浩气壮举与今日之年迈衰颓，"塞上长城"之理想与"世事多艰"之现实，诸葛亮之矢志北伐、积极进取与南宋统治者之苟且偷安等对比，（2分）感慨国事艰难、壮志难酬、年华空老、无人领军的无奈以及对南宋投降派的强烈愤慨。（1分）

2. （1）C（C项，用刘义隆草草北伐的失败衬托霍去病封狼居胥的武功，错。"封狼居胥"是描述刘义隆希望获得霍去病那样的功勋。）（3分）

（2）①理由：孙权和刘裕都是遗憾京口而起事建立了政权，照应标题"京口北固亭怀古"。作者以两人自比，虽力主北伐，但朝廷并不给他率兵出征的机会，难以实现抗金报国的志向。作者借古讽今，对孙、刘赞扬就是对南宋统治者的指责。（2分）②用意：这是全词的主旨句，作者以廉颇自况。这一年64岁的辛弃疾仍然希望为国效力，可惜韩侂胄不接纳他的缓进建议，又有小人从中挑拨，这不能不使他感到悲愤，自然而然想起和自己处境相似的廉颇。"凭谁问"，有谁来问，也就等于无人来过问，境况竟然不及廉颇，这不能不让人惋惜、忧虑、气愤。（2分）③含义：借廉颇晚年不被重用的典故来表达作者对人才埋没的痛心和恢复中原的热切愿望，深化了壮志难酬的悲愤。用反问句结句，不仅使抒情达到高潮，而且集中、鲜明地再现了作者的自我形象。（2分）

3. （1）D（D项，"壮观""豪放"有误。这首词是婉约词，反衬手法描绘元宵节通宵灯火的热闹场景，表达出作者不与世俗同流合污的追求。）（3分）

（2）①反衬手法（或对比、衬托、烘托手法等），（2分）②以元夕的繁华热闹反衬"那人"孤高淡泊、超群拔俗、不同于金翠脂粉的女性形象，（2分）③表达作者政治失意后耐得住冷落寂寞、不趋流俗、保持志士操守的高洁品性（2分）。

4. （1）C（C项，诗人写杜牧是为了反衬扬州今日的残破。）（3分）

（2）本词情感真切，贯穿黍离之悲：①上阕借景抒情，作者以沉郁的笔触勾画了一幅荒凉凄婉的画面：野麦萋萋，废池寒水，枯木西风，暗淡斜晖，清角空城。情景交融，表现了战后扬州的荒芜萧条，抒发了亡国之悲。（3分）②下阕先直抒胸臆，假设杜牧今日再重游故地，也必定会为今日的扬州城感到吃惊和痛心。后借景点染，二十四桥水波荡漾，冷月悄然，以冷清荒寂之景表达黍离之悲。（3分）

（3）①内容：《扬州慢》描绘昔日繁华的扬州今日受到金人的践踏而呈现的惨状，揭露金人的残暴；《永遇乐》抒写了作者抗敌救国的宏图大志，表达出作者对恢复大业的深谋远虑和为国效忠之心。（2分）②情感：《扬州慢》体现出作者国亡土丧的黍离之悲和凄凉悲怆的心情；《永遇乐》表达作者坚决抗金、投身战斗的坚强意志和忠不为用、报国无门的悲愤之情。（2分）③风格：《扬州慢》幽寂悲凉而婉约，《永遇乐》苍凉中透露悲壮豪迈。（2分）④艺术手法：《扬州慢》主要是化用和反衬，《永遇乐》主要是用典。（2分）

第四板块 学习过程

——学生需要经历怎样的学习过程才能学会？

一、资源与建议

【学习流程】

自学——互学——研学——习学——悟学。

【学习策略】

读懂（"泡"）——悟透（"品"）——答对（"抠"）。

【南宋诗词简史】

南宋150年间，始终与内忧外患关联。悲愤、抵御外侮、恢复失地是这一朝代的最强心态，也造就了时代文学的主旋律。词也不例外，李清照的词打上了那个动乱时代特有的印记，而辛弃疾、陆游的词则唱出了南宋词坛的最强音，以高亢的歌喉表达忧国忧民之情，宣泄壮志难酬的郁愤，词风悲壮直率。此外，以姜夔为代表的风雅派词人讲究词法，重视词的艺术技巧，追求"雅正""凄美"的风调。

南宋词，力图突破北宋的框架，词的内容和风格就朝着多样化的方向发展，在词体、音律、声韵等方面达到"极其工""极其变"的境界。关系国家兴亡的政治社会影响反映于词中特别显著，其前期多表现为激于爱国热情的壮怀高唱，而其末期则变为忧国伤时的哀感低吟。

公元1127年，李清照43岁，她有着太多的生离死别。在惨淡南渡的队伍当中，一位中年女子的身影格外醒目，她随身携带的不是金银珠宝，而是十五车金石书画古物。她失去了故乡，又丧了丈夫，却到底没有失去一颗热爱文字的心。"倚门回首，却把青梅嗅"的少女时代好像还在昨日，"一种相思，两处闲愁"的闺怨情怀尚在眉梢眼角停留，江山，却已是风云变幻。于是，只能酒入愁肠，听着梧桐细雨，声声催人泪下。词境依旧婉约，写法却也堪称"豪放"。

公元1154年的进士榜上，群星闪耀。张孝祥、杨万里、范成大、虞允文……其实本应有一个更响亮的名字——陆游。可惜他在省试时恰好排在秦桧的孙子秦埙前面，于是直接被踢出了考生名单，直到秦桧死后才得以入仕，又两度因为主张抗金而被免职。可是陆游不怨任何人，他依然爱着这个暗无天日的王朝，终生不渝。据说陆母生陆游时，梦见秦观。秦观，字少游，于是陆母给儿子取名陆游，字务观。他自幼好学不倦，"年十二能诗文"。青年时代就立下了"上马击狂胡，下马草军书"的宏伟志愿，"北定中原"这四个字，陆游念了一辈子，也叹了一辈子。也许，就为了能亲眼看到这一天，他努力地活着，努力地写诗，成了少有的长寿诗人。然而，楼船夜雪、铁马冰河的边塞情怀只能契合于几百年前的盛唐，在这金粉旖旎、风雨飘摇的南宋，显得是那样的格格不入。也许陆游自始至终都明白这一点，但还是不能忘却——心在天山，身老沧州！

公元1154年进士考试，秦桧踢掉陆游之后以为万事大吉，结果他的孙子在殿试时竟然只得了第三名。那年的状元，叫张孝祥，他是唐代诗人张籍的后代，年仅22岁。豪放一派，上承苏轼，下启辛弃疾，中间过渡的就是南宋著名爱国词人张孝祥。张孝祥去世的时候，仅仅37岁，此时辛弃疾还未而立。

公元1161年，金主完颜亮大举南侵，北地遗民奋起反击，组成了声势浩大的起义军。虽无金人惧怕的岳家军，却出了接替苏轼的大词人——辛弃疾。

如果说苏轼是文坛中的不世英杰，那么辛弃疾便是武林中的文章魁首。21岁参加抗金义军，曾任耿京军的掌书记，不久投归南宋。他是真正在战场上喋血过的人，写出的词自有一股杀伐之气。"渡江天马南来，几人真是经纶手"，青年辛弃疾率领五十余人孤军奋战，深入五万敌后，生擒首脑，千里归宋，何等的豪迈雄壮，何等的气吞山河！他一生力主抗金北伐，一直在这样一个令人绝望的环境中挣扎着，抱着北伐的信念，直到垂垂老矣。公元1204年，65岁的辛弃疾在镇江担任知府，壮志未酬，只能怀想着历史上的英雄人物，叹大好河山日渐沦丧，哀生年不遇，明珠委尘。在一个偏安的时代，想做英雄竟不可得，多么悲哀！三年后，辛弃疾过世，临终仍在大喊"杀贼"。然而就如同陆游期盼的"王师北定中原日"终究不会来临一样，这一句垂死的呼喊，再无人回答。

说起宋代的词人，南宋还有这样一个豪放派词人，人称"鬼才词人"，论豪放、论词采，丝毫不输给陆游和辛弃疾，却很少被人提及，这就是南宋词人刘克庄。

刘克庄，字潜夫，号后村，福建省莆田市人，比辛弃疾晚出生47年。南宋豪放派词人、诗论家，是宋末文坛领袖。他以辛弃疾为偶像，词风也很相似，是辛派词人的重要代表。他的词以爱国思想内容与豪放的艺术风格见称于时，在辛派词人刘克庄、刘过、刘辰翁"三刘"中成就最大，甚至被认为"与放翁、稼轩，犹鼎三足"。在江湖诗人中年寿最长、官位最高、成就最大刘克庄一生仕途不顺，多次被贬，四处漂泊，怀才不遇，这成就了他的狂。

公元1176年，"烽火扬州路"发生15年之后，22岁的姜夔路过扬州，自度一曲以悼念逝去的"十里春风"，此曲名为《扬州慢》。宋代词人很多，但是能谱曲的却少见，前有柳永、周邦彦等人，而后只有姜夔。他精于音律，能自制曲牌，他留下的词谱成为流传至今唯一完整的宋代词乐文献。他的《白石道人歌曲》中，有17首自带工尺谱，在太多词牌曲调失传的今天，成了宋词界一笔极为宝贵的财富。

南宋词人"极其工"方面成就卓著的首推姜夔，他与北宋周邦彦并称"周姜"。姜夔向来有"痴情词人"之称，对这片残破的河山痴情着，对婉转工丽的词曲痴情着，对心仪的女子痴情着。奈何命途多舛，半生飘零，晚年更是惨淡不已。公元1204年，一场大火波及了半个杭州城，官署、民房多被烧毁，姜夔半生心血化为乌有，从此后，他一边叹息着"少年情事老来悲"，吟唱着"当初不合种相思"，一边为生活奔波。公元1221年，姜夔过世，却不知他临终之前，是否看见了淮南的那一片皓月，还有那燕燕莺莺？

公元1271年，元朝建立。公元1279年，崖山失守，丞相陆秀夫背负小皇帝赵昺蹈海自尽。至此，大宋王朝终于从历史的舞台上，惨淡谢幕。此刻，关汉卿们已经上场了，元曲、杂剧开始落地生根。宋词的生命，还在挣扎中延续着；随着南宋遗民的垂垂老去，而渐近尾声。

二、课堂与活动

情境导入

言词者必言宋词，宋词成于北宋，精于南宋。"极其工""极其变"的南宋诗词在内容上多表现为亡国之痛、乡关之思以及恢复中原、抗敌御侮之情。

声声慢·寻寻觅觅（南宋·李清照）

寻寻觅觅，冷冷清清，凄凄惨惨戚戚。乍暖还寒时候，最难将息。三杯两盏淡酒，怎敌他、晚来风急？雁过也，正伤心，却是旧时相识。满地黄花堆积。憔悴损，如今有谁堪摘？守着窗儿，独自怎生得黑？梧桐更兼细雨，到黄昏、点点滴滴。这次第，怎一个愁字了得！

【译读】

苦苦地寻寻觅觅，却只见冷冷清清，怎不让人凄惨悲戚。乍暖还寒的时节，最难保养休息。喝三两杯淡酒，怎么能抵得住早晨的寒风急袭？一行大雁从眼前飞过，更让人伤心，因都是当年为我传递书信的旧相识。

园中菊花堆积满地，都已经憔悴不堪，如今还有谁来采摘？冷清清地守着窗前，独自一个人怎么熬到天黑？梧桐叶上细雨淋滴，到黄昏时分，那雨还在点点滴滴。这般情景，种种况味怎么能用一个"愁"字了结！

【赏读】

这首词是南宋女词人李清照的后期作品，是在国破家亡、流落异地时所写。主要抒写她对亡夫赵明诚的怀念和自己孤单凄凉的景况。作者借景抒情，通过淡酒、秋风、秋雁、黄花、梧桐、细雨等残秋意象，刻画了淡酒消愁、秋风劲吹、过雁南飞、黄花堆积、守着窗儿、雨打梧桐等六个场景，营造出凄婉、愁苦、哀怨的意境，抒发因国破家亡、天涯沦落而产生的孤寂落寞、悲凉愁苦的心绪，具有浓厚的时代色彩。

词起句便不寻常，七组十四个叠字连用，无一"愁"字，却字字含愁、声声是愁，音韵上徘徊婉转，感情上层层递进，把内心感情渲染和烘托出来。"寻寻觅觅"，这是她的动作，她在寻找什么？心中若有所失，所得到的只是空虚，感到"冷冷清清"，既明指环境，也暗指心情，或者说由环境而感染到心情，由外而内。接着"凄凄惨惨戚戚"，文情并茂地描写了女主人公凄苦无言的凄凉心情，同时奠定了全词哀怨凄凉的感情基调。最后以"怎一个愁字了得"做结束，传达了山河沦陷悲故园荒废难回，夫妻永别悲美满姻缘难全，形影相吊悲漫漫余生难度的三重情感。

全词抓住词眼"愁"字，一字一泪，深沉凝重，哀婉凄苦。在结构上打破上下阕的局限，一气贯注，着意渲染愁情，始终紧扣悲秋之意，以接近口语的朴素清新的语言谱入新声，运用凄清的音乐性语言抒情。通过赋体描写作者南渡后的生活状况和精神面貌，抒发作者的悼亡之悲、怀旧之哀，以寄寓家国之痛、故土之思。

📖 学习活动（一）

【自学】

自主性"学"——自主学习，链接知识——文本对话，主动学习；整合资源，激发灵感。

临安春雨初霁（南宋·陆游）

世味年来薄似纱，谁令骑马客京华。

小楼一夜听春雨，深巷明朝卖杏花。

矮纸斜行闲作草，晴窗细乳戏分茶。

素衣莫起风尘叹，犹及清明可到家。

《临安春雨初霁》作于孝宗淳熙十三年（1186）春，此时62岁的陆游正赋闲在山阴（浙江绍兴）老家。从淳熙七年起，他罢官已六载，挂着一个空衔在故乡蛰居。直到作此诗时，才以朝奉大夫、权知严州（浙江建德）军州事起用。赴任之前，先到临安（今浙江杭州）去觐见皇帝，住在西湖边上的客栈里听候召见，在百无聊赖中，写下了这首广为传诵的名作。

开篇直抒胸臆，即以问句形式表达对世态炎凉的无奈和客籍京华的蹉跎，情感喷薄。整首诗的情绪在开篇即达到高潮，后面三联则逐渐回落。无论是夜不能寐听春雨，天明百无聊赖"作草""分茶"，还是自我安慰说"清明可到家"，都是开篇两句的注脚，都是刻画本已厌倦官场却又客籍京华的无奈之举。因此，诗的主旨是写作者对官场生活的冷淡心情，这是现实政治的黑暗在作者心上的曲折反映。首尾两联，有感慨兼自嘲意，但不是真的嘲笑自己，而是嘲讽当时的官场；中间两联也不是真有闲情逸致，不过聊作消遣罢了。整首诗在情思的气势上由高到低，而又浑然一体。

【思考题】

1.简析"小楼一夜听春雨"中"小楼"这一意象表现了陆游何种思想情感？

2.阅读颔联和颈联，指出其表面上表明闲居雅趣有何深意？又表现出陆游的何种思想感情？试做简要赏析。

3.《临安春雨初霁》一诗与陆游雄浑豪放的战斗风格不同，所表现的风格如何？请结合诗的内容和意境，加以赏析。

4.请结合创作背景及诗歌内容，比较《临安春雨初霁》与《书愤》两首诗在表现重点和诗歌风格上的差异。

【互学】

特色化"展"——合作学习，相互营养——同伴对话，合作交流；取长补短，绽放精彩。

1. 精读《念奴娇·过洞庭》，于有疑处质疑，于无疑处生疑。

念奴娇·过洞庭（南宋·张孝祥）

洞庭青草，近中秋，更无一点风色。玉鉴琼田三万顷，著我扁舟一叶。素月分辉，明河共影，表里俱澄澈。悠然心会，妙处难与君说。应念岭海经年，孤光自照，肝胆皆冰雪。短发萧骚襟袖冷，稳泛沧浪空阔。尽挹西江，细斟北斗，万象为宾客。扣舷独笑，不知今夕何夕。

《念奴娇·过洞庭》是南宋爱国词人张孝祥的代表作。宋孝宗乾道二年（1166年），张孝祥因受政敌谗害而被免职。他从桂林北归，途经洞庭湖，本词是作者月夜泛舟洞庭湖时即景抒怀明志之作。

这首中秋词开篇直说地点与时间，然后写湖面、小舟、月亮、银河。此时作者想起岭南一年的官宦生涯，感到自己无所作为而有所愧疚。而且想到人生苦短不免心酸，不过由于自己坚持正道，又使他稍感安慰。他要用北斗做酒勺，舀尽长江做酒浆痛饮。全词豪放旷达，格调昂奋，一波三折，出神入化。

词的上阕主要是写洞庭湖月下的景色，突出其澄澈；下阕着重抒写自己内心的澄澈，意转激昂。在情与景的交融上有独到之处，天光与水色，物境与心境，昨日与今夕，全都和谐地融会在一起，光明澄澈，给人以美的感受与教育。通篇景中见情，以景喻人，笔势雄奇，境界空阔。借洞庭夜月之景，抒发了作者高洁的品质、忠贞的气节和豪迈的气概。

【思考题】

（1）"妙处难与君说"中"妙处"有怎样的思想内涵？请从情景关系的角度赏析词的上阕。

（2）"表里俱澄澈"既是上阕写景的总结，也与下阕的抒情遥相呼应，请结合全词说说你的理解。

（3）"尽挹西江"三句的豪迈气概是如何表现出来的？请简要赏析。

（4）这首词和苏轼《前赤壁赋》写的都是月下泛舟时的所见与所感，抛开文体的因素，你更喜欢哪部作品？为什么？请从思想内容或艺术手法的角度简析。

2. 精读《菩萨蛮·书江西造口壁》，于有疑处质疑，于无疑处生疑。

菩萨蛮·书江西造口壁（南宋·辛弃疾）

郁孤台下清江水，中间多少行人泪。西北望长安，可怜无数山。青山遮不住，毕竟东流去。江晚正愁余，山深闻鹧鸪。

《菩萨蛮·书江西造口壁》是一首怀古伤今词，艺术水平高超，为南宋爱国精神深沉凝聚之绝唱。淳熙二、三年（公元1175—1176）间，南宋词人辛弃疾任江西提点刑狱，驻节赣州。辛弃疾经常巡回往复于湖南、江西等地，途经造口（一名皂口，今江西万安县南六十里），俯瞰不舍昼夜流逝而去的江水，作者的思绪也似这江水般波澜起伏，绵延不绝，于是写下了这首词，题在墙壁上。

词题"书江西造口壁"，写作者登郁孤台（今江西省赣州市城区西北部贺兰山顶，又称望阙台）远望，"借水怨山"，抒发了对国家兴亡的感慨。上阕由眼前景物引出历史回忆，抒发家国沦亡之创痛和收复无望的悲愤；下阕借景生情，抒愁苦与不满之情。全词表达对朝廷苟安江南的不满和自己一筹莫展的愁闷，以极高明的比兴手法，写眼前景道心上事，表达了蕴藉深沉的爱国情思，抒发了对建炎年间国事艰危之沉痛追怀和对靖康以来失去国土之深情萦念。

【思考题】

（1）"江晚正愁余，山深闻鹧鸪"，请分析"鹧鸪"这一意象所寄寓的情感。

（2）清代陈廷焯《白雨斋词话》赞此词"结二句号呼痛哭，音节之悲，至今犹隐隐在耳"，请结合全词，简述结句所蕴含的思想感情。

（3）名句"青山遮不住，毕竟东流去"常被人们引用。词中"青山"喻指什么？人们引用它时又是什么意思？全词抒发了作者怎样的思想感情？请简要赏析。

📖 学习活动（三）

【研学】

针对性"教"——探究学习，思想交融——师生对话，质疑问难；学法指导，点拨规律。

贺新郎·国脉微如缕（南宋·刘克庄）

国脉微如缕。问长缨何时入手，缚将戎主？未必人间无好汉，谁与宽些尺度？试看取当年韩五。岂有谷城公付授，也不干曾遇骊山母。谈笑起，两河路。少时棋栿曾联句。叹而今登楼揽镜，事机频误。闻说北风吹面急，边上冲梯屡舞。君莫道投鞭虚语，自古一贤能制难，有金汤便可无张许？快投笔，莫题柱。

【读懂】

国家命脉日渐衰弱，不知何时才能请得长缨，将敌方首领擒缚！人间自有降龙伏虎的好汉，只是无人不拘一格任用人才。如不信，试看南宋初年的抗金名将韩世忠吧。张良遇谷城公传授《太公兵法》、唐将李筌得骊山老母讲解《阴符经》而立下大功，就算他们没有承授与凭借，照样也可以保家卫国、建立功勋。

少年时期也曾雄心壮志、心怀家国，只叹从未实现。登楼远望，揽镜自照，伤感一事无成，痛心国势日非，愁肠百转、感慨万千。听说北面蒙古骑兵来势汹汹，进攻时利用的冲梯，屡次狂舞于边城。不要再大谈空想而不以身抗敌，自古以来敌人真正难以抵抗的是战场上的勇士，假如没有像张巡、许远这样的良将，即使有坚固的城池也不能久守。有志儿郎，不要再发无聊呻吟，赶快投笔从戎，保家卫国吧！

【悟透】

这首词是词人刘克庄50岁左右的时候和朋友王实之六首唱和词中的第四首。蒙古军自1235年开始南侵，宋理宗淳祐三年（1243），蒙古军攻四川，破大安军。淳祐四年五月，蒙古军又围攻寿春府（今安徽寿县），由吴文德率水陆军增援解围。作者不断听到边境告警的消息，感到国势危殆。他希望当权者广招人才和英雄豪杰，共赴国难挽救危亡，写下了《贺新郎·国脉微如缕》。

"忧边"为全篇行文的中心，上阕以韩世忠为例，提出在大敌当前时，应放宽尺度，重用人才；下阕抚今追昔，指出国势垂危的情况下，不应幻想依靠天险，而应倚仗能拯世扶倾的英雄。

头三句的劈空而下，将形势的紧迫、统治者的麻木不仁、请缨报国之志士的热忱，尽情表达出来。接着，作者抒发任人唯贤的议论。以"未必"二字起句，道出了作者的自信，人间自有降龙伏虎的好汉，只是无人不拘一格任用人才。有了这些名将贤相，"国脉微如缕"的惨状也就有扭转的可能了。又连用西汉张良遇谷城公传授《太公兵法》和唐将李筌得骊山老母讲解《阴符经》而俱立大功的两个典故，来说明他们即使没有承授与凭借，照样也可以保家卫国建立功勋。作者进而联系到自己的遭遇，登楼远望，揽镜自照，伤感一事无成。一声长叹，将那长期以来怀才不遇、屡屡丧失杀敌报国之机的心情尽数迸发出来，再次提到了任人唯贤的重要性。最后，作者大声疾呼：好汉们，不需再计较个人得失，不需发无聊之呻吟，赶快投笔从戎，共赴国难吧！这是对爱国志士的期望，也是和王实之共勉。

词风明朗，意气奋发，朗朗上口，脉络清晰。感情丰沛流畅，词句凝练有力，用典精妙自然。是宋末词坛议论化、散文化与形象性、情韵美相结合的代表作。

【答对】

1. 上阕运用了哪些典故？主要表达了作者什么样的思想感情？

2. 下阕运用了哪些典故，主要表现了作者怎样的思想感情？

3. 刘克庄《贺新郎·国脉微如缕》塑造了什么样的人物形象？做简要赏析。

第五板块　检测与作业

——学生真的学会了吗？如何检测或巩固学生已学会的东西？

学习活动（四）

【习学】

科学化"练"——学以致用，在做中会——问题对话，学以致用；拓展延伸，融合生活。

1.阅读陆游《书愤》，然后完成（1）~（2）题。（10分）

书愤（南宋·陆游）

早岁那知世事艰，中原北望气如山。

楼船夜雪瓜洲渡，铁马秋风大散关。

塞上长城空自许，镜中衰鬓已先斑。

出师一表真名世，千载谁堪伯仲间！

（1）对这首诗的赏析，不恰当的一项是（　　）（3分）

A.首联前句是对现在的慨叹，后句是早岁的豪情，构成了现实与理想的矛盾。

B.颔联回忆两次不寻常的战争经历，是对"气如山"的具体描写。

C.颈联诗意悲凉，一个"空自许"的"空"字，包含多少人生的悔恨与沮丧。

D.全诗由慷慨到苍凉，沉郁顿挫，声情激越，愤慨之情充溢其间。

（2）如何理解标题"书愤"之"愤"？它具体包含了哪些情感？它是运用什么表现手法呈现出来的？请简要分析。（7分）

2.阅读辛弃疾《永遇乐·京口北固亭怀古》，然后完成（1）~（2）题。（9分）

永遇乐·京口北固亭怀古（南宋·辛弃疾）

千古江山，英雄无觅孙仲谋处。舞榭歌台，风流总被，雨打风吹去。斜阳草树，寻常巷陌，人道寄奴曾住。想当年，金戈铁马，气吞万里如虎。

元嘉草草，封狼居胥，赢得仓皇北顾。四十三年，望中犹记，烽火扬州路。可堪回首，佛狸祠下，一片神鸦社鼓。凭谁问：廉颇老矣，尚能饭否？

（1）选出下列选项中相关解说错误的一项是（　　）（3分）

A."千古江山，……风流总被雨打风吹去。"显现了作者对英雄人物的仰慕和赞扬；表明作者对如今朝廷无心北伐复国，一味苟且偷安的不满。

B."想当年，金戈铁马，气吞万里如虎"既体现了作者对刘裕北伐军容之盛壮的仰慕和赞扬，又表现了作者渴望建功立业实现北伐的雄心壮志。

C."元嘉草草，……赢得仓皇北顾。"作者用了两个典故，旨在用刘义隆草草北伐的失败来衬托霍去病封狼居胥的赫赫武功，从而表达对朝廷草率出兵的不满。

D."凭谁问：廉颇老矣，尚能饭否？"既体现了作者渴望如廉颇那样，老骥伏枥，报效祖国的热情；又有着英雄迟暮、壮志难酬的哀伤和苍凉感，沉郁悲愤。

（2）作者登临怀古，为何在众多的英雄人物中只提孙权和刘裕二人？结尾提到廉颇有何用意？"凭谁问：廉颇老矣，尚能饭否"有何具体含义？（6分）

3.阅读辛弃疾《青玉案·元夕》，然后完成（1）~（2）题。（9分）

青玉案·元夕（南宋·辛弃疾）

东风夜放花千树，更吹落，星如雨。宝马雕车香满路。凤箫声动，玉壶光转，一夜鱼龙舞。蛾儿雪柳黄金缕，笑语盈盈暗香去。众里寻他千百度，蓦然回首，那人却在，灯火阑珊处。

（1）下列对这首诗的赏析，不正确的一项是（　　）（3分）

A."东风夜放"两句化用岑参"忽如一夜春风来，千树万树梨花开"的诗意，运用夸张和比喻手法，展示出一幅火树银花、争奇斗艳的瑰丽画面。

B."众里寻他千百度"四句，写抒情主人公走遍大街小巷，穿过熙熙攘攘的人群，尽力寻觅却不见踪影，可忽然回头间，在那灯稀人少的僻静处发现了"那人"而惊喜万分。

C.这首词上阕状景，铺叙元夕满城灯火，尽情狂欢的景象；下阕先写观灯夜游妇女们装饰美丽，借以铺垫，写出对"那人"的寻找心情之切、追慕向往之深。

D.全词意境优美，场面壮观，情韵深长，是辛弃疾豪放词的又一杰作。

（2）全词主要运用了哪种表现手法？表达了作者怎样的思想感情？请简要分析（6分）

4.（挑战题，供选做）阅读姜夔《扬州慢·淮左名都》，完成（1）~（3）题。（17分）

扬州慢·淮左名都（南宋·姜夔）

淳熙丙申至日，予过维扬。夜雪初霁，荠麦弥望。入其城，则四顾萧条，寒水自碧，暮色渐起，戍角悲。予怀怆然，感慨今昔，因自度此曲。千岩老人以为有黍离之悲也。

淮左名都，竹西佳处，解鞍少驻初程。过春风十里，尽荠麦青青。自胡马窥江去后，废池乔木，犹厌言兵。渐黄昏，清角吹寒，都在空城。

杜郎俊赏，算而今重到须惊。纵豆蔻词工，青楼梦好，难赋深情。二十四桥仍在，波心荡、冷月无声。念桥边红药，年年知为谁生？

（1）下列对这首词解说，不正确的一项是（　　）（3分）

A.“春风十里”指昔日扬州的繁华街道，用以反衬眼前荒凉的景象。

B.“渐黄昏，清角吹寒，都在空城”以声衬静，突出扬州的空寂凄凉。

C.下阕写杜牧俊赏，才华横溢，旨在表达诗人对杜牧由衷的敬佩。

D.本词虚实结合，虚写扬州过去的盛况，实写扬州今日的萧条。

（2）姜夔《扬州慢》情感真切，贯穿黍离之悲（对国家衰亡的哀痛），请结合全词分析作者是如何表达这种情感的？（6分）

（3）试从内容、情感、风格和艺术手法等四个方面比较姜夔《扬州慢》与辛弃疾《永遇乐·京口北固亭怀古》的不同。（8分）

第六板块　学后反思

——学生反思自己是如何学会的？还需要通过怎样的反思
来管理自己的学习？

学习活动（五）

【悟学】

个性化“悟”——在悟中学，涌动成长——内心对话，悦纳自我；自我反思，感悟成长。

【评价方式】

反思静悟，体验成长；在学习中反思，在反思中提升。

1. 学习报告

请阅读鉴赏南宋诗词，完成《南宋诗词阅读鉴赏学习报告》。

2. 自评表

表7 "南宋诗词"群课堂学习等级自评表

学习环节	学习活动	达成程度					备注
课前	读诗讲诗——腹有诗书气自华	1	2	3	4	5	
一	自主学习——自主性"学"	1	2	3	4	5	
二	合作学习——特色化"展"	1	2	3	4	5	
三	探究学习——针对性"教"	1	2	3	4	5	
四	学以致用——科学化"练"	1	2	3	4	5	
五	在悟中学——个性化"悟"	1	2	3	4	5	

（说明：请打"√"选择：1表示我学习过，2表示我能读懂，3表示我会鉴赏，4表示我能答对，5表示我会指导别人读诗。）

第八章　元明散曲阅读鉴赏学历案

第一板块　学习主题与学时

——在多少时间内学生学习什么？

【学习内容】

元明散曲：（1）元代王实甫《正宫·端正好·长亭送别》；（2）明代王磐《朝天子·咏喇叭》。

【学时】

3学时。

第二板块　学习目标

——学生期望学会什么？

【学习目标】

1. 语言素养目标

吟咏诗韵，熟读成诵，读出音律美和意境美。积累元曲基本知识，比较小令、套数、杂剧的异同，感知语义，体味感情，领会情景交融的艺术境界，把握雅俗兼具的元明曲语言风格，提高元明曲阅读的语感能力。

2. 思维素养目标

阅读鉴赏元明曲，涵泳品味优美曲词，捕捉其思维脉搏，运用联想和想象，品味意境，体会蕴含在作品中的感情、思想和哲理，慰藉于心灵，润化于生命，提升体验美、鉴赏美和表现美的思维能力及素养。

3. 审美素养目标

整体感受和体验元明散曲，欣赏、评价元明时期杂剧中莺莺的离愁别恨，树立正确的人生观和爱情观；了解散曲借物咏怀，激发民本情怀。赏读写作曲评，培养审美感知和审美创造的能力，提升审美评价和对元明文化感受力。

4. 文化素养目标

"知人论世"，体会元明散曲文化的核心思想理念和人文精神，领略浪子隐逸兼斗士的反抗意识和普通人开始觉醒的审美人生。厚植家国情怀，学会理性批判，促进文化探究和创新意识，更好地传承与弘扬中华优秀传统文化。

第三板块　评价任务

——学生何以知道是否学会了？

📖 课前检测

阅读马致远《天净沙·秋思》，完成1~2题。（9分）

1.下列各句中与"断肠人在天涯"所表达思想感情不同的一项是（　　）（3分）

A.浊酒一杯家万里，燕然未勒归无计。

B.乡书何处达？归雁洛阳边。

C.海内存知己，天涯若比邻。

D.烽火连三月，家书抵万金。

2.该小令最显著的表现手法是什么？表达了怎样的思想感情？请简析。（6分）

参考答案：

1.C（例句的情感是思念家乡。A、B、D三项都表达了思乡之情；而C项歌颂了友谊，表现友谊不受时间的限制和空间的阻隔，是永恒的，故选C。）（3分）

2.（1）映衬，以景衬人。（寓情于景，以悲景写悲情）（2分）（2）作者借助枯藤、老树、昏鸦、小桥、流水、人家、古道、西风、瘦马等景物和事物，描绘了一幅深秋晚景图，营造了凄凉、清幽、寂寞的意境。（2分）（3）表达了游子孤寂愁苦、思念家乡之情。（2分）

📖 课堂练测

学习活动（一）参考答案：

1.（1）直接抒情句：断肠人在天涯。（2）主旨：抒发了长年漂泊异乡的游子的思乡之情，表现了游子孤苦寂寞的心境和对故乡亲人的思念。（3）写法：①寓情于景，将"断肠人"的情感寓于"枯藤""老树""昏鸦"等景物和事物之中，充分表达了游子漂泊天涯的孤寂愁苦之情。②动静相衬。处于动态的"流水"与处于静态的"小桥""人家"相映，这种安适、幽静的环境，使沦落异乡的"断肠人"更添悲愁。③意象组合，将枯藤、老树、昏鸦、小桥、流水、人家、古道、西风、瘦马、夕阳、人、天涯等意象组成了一幅苍凉的深秋晚景图，抒发了游子漂泊天涯的孤寂愁苦之情。（写法选一点作答即可）

2.（1）以乐景写哀情，"小桥流水人家"，烘托出沦落他乡的游子内心彷徨无助的客子之悲，令人备感凄凉。（2）"小桥流水人家"描写了作者所见到的景象，是那么的幽美恬静，从反面牵动了离人思乡的愁绪。（3）通过反衬出游子的孤苦凄凉以及对故乡亲人的思念。

3．（1）①更喜欢马致远《天净沙·秋思》。②前四句皆写景色，"枯""老""昏""瘦"等字眼使浓郁的秋色之中蕴含着无限凄凉悲苦的情调。而末句"断肠人在天涯"作为曲眼更具画龙点睛之妙，使前四句所描之景成为人活动的环境，为天涯断肠人内心悲凉情感的触发物。曲中景物既是作者旅途中之所见，乃眼中物；同时又是其情感载体，乃心中物。全曲景中有情，情中有景，情景妙合，完美地表现了漂泊天涯的游子愁思，从而点出游子乡思的主题。③所以，更喜欢《秋思》。

（2）①更喜欢白朴《天净沙·秋》。②开篇以"孤村"领起，着意渲染秋日黄昏的冷寂。"一点飞鸿"给阴冷的静态画面带来了活力，造成曲子抒发情感的转移。接着作者用青、绿、白、红、黄五色，以远及近、由高到低、多层次多侧面立体交叉式地描绘出秋日美丽的景象，成功地将秋日迟暮萧瑟之景与明朗绚丽之景融合在一起，使整个画面充满了诗意，表达了作者积极向上、乐观开朗的处世态度。而曲中虽无"断肠人在天涯"之类抒情句，抒情主人公却时隐时现，在烟霞朦胧之中传达出一种"地老天荒"的寂静。相对马致远的《秋思》过于凄凉的情感基调，白朴的《秋》明朗乐观多了。③所以，更喜欢白朴《秋》。

学习活动（二）参考答案：

1.（1）[端正好]一曲化用了范仲淹《苏幕遮》的词句。（2）意象：蓝天、白云、黄花、西风、北雁、霜林。意境：蓝天白云，黄花满地，西风凄紧，北雁南飞，霜林染红，在凄紧的西风中融为一体，构成了辽阔萧瑟令人黯然神伤的凄美意境。

（3）作者以深秋寥落萧瑟的景物，点染出一幅空间广阔、色彩斑斓的暮秋霜林图，创造了委婉深沉、感伤悲凉的意境，衬托女主人公为离别所烦恼的痛苦压抑的心情。

2.（1）[端正好]一曲情景交融，借凄凉的暮秋之景，抒写崔莺莺的离愁别恨。前四句一句一景，描绘了一幅旷远又凄凉的深秋图；后两句自问自答，采用夸张的手法表现了崔莺莺因张生即将远离而无限感伤的心境。此曲将萧瑟凄凉的秋景与悲凄愁苦的心境合二为一，是最典型的情景交融，堪为秋思之祖。

（2）①"染""醉"二字，使［端正好］一曲亦诗亦剧，出神入化。②一个"染"字沟通了景与情，使得大自然的景物融入凝重的离愁，蒙上一层沉郁忧伤的感情色彩。在为痛苦的离别而流了一夜眼泪的莺莺心目中，经霜的树林是被她离别的血泪染红的。③一个"醉"字，既写出了枫林的色彩，更赋予其在离愁的重压下不能自持的人的情态。秋叶经霜便红，人醉亦红。字面上不点明"红"却用"醉"把"红"藏了起来；泪红得像血，字面上不点明"血"却用"泪"把"血"藏了起来。在离人眼中，霜林之所以"醉"，是人的离情使景物沉醉。

（3）情景交融。以景物描写设置戏剧环境，渲染气氛，萧索的秋景与崔莺莺的离愁别恨浑然一体。曲子句式既整饬又参差错落，前三个三字句构成对偶、排比。后又各有一个四字句、七字句和五字句。前四句一句一景，点明送别的季节，以景衬情。后两句用设问的自问自答，说是"离人泪""染霜林醉"，一"染"一"醉"创造了委婉深沉、令人感伤的悲凉意境，达到情景交融的艺术境界。

3.［端正好］一曲将深秋之景、离人之情、途中之境完美地融合，鲜明地体现其以词采典雅见长的特点：（1）意象的组合，典雅华美。前四句，一句一景，点染了一幅空间广阔、色彩斑斓的图画：蓝天白云，黄花满地，西风凄紧，北雁南飞，霜林染红。作者大块着色，点染了几种常见而又包融着无限诗意的形象，让人一来就如置身于凄恻缠绵的送别场面之中，替莺莺而忧恨。（2）情感的抒发，委婉含蓄。前四句，以深秋特征的景物，衬托出莺莺为离别所烦恼的痛苦压抑的心情。后两句是莺莺自问自答，在为离别的痛苦而流了一夜眼泪的莺莺心中，经霜的树林是被她的离情感动而醉、而红。"总是离人泪"中"泪"字，画龙点睛，使全篇景物都闪耀出别离的泪光。（3）动词的运用，恰到好处。一个"染"字，不但写出了景物色彩的遽然变化，而且沟通了景与情，使得大自然的景物融入凝重的离愁，蒙上一层沉郁忧伤的感情色彩。

学习活动（三）参考答案：

1.（1）《朝天子·咏喇叭》以"吹"字贯穿全篇。（2）言"吹"之状，写"吹"之果，绘"吹"之形，吐"吹"之恨。（3）夸张和讽刺，将喇叭与宦官相联系，以"乐"声来抒"愤"情，真实地反映了当时宦官装腔作势的丑恶面目，同时也揭露了他们给人民带来的深重灾难。

2.（1）借物咏怀。表面是吟咏喇叭，实际上讽刺和揭露了明代宦官狐假虎威，残害百姓的罪恶行经，表达了人民的痛恨情绪。（2）整首曲子虽然没有正面提到一个宦官的字样，却活画出了他们的丑态。作者实际上是比照着宦官的嘴脸"咏"喇叭的：

以虚张声势的吹为特征，是官方害民的帮凶，到处作威作福，惹得军民共愤，直到吹得天昏地暗、江山动摇。（3）全曲在戏谑中寄憎恨之情，于诙谐里寓抨击之意，题材新颖，寓意深刻。

3.（1）同意"极具艺术魅力"的说法。（2）这首散曲构思巧妙，以"乐"声来抒"愤"情。首句"喇叭、唢呐"既点明了所咏之物，又树起了批判的靶子。在结构上，全曲围绕"吹"字来组织文字，言"吹"之状，写"吹"之果，绘统治者爪牙"吹"之形，吐人民群众对"吹"之恨。层层推进，有条不紊。写法上，曲子运用夸张和讽刺的手法将喇叭与宦官巧妙关联。表面上看，无一句不是在"咏"喇叭。实际上，无一句不是在写那些宦官酷吏，写其丑态百出以及祸国殃民的罪行。

（3）王磐《朝天子·咏喇叭》借物咏怀，取材精当，比拟恰当，语言通俗浅近，而又不失幽默诙谐，是一首极富韵味与讽刺力的咏物诗。

📖 **课后评测**

学习活动（四）参考答案：

1.（1）C〔C项，"晓来"两句应为"有我之境"。"有我之境物皆着我之颜色""无我之境不知何者为我，何者为物"。（王国维《人间词话》）该句有主观色彩，当为"有我之境"。3分〕

（2）示例：长亭路

深秋时节，碧蓝的天空飘着云朵，满地堆积的菊花，在阵阵西风中瑟瑟发抖，早已是憔悴至极；仰头望去，却见成群的雁儿向南飞，那凄厉的长鸣，穿破深灰的暗云，消失在遥远的天际。清晨，雾凉霜寒，百草凋零，万林染霜。是谁将枫林霜叶染成令人沉醉的红色？是悲秋感冬？是相见恨晚？还是热泪盈眶？不，是那离人伤感的泪！蓦然回首，朦胧恰如昏沉的醉意，天地间也只有泪眼迷离。（5分）

2.（1）D（D项，咏物诗。3分）

（2）①语言上通俗易懂，讽刺性强。全曲通过"曲儿小腔儿大"的对比，使"喇叭、唢呐"及所影射的对象——宦官，穷形尽相，给人留下深刻的印象。（2分）②明正德年间，宦官当权。每日出巡，所到之处，动辄吹吹打打，威风八面，搞得民不安生。这首曲以号角为题，白描式描写"喇叭、唢呐"，讽刺宦官们装腔作势的丑态，揭露他们作威作福，残害人民的罪恶。（2分）③托物言志，不是为咏物而咏物，对现实社会的深刻洞察，强烈的感情色彩，传达一种反抗的呼声，而这些都包融在咏物之中，言语中流露出作者沉痛的激愤之情。（2分）

3.（1）A（A项，河，指黄河，并非渭河；山，指华山，并非嵩山。3分）

（2）示例1：①"聚"字用得最好。（1分）②"峰峦如聚"，使人仿佛看到群山竞向潼关奔来的情景。一个"聚"字，化静为动，山本是静止的，既写出了群山包围之中的潼关，山河雄伟，地势险要；又赋予了潼关群山的生命和意志。（2分）③"聚"字，从视觉角度生动形象地表现潼关峰峦高俊的形态，为全曲奠定了悲壮沉郁、气势雄浑豪放的感情基调。（2分）

示例2：①"怒"字用得最好。（1分）②"波涛如怒"，使人觉得黄河如野兽在咆哮，并联想到黄河之水奔腾澎湃的情景。黄河水是无生命的，"怒"字把河水人格化，注入了作者吊古伤今而产生的满腔悲愤之情。一个"怒"字，既写出了黄河波涛汹涌澎湃，又交代了潼关处于黄河之边的险要。（2分）③"怒"字，从听觉角度生动形象地表现出黄河波涛汹涌的气势，为全曲奠定了悲壮沉郁、气势雄浑豪放的感情基调。（2分）

（3）①本散曲由潼关而怀古，从潼关要塞想到古都长安，又从古都长安想到历代兴亡。潼关，地势险要，扼守"西都"要道，为兵家必争之地，关系着关中建都的那些封建王朝的兴亡。因此，当作者在"潼关路"上望"西都"时，自然就想到朝代的兴亡。（2分）②寓情于景，触景生情，散曲先描写了潼关的地形，然后与历史巧妙地结合在一起，以潼关作为历史的见证者，发出"兴，百姓苦；亡，百姓苦"的千古奇叹，一步步把情感推向最高潮，深入主题，表现了作者忧国忧民的思想感情。（2分）③"兴，百姓苦；亡，百姓苦。"揭示了统治者压迫人民的本质，蕴含着对封建统治者的批判和对老百姓疾苦深切同情与关怀。作为全曲之眼，闪烁着耀眼的思想光辉，是全曲主题的开拓和深化。（2分）

第四板块 学习过程

——学生需要经历怎样的学习过程才能学会？

一、资源与建议

【学习流程】

自学——互学——研学——习学——悟学。

【学习策略】

读懂（"泡"）——悟透（"品"）——答对（"抠"）。

【元明散曲简史】

元代文学（1234年至1368年），蒙古铁骑，未能踏碎义人的乡梦；儒生之不幸反成就了曲剧的繁荣。

元代是散曲和杂剧兴盛的时代。继诗词兴起，沿着"倚声填词"的途径发展出来的一种新诗体——元曲，其发展可分为三个时期。

初期：元朝立国到灭南宋。元曲刚从民间的通俗俚语进入诗坛，有鲜明的通俗化口语化的特点和狂放爽朗、质朴自然的情致。作者多为北方人，其中关汉卿、马致远、王实甫、白朴、张养浩等的成就最高。比如关汉卿的杂剧写态摹世，曲尽其妙，风格多变，小令活泼深切，晶莹婉丽，套数豪辣灏烂，痛快淋漓。

中期：从元世祖至元年到元顺帝后至元年。元曲创作开始向文化人、专业化全面过渡，散曲成为诗坛的主要体裁。重要作家有郑光祖、睢景臣、乔吉、张可久等。

末期：元成宗至正年到元末。散曲作家多以弄曲为专业，讲究格律辞藻，艺术上刻意求工，崇尚婉约细腻、典雅秀丽，代表作家有张养浩、徐再思等。

总之，元曲题材丰富多样，创作视野阔大宽广，反映生活鲜明生动，人物形象丰满感人，语言通俗易懂，是我国古代文化宝库中不可或缺的宝贵遗产。

王实甫，活跃于元成宗元贞、大德年间，即杂剧的鼎盛时期。他的生平记载不详，似曾为官，为梨园常客，醉心"风月营"和"翠红乡"，熟悉才子佳人式的风韵格调。其代表作《西厢记》被誉为"杂剧之冠"，共有五本二十折，每本之间都有情节的起承转合，丰富了艺术表现力和戏剧性，并在强烈的情感中表达了对人性本善和自由的炽热渴望，成为后人竞相模仿的范本。《牡丹亭》《红楼梦》等经典之作，都从《西厢记》中汲取过营养。

马致远，大都人，与关汉卿、郑光祖、白朴并称"元曲四大家"，是元代著名大戏剧家、散曲家。他年轻时热衷功名，满怀着"太平时龙虎风云会"的渴望。但奈何生不逢时，一生与荣华富贵无缘，却阴差阳错地被后人称为"曲仙""曲状元"和"秋思之祖"，与诗仙李白、词仙苏轼同列。他的散曲，亦雅亦俗，在当时乃至后世都备受推崇，是四大家中比较洒脱的一位。"二十年漂泊生涯"之后，马致远怀着对时政的不满归隐田园，自许为"林间友""世外客"，死后葬于祖茔。其最著名的作品《天净沙·秋思》大抵就写于他五十岁归园田居时。

张养浩，出生于富裕之家，少有才学，十九岁时，写出《白云楼赋》，得才名于缙绅之间，入仕为东平学正。后到大都活动，因文才卓著而得官，其为人简朴，后因直谏被贬为平民，仁宗即位后重被起用，几番沉浮仍恪尽职守。张养浩一生身经六朝，官至礼部尚书，晚年归乡闲居。他的散曲文风豪放，气势恢宏，感情沉郁，多以济世爱民为题材，襟怀高远，寓意深刻。其中最著名的散曲作品是《山坡羊·潼关怀古》。

公元1351年，韩山童、刘福通、郭子兴、徐寿辉、彭莹玉等人揭竿起义，揭开了大元灭亡的序幕。在这样的漫天兵火中，眼见昔日的繁华荡然无存。

明代诗歌发展的道路曲折艰辛，呈现出复杂的状况。而明散曲有文人化趋向，特别明中叶后，词藻化、音律化的现象更为突出；从作家地域分布和风格特征看，明散曲大致可分为南北两派。北派风格大多豪爽雄迈、质朴粗率，南派则清丽俊逸、细腻婉约。弘治、正德年间，散曲创作开始走向兴盛，作家不断涌现，像北方的王九思、康海，南方的王磐、陈铎等人，都是当时具有代表性的作家。

王磐（约1470—1530年），称为南曲之冠。明代散曲作家、画家，亦通医学。字鸿渐，江苏高邮人。少时薄科举，不应试，一生没有做过官，尽情放纵于山水诗画之间，散曲题材广泛。筑楼于城西，终日与文人雅士歌吹吟咏，因而自号"西楼"。正德间，宦官当权，船到高邮，辄吹喇叭，骚扰民间，作《朝天子·咏喇叭》一首以讽。著有《王西楼乐府》《王西楼先生乐府》《野菜谱》《西楼律诗》等。

二、课堂与活动

📖 情境导入

元明的光风霁月，散曲的溢彩流光。

元曲之佳，贵在朴实自然，于辞藻本色中，蕴世态醋畅。元曲形式灵活，雅俗兼具，和唐诗宋词鼎足并举，成为我国文学史上三座重要的里程碑。

📖 读诗讲诗

天净沙·秋思（元·马致远）

枯藤/老树/昏鸦，小桥/流水/人家，古道/西风/瘦马。夕阳/西下，断肠人/在/天涯。

【译读】

枯藤缠绕的老树栖息着黄昏归巢的乌鸦，小桥潺潺的流水映出几户人家，荒凉的古道上，迎着萧瑟的秋风走来一匹孤独的瘦马。夕阳已经朝西落下，漂泊未归的游子还在浪迹天涯。

【赏读】

马致远《天净沙·秋思》共五句二十八字，语言凝炼自然，明白如话，内涵丰富，顿挫有致。一三五句押尾韵"a"，二四句押尾韵"ia"，读来朗朗上口。前三句整句排列，结构相同、字数相等、句式工整，要读出一气呵成、淋漓痛快的醋畅美和明快的节奏感。末句是散句，要读得曲折跌宕，读出落拓无助的生存境遇。

这首小令纯朴自然，结构精巧，意蕴深远，被后人誉为"秋思之祖"。秋郊夕照，天涯游子骑一匹瘦马出现，在一派凄凉中透出令人哀愁的情调，抒发了一个漂泊游子凄苦愁楚之情。马致远以乐景写哀情，令人备感凄凉，烘托出沦落他乡的游子内

下篇　古诗鉴赏学历案

心彷徨无助的客子之悲。字字写秋光秋色，又字字写人意人情，以"秋"染"思"，又以"思"映"秋"，紧紧扣住"思"字，含蓄深挚地表达了"天涯沦落人"的凄寂、苦闷和无法解脱的"断肠"之情。

📖 学习活动（一）

【自学】

自主性"学"——自主学习，链接知识——文本对话，主动学习；整合资源，激发灵感。

天净沙·秋思（元·马致远）

前三句写景，18字九种物象，一词一景，无一个动词，连缀巧妙，构成一幅萧瑟苍凉的秋景图。第一句，缠绕着枯藤的老树上落着几只在黄昏中栖息的乌鸦，点染出萧瑟凄凉的秋色，从而引发一个飘零异乡、无所依归的游子的一腔愁绪。第二句，小桥，流水，人家。突然转至一种色调明净、幽雅、宁静的境界，使人联想到家人团聚的亲切和幸福，反而牵动了游子思乡的愁绪，怀念家园而不得归的思想感情也随之体现出来。第三句，荒凉的古道上，刮起阵阵萧瑟西风，游子骑着一匹瘦马，正在继续奔波。句句写景，却巧妙地表现了人，透露出游子的身世。一个"瘦"字表现出一人骑瘦马在西风古道中奔波，而由此想象到游子奔波不息的艰辛、困顿和内心的悲愁。最后，"夕阳西下"游子奔波在古道上，给整个画面更增一层暮色苍凉的色调。主旨句"断肠人在天涯"是点睛之笔。"断肠"二字表达出游子愁思的深重，而"天涯"二字提示游子离乡的遥远，完美地表现漂泊天涯的游子愁思，点化游子乡思的主题。

这首小令既无夸张，也不用典，寓情于景，情景交融，纯用白描手法勾勒出一幅悲绪四溢的游子秋郊日暮羁旅图，表现了游子悲秋怀乡、难以言喻的惆怅心情，透露了作者怀才不遇的悲凉情怀。

【思考题】

1. 这首小令直接抒情的是哪一句？抒发了怎样的感情？在写法上有什么特点？试举例简要分析。

2. "小桥流水人家"描写出温馨恬静的景象，联系全诗，请简析为何这样写？

3. 同为写秋名作，同样是28个字，马致远《天净沙·秋思》和白朴《天净沙·秋》两首小令，你更喜欢哪一首？请做简要赏析。

孤村落日残霞，轻烟老树寒鸦，一点飞鸿影下。青山绿水，白草红叶黄花。（元·白朴《天净沙·秋》）

【互学】

特色化"展"——合作学习，相互营养——同伴对话，合作交流；取长补短，绽放精彩。

——精读《正宫·端正好·长亭送别》，于有疑处质疑，于无疑处生疑。

正宫·端正好·长亭送别（元·王实甫）

碧云天，黄花地，西风紧，北雁南飞。晓来谁染霜林醉？总是离人泪。

作者借秋日的萧瑟景调来写别情的凄苦——云天蓝碧，黄花满地，西风紧吹，北雁纷纷往南飞。伊人即将远别，此情此景的凄苦枯索景象，不禁为之黯然垂泪——"晓来谁染霜林醉？总是离人泪"。

《长亭送别》表现崔莺莺和张君瑞的离愁别恨，反映"悲欢聚散一杯酒，南北东西万里程"的送别主题。情节并不复杂，整折戏崔莺莺主唱，由长亭路上、筵席之中、分手之时三个场面构成。随着戏剧场面的转换，作者刻意布置了三幅景色画面，让一个个描画秋景的组合意象融入了戏曲空间。读者欣赏优美的唱词，好像陪同剧中人在如画的景色中行进，不觉进入了一种诗化的境界。

【思考题】

1. ［端正好］这一支曲子是化用谁的诗词？作者选取了哪些意象？构成了怎样的意境？表达了主人公怎样的感情？

2. ［端正好］一曲所写的环境起何作用？哪些字词用得好？是怎样渲染出剧中主人公的离愁别恨的？

3. 以［端正好］曲词为例，请简要赏析《西厢记》以词采典雅见长的特点。

【研学】

针对性"教"——探究学习，思想交融——师生对话，质疑问难；学法指导，点拨规律。

朝天子·咏喇叭（明·王磐）

喇叭，唢呐，曲儿小腔儿大。官船来往乱如麻，全仗你抬身价。军听了军愁，民听了民怕。那里去辨甚么真共假？眼见的吹翻了这家，吹伤了那家，只吹的水尽鹅飞罢！

【读懂】

喇叭和唢呐，吹的曲儿虽然小，腔调却很大。官船来往乱糟糟，全靠你来抬身价。军人听了军人愁，百姓听了百姓怕。哪里能辨别出真和假？眼看着吹翻了这一家又吹伤了那一家，吹得水流干枯鹅也飞跑啦！

【悟透】

小令《朝天子·咏喇叭》，曲牌"朝天子"，曲题"咏喇叭"。这支曲子作于明武宗正德年间，当时宦官当权，他们在交通要道运河上往来频繁，每到一处就耀武扬威，鱼肉百姓。作者王磐家住运河边的高邮县，目睹宦官的种种恶行，于是写了这支《朝天子》，借咏喇叭揭露宦官的罪行。在轻俏诙谐中体现了对宦官的鄙视和愤慨，道出了百姓的心声，作品思想内容丰富而深刻。

小令以一个"吹"字贯穿始终。第一层说喇叭、唢呐的特征是"曲儿小腔儿大"，这是喇叭最突出的特征。一个"腔"字，道出了"曲儿小腔儿大"的喇叭和"本事小来头大"的宦官的共同特征，把贪官污吏的丑恶本质刻画得入木三分。第二层说喇叭、唢呐的用途，是为来往如麻的官船抬声价，即为官方所用。"全仗你抬身价"，"身价"却要"抬"，说明喇叭、唢呐的品格是卑下的。第三层展示喇叭、唢呐功用的另一面：为害军民，即在为官船抬身价的同时，肆意侵害军民的利益，让老百姓一听到喇叭、唢呐之声就不寒而栗、胆战心惊。最后一层写喇叭、唢呐吹奏的恶果：吹翻了这家，吹伤了那家，直吹得民穷财尽、家破人亡。

这首小令借物咏怀，作者借对喇叭的咏唱，大胆讽刺和揭露了明代宦官狐假虎威、残害百姓的罪恶行径，表达了广大人民的憎恶之情。在对宦官害民的现实黑暗进行揭露的同时，也向统治者发出了警告。

【答对】

1. 这首小令以一个什么字贯穿始终，分别写了哪些内容？请做简要赏析。

2. 全曲表面上句句是在咏喇叭，实际上作者要表达的是什么？如何理解这首小令的思想感情？

3. 前人在评价王磐《朝天子·咏喇叭》时，认为其极富艺术魅力，你同意这一说法吗？请做简要赏析。

第五板块　检测与作业

——学生真的学会了吗？如何检测或巩固学生已学会的东西？

📖学习活动（四）

【习学】

科学化"练"——学以致用，在做中会——问题对话，学以致用；拓展延伸，融合生活。

1.阅读王实甫《正宫·端正好·长亭送别》，然后完成（1）~（2）题。（8分）

（1）对［正宫·端正好］一曲分析不正确的一项是（　　）（3分）

A.通过莺莺对暮秋郊野景色的感受，抒发了情人分别的痛苦压抑的心情。

B.蓝天的白云，萎积的黄花，南飞的大雁，如丹的枫叶，它们在凄紧的西风中融成一体，构成了寥廓萧瑟、令人黯然的境界。

C."晓来"两句，使客观景色带上了浓重的主观色彩，构成一种"无我之境"。

D."染""醉"二字，不仅把外射的感受化为具有动态的心理过程，而且令离人的涟涟别泪，宛然如见。后者不但写出了枫林的色彩，更赋予了在离愁的重压下不能自持的人的情态。

（2）以"长亭路"为题，将《长亭送别》改写成100字以上的小散文。（5分）

2.阅读王磐《朝天子·咏喇叭》，然后完成（1）~（2）题。（9分）

（1）对《朝天子·咏喇叭》一曲分析不正确的一项是（　　）（3分）

A.《朝天子·咏喇叭》中"朝天子"是散曲题目，"咏喇叭"是曲牌名。

B.这首散曲表面写喇叭和唢呐，实际上处处写的都是宦官，"曲小腔大"比喻宦官的地位低下却仗势欺人，"水尽鹅飞"则比喻宦官把百姓们欺压得倾家荡产。

C.全曲以"吹"贯穿始终，"腔"字道出了喇叭和宦官和共同特征，"乱如麻"三个字则把宦官酷吏横冲直撞和骄横神态描摹殆尽。

D.曲词抓住喇叭、唢呐的特点，构思巧妙，语言通俗浅近，而又不失幽默诙谐，是一首极富韵味与讽刺力的借景抒情诗。

（2）这支散曲在语言上有何特色？曲子通过白描式的手法揭示了怎样的主题？请简要赏析。（6分）

3.（挑战题，供选做）阅读张养浩《山坡羊·潼关怀古》，然后回答（1）~（3）

问题。（14分）

山坡羊·潼关怀古（元·张养浩）

峰峦如聚，波涛如怒，山河表里潼关路。望西都，意踟蹰。伤心秦汉经行处，宫阙万间都做了土。兴，百姓苦；亡，百姓苦！

（1）对这首元曲的赏析，不正确的一项是（　　）（3分）

A．"如聚"，山峰走集于潼关之状；"如怒"河流奔涌之状。潼关外临渭河，内有嵩山。首句，作者极言潼关山河雄伟，地势险要，已寓兵家必争之意。

B．"望西都，意踟蹰"写作者驻马远望、感慨横生的样子。"西都"即长安，曾经是好几个朝代的都城，可眼前只剩下一片凄凉，怎能不令作者踟蹰伤心呢？

C．"宫阙万间都做了土"，便是由盛到衰过程的真实写照。表面上看起来只是回顾历史，并没有直接提到战争，而历代改朝换代的战争的惨烈图景却跃然纸上。

D．这首小令语言精练，立意精辟，主题深刻，气势雄浑，感情深沉。作者怀古实乃伤今，形象鲜明且富有人民性，表现出作者对民间疾苦的关怀与同情。

（2）你认为"峰峦如聚，波涛如怒"中哪一个词用得最好？请说出理由。（5分）

（3）作者是如何从"潼关路"联想到朝代兴亡的？又是如何深入主题的？请简要赏析。（6分）

第六板块　学后反思

——学生反思自己是如何学会的？还需要通过怎样的反思
来管理自己的学习？

学习活动（五）

【悟学】

个性化"悟"——在悟中学，涌动成长——内心对话，悦纳自我；自我反思，感悟成长。

【评价方式】

反思静悟，体验成长；在学习中反思，在反思中提升。

1. 学习报告

请阅读鉴赏元明散曲，完成《元明散曲阅读鉴赏学习报告》。

2. 自评表

表8 "元明散曲"群课堂学习等级自评表

学习环节	学习活动	达成程度					备注
课前	读诗讲诗——腹有诗书气自华	1	2	3	4	5	
一	自主学习——自主性"学"	1	2	3	4	5	
二	合作学习——特色化"展"	1	2	3	4	5	
三	探究学习——针对性"教"	1	2	3	4	5	
四	学以致用——科学化"练"	1	2	3	4	5	
五	在悟中学——个性化"悟"	1	2	3	4	5	

（说明：请打"√"选择：1表示我学习过，2表示我能读懂，3表示我会鉴赏，4表示我能答对，5表示我会指导别人读诗。）

参 考 文 献

［1］中华人民共和国教育部制定.普通高中语文课程标准（2017版）［M］.北京：人民
　　教育出版社，2018.

［2］卢明，崔允漷.教案的革命：基于课程标准的学历案［M］.上海：华东师范大学出
　　版社，2016.

［3］姜亮夫.先秦诗鉴赏辞典［M］.上海：上海辞书出版社，2016.

［4］吴小如.汉魏六朝诗鉴赏辞典［M］.上海：上海辞书出版社，2016.

［5］萧涤非，程千帆，马茂元，等.唐诗鉴赏辞典［M］.上海：上海辞书出版社，
　　1983.

［6］缪钺，霍松林，周振甫，等.宋诗鉴赏辞典［M］.上海：上海辞书出版社，1987.

［7］唐圭璋，缪钺，叶嘉莹，等.唐宋词鉴赏辞典（唐·五代·北宋）［M］.上海：上
　　海辞书出版社，1988.

［8］唐圭璋，缪钺，叶嘉莹，等.唐宋词鉴赏辞典（南宋·辽·金）［M］.上海：上海
　　辞书出版社，1988.

［9］蒋星煜，齐森华，叶长海，等.元曲鉴赏辞典［M］.上海：上海辞书出版社，
　　1990.

［10］钱仲联，章培恒，陈祥耀，等.元明清诗鉴赏辞典（辽·金·元·明）［M］.上
　　海：上海辞书出版社，1994.

［11］钱仲联，章培恒，陈祥耀，等.元明清诗鉴赏辞典（清·近代）［M］.上海：上
　　海辞书出版社，1994.

新时代新教育扑面而来，新问题新挑战亦接踵而至。

"互联网+"智能时代的语文教育已不再是农耕文明和工业文明时代的样貌，倒逼着一线教学来一场"去库存""调结构"的语文课堂"供给侧结构性"改革，由"教中心"向"学中心"转变，以学生深度学习和素养发展为本，为学生学习设计教学——再造学程、创设情境、重构内容、转变评价。

新时期高中新课程标准背景下，语文教学围绕具体的学习任务群（主题、单元或课文），从期望学生"学会什么"出发，设计并展示学生"何以学会"的过程，以便学生学会自主建构或社会建构知识或经验，不仅要关注学生"学什么"，更要关注学生"怎么学""何以学会"。让学生首先明确学习的知识与技能，过程与方法，情感、态度、价值观的三维目标，从而经历正确的"过程与方法"，获得学习的"知识、技能和素养"，最终实现真正学习的目标与意义。

"学习历程方案"（简称"学历案"）这一概念及新课程方案由华东师大课程与教学研究所所长、博士生导师崔允漷教授及其团队开发与研制，并率先在浙江元济高中、江苏南京一中、河南郑州九中等学校推广实践。这种新的教学实践专业方案，在学校教育进入课程与学习时代，倡导以深度学习发展学生核心素养为目标，深入推进课程改革和新高考综合改革的背景下应运而生。

这份古诗鉴赏学历案，绝不是传统的教案、简单的学案，而是一种基于新课程标准的新型课程教学方案。作为一种新的教育思维的"学历案"，其与传统的教案和学案不同在于它是为学生真学习古诗鉴赏而设计的"微课程"。也就是说，这是基于学生立场、对学生围绕古诗鉴赏学习任务开展的完整学习过程所做的专业设计。本学历案是从期望"学会古诗鉴赏"出发，展示"何以学会"的过程的认知地图；是高中古诗鉴赏课程计划、可重复使用的学习档案；是生本对话、生生对话、师生对话、师生互动的载体；也是高中语文学习任务群学业质量监测的依据。

"互联网+"新时代，实施"双线混融345"智慧课堂项目式学习，从期望学生"学会什么"出发，逆向设计"怎么学""何以学会""怎么评价是否学会"的过程，为学科核心素养的落地指明了清晰的路径和支架。2017版"新课标"规定新的课程结构，以语文核心素养为纲，设计了"18个语文学习任务群"。其中古诗鉴赏学习任务群以任务为导向，以学习项目为载体，通过情境化、结构化的设计，通过制定与叙写学习目标、设计与目标匹配的评价任务、用好"资源与建议"、设计好学习过程、学时作业等学习环节，落实以学生为主的阅读与鉴赏、表达与交流、梳理与探究的语文实践活动。依托古诗鉴赏学历案，践行"先学后教、不学不教、以学定教、因学评教、教皈依学"的"双线混融345智慧课堂"主张，使学有目标，基于标准教学，顾及学生差异，注重"导"而淡化"教"，努力做到把学生由"教育对象"提升为"服务对象"，调动学生的主动性与创造性，教学生真学会，实现高中语文"双线混融345"智慧课堂情境中最大化的"在学习""真学习"。

希望《隽永华章：古诗鉴赏，用策有道》的课程探索能为更多的"双线混融"课堂和高中语文学习带来令人欣喜的变化！

2020年8月16日作者书于深圳莲塘